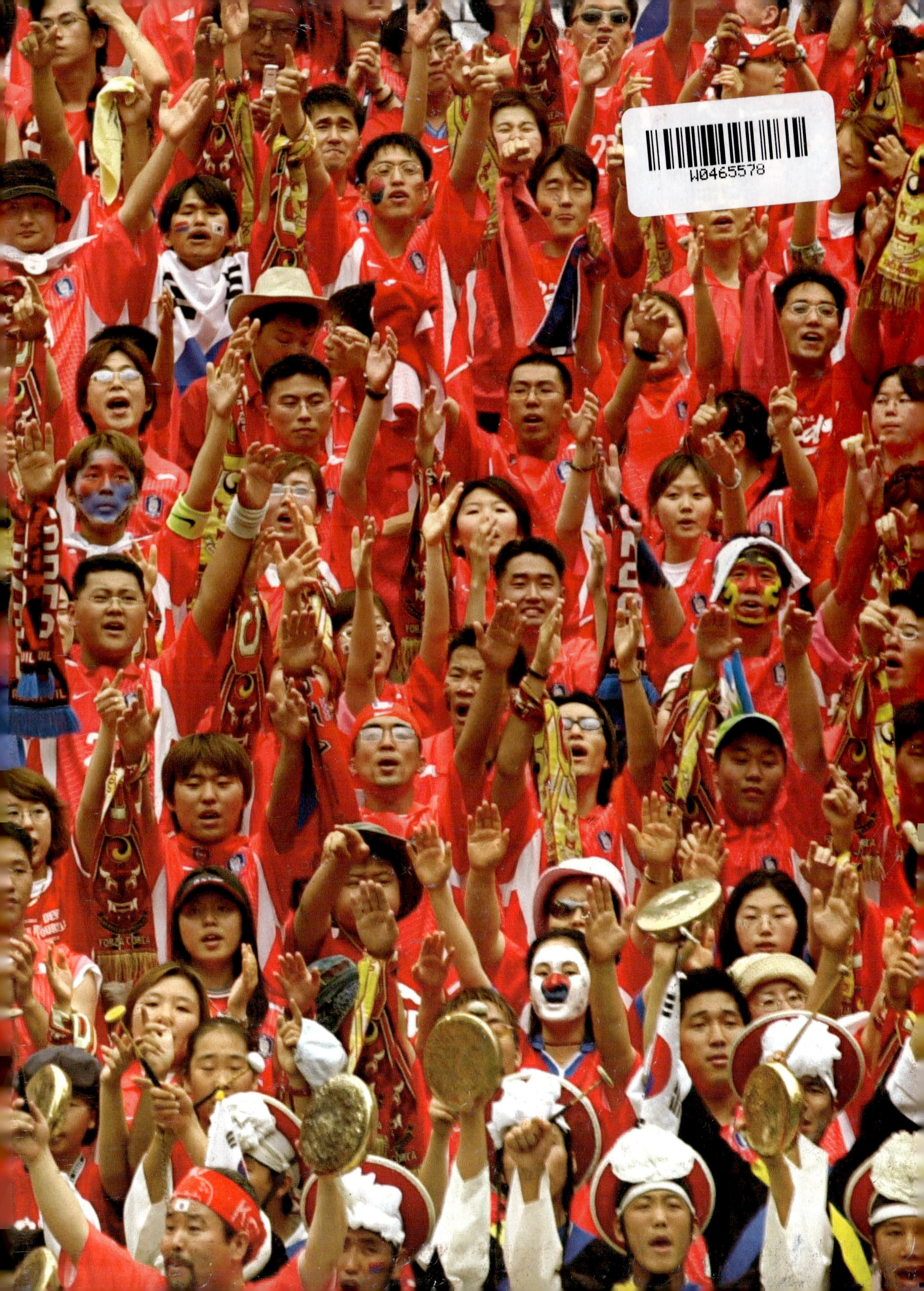

2002 FIFA WORLD CUP
KOREA JAPAN

SÜDKOREA/JAPAN 2002

FUSSBALL-WELTMEISTERSCHAFT

kicker
SÜDKOREA/JAPAN
2002
FUSSBALL-WELTMEISTERSCHAFT
COPRESS
SPORT

Inhalt

Feuerwerk der Emotionen: Die Brasilianer feierten ihren fünften Triumph bei einer Weltmeisterschaft – ob im Konfettiregen, eingehüllt in die Nationalflagge oder mit dem Objekt der Begierde. Ronaldo (im oberen Foto links), der die Selecao mit zwei Treffern zum Sieg gegen Deutschland geschossen hatte, mochte den Weltpokal gar nicht mehr loslassen.

DEUTSCHLAND

KAHN
1

22
13

13
13
11

Tore, Tränen und Triumphe: Die DFB-Auswahl, der vor dem Beginn des Turniers niemand wirklich Großes zugetraut hatte, musste sich erst im Finale geschlagen geben und kehrte als gefeierter Vizeweltmeister in die Heimat zurück.

Traditionen, Tempel und Tintenfische: Japan und Korea boten der Weltöffentlichkeit zahlreiche Facetten zwischen Historie und Hightech – fernab von »König Fußball«.

MOST

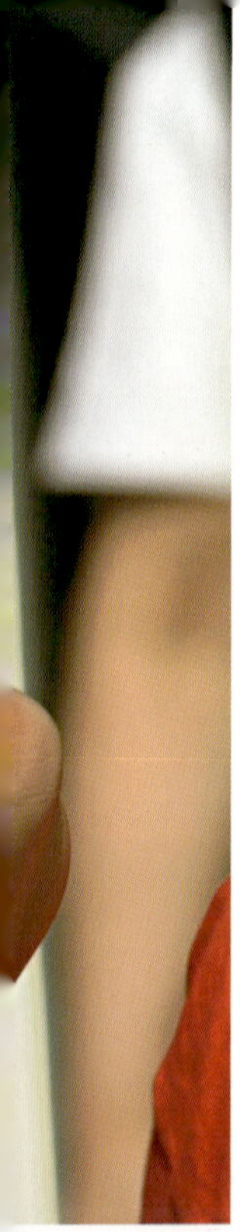

Von wegen Männersache: Bei den Spielen in Japan zeigten insbesondere die weiblichen Fans, mit wieviel Enthusiasmus man den Begegnungen beiwohnen kann – egal ob sie aus Costa Rica, Dänemark, China, England, Kamerun, Korea oder Irland kamen.

Zwischen Tradition und Moderne
Gelungener WM-Auftakt in Seoul

Fernost, das steht für strebsame Menschen, ein arbeitsreiches Leben, Disziplin – und Hightech. Und dann das. Bei der Eröffnungsfeier und dem darauf folgenden Spiel bleiben zahlreiche Plätze im Seouler Stadion leer. Der simple Grund: eine Computerpanne beim Kartenverkauf! Glück gehabt, mag sich Sepp Blatter bei seiner von Buhrufen und Pfiffen begleiteten Rede denken. Je weniger Leute im Stadion, desto weniger Gegenwind für den FIFA-Präsident nach den Turbulenzen der vorangegangenen Monate.

Was jedoch nach Blatter folgte, war Show vom Allerfeinsten. Stimmungs- und eindrucksvoll wurde Tradition mit der Moderne verbunden. Vor 1000 Ehrengästen aus aller Welt präsentierten 2300 Mitwirkende ein drei Jahre lang geprobtes Programm. »Aus dem Osten« wurde besonders im Westen begeistert aufgenommen, der Weltverband beklatschte sich selbst, einen perfekten Start und die Symbiose der Vergangenheit mit dem 21. Jahrhundert. Samulnori, Koreas traditioneller Trommeltanz, wurde mit elektronischen Beats untermalt, zum Abschluss intonierten Popstars beider Veranstaltungsländer »Let's get together now« – und lebten die Botschaft gleichzeitig vor.

Auf politischer Ebene fiel Japan und Korea das Zusammenrücken allerdings schwer. Das japanische Kaiserhaus hatte kurzfristig seinen Besuch abgesagt, Premierminister Junichiro Kuizumi vorgeschickt, während für die Koreaner Staatspräsident und Friedensnobelpreisträger Kim Dae Jung die Eröffnungsworte sprach. Beide ohne Pfiffe, klar. Und eins ist bereits in Seoul sicher: Nach dieser berauschenden Zeremonie wird Fußball für vier Wochen zur wichtigsten (Neben-) sache der Welt. Wie alle vier Jahre. Doch diesmal auch in Fernost, beim Experiment: Erstmals nicht in Europa oder Amerika ausgetragen, erstmals dafür in 20 Stadien. Gigantisch, grandios, voller Gefühle. Allen technischen Unwägbarkeiten zum Trotz.

Das deutsche Team

Alle 23 Spieler der WM 2002

Oliver Kahn (1)
Bayern München
Geb. am 15. 6. 1969
in Karlsruhe
Größe: 1,88 m, Gewicht: 88 kg
Schule/Beruf: Abitur
Länderspiele: 52

Thomas Linke (2)
Bayern München
Geb. am 26. 12. 1969
in Sömmerda
Größe: 1,83 m, Gewicht: 79 kg
Schule/Beruf: Abitur
Länderspiele: 41

Marko Rehmer (3)
Hertha BSC Berlin
Geb. am 29. 4 1972
in Berlin
Größe: 1,87 m, Gewicht: 85 kg
Schule/Beruf: Elektriker
Länderspiele: 28

Frank Baumann (4)
Werder Bremen
Geb. am 29. 10. 1975
in Würzburg
Größe: 1,87 m, Gewicht: 79 kg
Schule/Beruf: Versicherungsfachwirt, Länderspiele: 12

Carsten Jancker (9)
Bayern München
Geb. am 28. 8. 1974
in Grevesmühlen
Größe: 1,93 m, Gewicht: 93 kg
Schule/Beruf: Mittlere Reife
Länderspiele: 29

Lars Ricken (10)
Borussia Dortmund
Geb. am 10. 7. 1976
in Dortmund
Größe: 1,78m, Gewicht: 72 kg
Schule/Beruf: Abitur
Länderspiele: 16

Miroslav Klose (11)
1. FC Kaiserslautern
Geb. am 9. 6. 1978
in Oppeln (Polen)
Größe: 1,82 m, Gewicht: 74 kg
Schule/Beruf: Zimmermann
Länderspiele: 19

Jens Lehmann (12)
Borussia Dortmund
Geb. am 10. 11. 1969
in Essen
Größe: 1,90 m, Gewicht: 87 kg
Schule/Beruf: Abitur
Länderspiele: 14

Marco Bode (17)
Werder Bremen
Geb. am 23. 7. 1969
in Osterode
Größe: 1,89 m, Gewicht: 85 kg
Schule/Beruf: Abitur
Länderspiele: 40

Jörg Böhme (18)
Schalke 04
Geb. am 22. 1. 1974
in Hohenmölsen
Größe: 1,78 m, Gewicht: 75 kg
Schule/Beruf: Gas/Wasser-Installateur, Länderspiele: 6

Bernd Schneider (19)
Bayer Leverkusen
Geb. am 17. 11. 1973
in Jena
Größe: 1,76 m, Gewicht: 74 kg
Schule/Beruf: Mittlere Reife
Länderspiele: 16

Oliver Bierhoff (20
AS Monaco
Geb. am 1. 5. 1968
in Karlsruhe
Größe: 1,91 m, Gewicht:
Schule/Beruf: Abitur
Länderspiele: 70

Carsten Ramelow (5)

Bayer Leverkusen
Geb. am 20. 3. 1974
in Berlin
Größe: 1,85m, Gewicht: 80 kg
Schule/Beruf: Mittlere Reife
Länderspiele: 30

Christian Ziege (6)

Tottenham Hotspur
Geb. 1. 2. 1972
in Berlin
Größe: 1,86 m, Gewicht: 82 kg
Schule/Beruf: Mittlere Reife
Länderspiele: 71

Oliver Neuville (7)

Bayer Leverkusen
Geb. am 1. 5. 1973
in Locarno (Schweiz)
Größe: 1,71 m, Gewicht: 64 kg
Schule/Beruf: Bürokaufmann
Länderspiele: 36

Dietmar Hamann (8)

FC Liverpool
Geb. am 27. 8. 1973
in Waldsassen
Größe: 1,89 m, Gewicht: 76 kg
Schule/Beruf: Abitur
Länderspiele: 46

Michael Ballack (13)

Bayer Leverkusen
Geb. am 26. 9. 1976
in Görlitz
Größe: 1,89 m, Gewicht: 86 kg
Schule/Beruf: Abitur
Länderspiele: 28

Gerald Asamoah (14)

Schalke 04
Geb. am 3. 10. 1978
in Mampong (Ghana)
Größe: 1,80 m, Gewicht: 85 kg
Schule/Beruf: Mittlere Reife
Länderspiele: 14

Sebastian Kehl (15)

Borussia Dortmund
Geb. am 13. 2. 1980
in Tann
Größe: 1,86 m, Gewicht: 80 kg
Schule/Beruf: Abitur
Länderspiele: 10

Jens Jeremies (16)

Bayern München
Geb. am 5. 3. 1974 in Görlitz
Größe: 1,76 m, Gewicht: 77 kg
Schule/Beruf: Industrie-
mechaniker,
Länderspiele: 40

Christoph Metzelder (21)

Borussia Dortmund
Geb. am 5. 11. 1980
in Haltern am See
Größe: 1,93m, Gewicht: 88 kg
Schule/Beruf: Abitur
Länderspiele: 13

Torsten Frings (22)

Werder Bremen
Geb. am 22. 11. 1976
in Würselen
Größe: 1,82 m, Gewicht: 80 kg
Schule/Beruf: Fachabitur
Länderspiele: 15

Jörg Butt (23)

Bayer Leverkusen
Geb. am 28.5 1974
in Oldenburg
Größe: 1,91 m, Gewicht: 91 kg
Schule/Beruf: Großhandels-
kaufmann, Länderspiele: 2

(Stand der Angaben: Verein beim WM-Beginn, Länderspiele inklusive WM)

Fassungslos: Die französischen Weltstars, Regisseur Zinedine Zidane (links) und Torhüter Fabien Barthez, suchten vergeblich nach dem Erfolgsrezept für den Titelverteidiger.

Vorrunde Gruppe A

Frankreich
Senegal
Uruguay
Dänemark

Klar, keine Frage! Uruguay und Titelverteidiger Frankreich machen den Gruppensieg unter sich aus. Klar? Ein klarer Fall von Denkste. Der Welt- und Europameister machte sich sang-, klang- und torlos auf die vorzeitige Heimreise, die Südamerikaner scheiterten beim 3:3-Fotofinish am Überraschungsteam aus dem Senegal, das schon die Franzosen düpierte. Und als Erster zog Dänemark ungeschlagen ins Achtelfinale ein – zehn Jahre nach dem EM-Triumph in Schweden machte sich »Danish Dynamite« auf zu neuen Großtaten. Mit Hunger auf mehr. Viel mehr! So viel ist klar.

Überflieger: Die Dänen mit Stig Töfting (großes Bild) und Jon Dahl Tomasson (Mitte) sicherten sich überraschend den Gruppensieg. Senegal, für den Papa Bouba Diop zum 1:0 gegen Frankreich traf (oben), folgte den Skandinaviern ins Achtelfinale, während Uruguay trotz Stürmerstar Alvaro Recoba (unten) die Heimreise antreten musste.

Huldigung: Senegals erster Auftritt beim Welt-Championat endete gleich mit einem Erfolg gegen Frankreich, das Trikot von Torschütze Papa Bouba Diop wurde zum Kultobjekt.

Im Vergleich der Franzosen mit ausnahmslos in französischen Ligen spielenden Akteuren düpierte die frühere Kolonie Senegal den Multi-Champion, dessen Stars wie Thuram und Djorkaeff in die Jahre gekommen sind. Stöhnte Emmanuel Petit nach dem Debakel für die diesmal ach so kleine »Grande Nation«: »Obwohl wir viele Chancen hatten, haben wir nicht gut gespielt.«
Das Fehlen seines Heroen Zinedine Zidane konnte der Favorit gegen die gut organisierten und diszipliniert agierenden Underdogs nicht kompensieren. »Ohne Zizou spielen wir halt anders«, gab der Münchner Bixente Lizarazu zu. Oder anders formuliert: Ohne Zidane ist auch der Welt- und Europameister nur die Hälfte Wert.
Wie die Erfüllung eines Traums empfand es Bruno Metsu, der französische Trainer des Weltmeisterschafts-Neulings: »Aber es war kein Wunder, weil wir hart gearbeitet haben.«

Frankreich – Senegal 0:1

Ohne Zidane nur die Hälfte wert

So vergnügt sah man ihn selten in den Tagen von Seoul. Issa Hayatou, gescheiterter Blatter-Gegenspieler bei der Wahl zum FIFA-Präsidenten, hatte sein Lachen wiedergefunden am Abend der farbenprächtigen Eröffnung. Nein, sagte der Afrikaner, eine Überraschung sei dieser Sieg der Senegalesen für ihn nicht gewesen. Jubilierender Zusatz: »Ein Festtag für den afrikanischen Fußball.«
Womit der erste Mann aller Fußballer des schwarzen Erdteils gewiss Recht hatte. »Eine Freude für ganz Afrika«, triumphierte ein gewisser Papa Bouba Diop, den sie bisher allenfalls im nordfranzösischen Lens kannten. Nun ist der Schütze des ersten Knalleffekts beim World Cup 2002, der 1:0-Sensation, auf dem ganzen Erdball bekannt. Vielleicht wird er mal so legendär wie der Kameruner Roger Milla, der Berühmtheit bei der WM in Italien erlangte. Zumindest in einer Beziehung eifert Diop, der Mann mit der Nummer 19, dem Idol schon nach. Nach seinem entscheidenden Treffer führte er einen ähnlich spektakulären Tanz an der Eckfahne auf.

31. Mai 2002 in Seoul
Frankreich – Senegal 0:1 (0:1)

FRANKREICH: Barthez – Thuram, Leboeuf, Desailly, Lizarazu – Vieira, Petit – Djorkaeff (60. Dugarry) – Wiltord (81. D. Cissé), Trezeguet, Henry
SENEGAL: Sylva – Coly, Diatta, P. M. Diop, Daf – N'Diaye, Diao, A. Cissé, P. B. Diop, Fadiga – Diouf
Tor: 0:1 P. B. Diop (30.)
Gelbe Karten: Petit – A. Cissé
Schiedsrichter: Bujsaim (V. A. Emirate)
Zuschauer: 62 561

Uruguay – Dänemark 1:2

Danish Dynamite dank Tomasson

83 Minuten dauerte es, bis Dänemark seinen ersten WM-Helden feiern durfte. Per Kopf beförderte Jon Dahl Tomasson in der Schlussphase die Flanke von Martin Jörgensen zum Siegtreffer ins uruguayische Tor.
Es war bereits der zweite Streich jenes Mannes, der in der abgelaufenen Saison unter anderem bereits im Europapokal für UEFA-Cup-Sieger Feyenoord Rotterdam mit Toren gegen die deutschen Vertreter FC Bayern und – im Endspiel – Borussia Dortmund für Aufsehen gesorgt hatte. Mit seinem Doppelpack versetzte er Kollegen und mitgereiste Fans zum Auftakt in einen Freudentaumel.
Über die Künste eines Dario Octavio Rodriguez wusste die Fußballwelt derweil verglichen mit Tomasson eher wenig. Im Gegensatz zu vielen seiner

Kollegen im Team Uruguays hatte sich der Mittelfeldspieler von Penarol Montevideo noch nicht bei einem europäischen Klub ins Blickfeld gespielt, kaum ein Experte hatte ihn auf der Rechnung. Bis zu jenem Volleyschuss aus 20 Metern, mit dem der Linksfuß zum zwischenzeitlichen Ausgleich spektakulär in den linken oberen Winkel getroffen hatte. Rodriguez' Geniestreich, aber auch die Übersicht des Regisseurs Recoba und Gefährlichkeit des Stürmers Silva prägten das neue Bild Uruguays: Aus der oft knüppelhart einsteigenden, defensiv ausgerichteten Mannschaft von einst schien pünktlich zur WM eine mit technischen und taktischen Feinheiten ausgestattete Elf geworden zu sein.
Zum Erfolg gegen die abgeklärteren, nur anfangs nervösen Dänen reichte es dennoch nicht. Initiiert von deren beiden früheren Hamburger Bundesliga-Profis Gravesen und Töfting wirbelten die Außen Grönkjaer und Rommedahl so, dass es viele nach der schwachen Europameisterschaft 2000 zeitweise sogar endlich wieder an das »Danish Dynamite« der 90er Jahre erinnerte. Mit dem Doppel-Torschützen Tomasson als neuer Symbolfigur.

Frankreich – Uruguay 0:0

Titelverteidiger wieder ohne Treffer

Praktisch ohne Sturm, so konstatierte die Fachwelt, war Frankreich 1998 Weltmeister geworden. Für das Unternehmen Titelverteidigung schien die »Abteilung Attacke« allerdings bestens gerüstet: Mit den Torschützenkönigen aus drei europäischen Ligen reisten die Franzosen nach Fernost: Den gereiften 98er-Greenhorns Thierry Henry (Arsenal London) und David Trezeguet (Juventus Turin) sowie Djibril Cissé von AJ Auxerre. Doch auch nach 180 WM-Minuten war Frankreich immer noch ohne Treffer. Wie gegen den Senegal fehlte die Seele: Der Muskelfaserriss von Zinedine Zidane – er verfolgte die Partie erneut vom Spielfeldrand – lähmte die gesamte »Grande Nation«.
Mehr schlecht als recht hatte sich Youri Djorkaeff im Auftaktspiel als Vertreter des genialen »Zizou« versucht. Da auch der Altmeister durch eine Blessur matt gesetzt war, bürdete Trainer Roger Lemerre einem WM-Neuling die größte denkbare Verantwortung auf: Johan Micoud vom AC Parma, ein staksiger Ballverteiler im Mittelfeld, entpuppte sich als viel zu mediocre Figur, um Zidanes Erbe auch nur für die Begegnung gegen biedere Uruguayos antreten zu können. Die ruhmreiche Equipe tricolore – nur noch eine graue Maus. Ausgerechnet der zuvor als mutmaßlich größter Schwachpunkt gehandelte Torhüter sorgte dafür, dass für den etatmäßigen Protagonisten Frankreich nicht schon nach der zweiten Vorführung endgültig der Vorhang fiel: Fabien Barthez rettete mehrfach glänzend gegen Alvaro Recoba und Sebastian Abreu.
Was dem verkniffenen Trainer Roger Lemerre, der trotz des EM-Titels 2000 wohl nie aus dem überlangen Schatten seines Vorgängers Aimé Jacquet heraustreten wird, noch bleibt: Der schwache Trost, dass »ganz Frankreich gesehen hat, dass wir mit zehn gegen elf alles probiert haben«. Und: »Es bleibt die Hoffnung«; die Hoffnung auf einen deutlichen Sieg gegen Dänemark – und vor allem anderen: die Hoffnung auf Zidane.

Dänemark – Senegal 1:1

Heißsporne in Koreas Glutofen

Sie beharkten sich, sie traten sich, sie prügelten sich sogar. Es war ein hitziges Duell im Glutofen von Daegu. Und Feuer hatte den Senegalesen kein Geringerer als deren Staatspräsident Abdoulaye Wada gemacht. »Wer den Weltmeister schlägt, wird selbst Weltmeister«, hatte er dem Überraschungsbezwinger Frankreichs mit auf den Weg gegeben. Eben jener Wada, der den Tag des Sieges beim Auftaktspiel zum Nationalfeiertag machte.

Aus, Schluss und vorbei: Trotz aller Beschwörungen von Trainer Roger Lemerre blieb die Equipe tricolore ohne Torerfolg – und landete somit wie David Trezeguet auf dem Boden der Tatsachen.

1. Juni 2002 In Ulsan
Uruguay – Dänemark 1:2 (0:1)

URUGUAY: Carini – Mendez, Sorondo, Montero, Rodriguez (87. Magallanes) – Garcia, Guigou – Varela, Recoba (80. Regueiro) – Silva, Abreu (88. Morales)
DÄNEMARK: Sörensen – Helveg, Laursen, Henriksen, Heintze (57. N. Jensen) – Töfting, Gravesen – Tomasson – Rommedahl, Sand (88. Poulsen), Grönkjaer (70. Jörgensen)
Tore: 0:1 Tomasson (45.), 1:1 Rodriguez (47.), 1:2 Tomasson (83.)
Gelbe Karten: Mendez – Heintze, Laursen
Schiedsrichter: Mane (Kuwait)
Zuschauer: 30 157

6. Juni 2002 in Busan
Frankreich – Uruguay 0:0

FRANKREICH: Barthez – Thuram, Leboeuf (16. Candela), Desailly, Lizarazu – Wiltord (90./+3 Dugarry), Vieira, Micoud, Petit – Trezeguet (81. Cissé), Henry
URUGUAY: Carini – Lembo, Montero, Sorondo – Varela, Garcia, Romero (71. De los Santos), Rodriguez (72. Guigou) – Recoba – Silva (60. Magallanes), Abreu
Gelbe Karten: Petit – Garcia, Abreu, Romero, Silva
Rote Karte: Henry (25., grobes Foulspiel)
Schiedsrichter: Ramos Rizo (Mexiko)
Zuschauer: 38 289

Anfang vom Ende: Der Platzverweis von Thierry Henry (kniend) gegen Uruguay war eines der Mosaiksteinchen im Desaster der Franzosen, während der Däne Dennis Rommedahl (unten) einen Treffer bejubelt.

Für die beiden Gewinner der ersten Partien bestand gute Aussicht, mit einem weiteren Erfolg schon fast sicher ins Achtelfinale vorzudringen. Diese Chance suchten Dänen wie Senegalesen – mit allen erlaubten und nicht erlaubten Mitteln. Jagdszenen von Anpfiff an. Ebbe Sand, Dänemarks Top-Stürmer aus Schalke, sonst Inbegriff des Fairplays, »fällte« schon nach sieben Minuten den Afrikaner Diao, sah als Erster Gelb. Der Senegal stand dem nicht nach. Vor allem die Privatfehde Khalilou Fadigas, der wie durch ein Wunder von einem Platzverweis verschont blieb, mit seinem Widersacher Thomas Helveg sorgte für negative Höhepunkte.
Bezeichnend, dass der Elfmeter von Jon-Dahl Tomasson der erste Torschuss der Partie war. »Seit meinen Treffern gegen Uruguay schwebe ich auf einer Wolke«, erklärte Dänemarks Torschütze vom Dienst der ersten Spiele sein Selbstvertrauen, mit dem er als Gefoulter selbst zur Ausführung antrat. Der Weg in die Zwischenrunde schien für die Nordeuropäer bereitet. Doch wer zu früh träumt, den bestraft das Leben. Der Senegal besann sich noch einmal auf seine spielerische Klasse. Einen Konter wie aus dem Lehrbuch schloss Diao, der später nach seinem zweiten groben Foul noch Rot sah, zum Ausgleich ab. So trennte man sich nach viel Aufregung schiedlich-friedlich. Und selbst für Fadiga und Helveg reichte es schließlich auf dem Weg in die Kabine zum Shakehands.

6. Juni 2002 in Daegu
Dänemark - Senegal 1:1 (1:0)

DÄNEMARK: Sörensen – Helveg, Laursen, Henriksen, Heintze – Töfting, Gravesen (62. Poulsen) – Tomasson – Rommedahl, Sand, Grönkjaer (50. Jörgensen)
SENEGAL: Sylva – Coly, Diatta, Daf, P. M. Diop – Diao, Sarr (46. H. Camara), Mo. N'Diaye (46. S. Camara, 83. Beye), P. B. Diop, Fadiga – Diouf
Tore: 1:0 Tomasson (16., Foulelfmeter), 1:1 Diao (52.)
Gelbe Karten: Sand, Tomasson, Poulsen, Helveg – Fadiga
Rote Karte: Diao (80., grobes Foulspiel)
Schiedsrichter: Batres (Guatemala)
Zuschauer: 43 500

Dänemark - Frankreich 2:0

Weltmeister als Lachnummer

Adieu les Bleus – welch ein Malheur für Frankreich. Ohne überhaupt ein Tor erzielt zu haben, muss der amtierende Weltmeister die Koffer packen. Für den haushohen Gruppenfavoriten reichte es unterm Strich gerade mal zu einem Punkt gegen Uruguay. Selbst der so heiß ersehnte Einsatz des nur notdürftig wieder genesenen Regie-Stars Zinedine Zidane brachte gegen Dänemark nicht das erwartete Resultat. Vielmehr avancierte »Zizou« mit einer mäßigen Leistung zum Symbol für die offensichtlich überkommene Mannschaftsstruktur der Franzosen, die einen Altersdurchschnitt von knapp 30 Jahren aufwies. Vordergründig war es zwar, wie schon in der Auftaktpartie gegen den Senegal, viel Pech, das zur Niederlage beitrug: Trezeguet scheiterte an der Unterkante der Querlatte, dem 2:0 ging ein Foul des Torschützen Tomasson an Desailly voraus. Dennoch bleibt festzustellen: Frankreich mangelte es wie im gesamten Tur-

Frankreichs Rekord-Abflug

Man nehme die Weltrangliste der FIFA. Frankreich führt vor Argentinien. Man schaue auf die Negativ-Sensationen der WM: Argentinien und Frankreich. Gibt's nicht? Gibt's doch. Und auch das Aus eines Titelverteidigers in der Vorrunde ist kein Novum. 1950 erwischte es mit Italien den Weltmeister von 1938, 1966 mit Brasilien den von 1962. Da beide aber jeweils zwei Tore erzielten, steht Frankreich allein in den Rekordbüchern. Keinen Treffer erzielte die Equipe tricolore – trotz der Torschützenkönige aus drei europäischen Top-Ligen. Thierry Henry (Arsenal London), David Trezeguet (Juventus Turin) und Djibril Cissé (AJ Auxerre) versagten, Frankreich flog vorzeitig. Auch wenn die FIFA einen anderen Turnierverlauf prognostiziert hatte.

nierverlauf an Esprit, dass den Dänen eine spielerisch solide, vornehmlich disziplinierte und kämpferisch untadelige Vorstellung zum nahezu ungefährdeten Erfolg genügte.

»Wir haben das Weiterkommen nicht verdient«, schlussfolgerte Trainer Roger Lemerre eine Woche vor seinem 61. Geburtstag. Mit der Ära des Titelverteidigers schien auch die des ehemaligen Assistenten von Aimé Jacquet zu Ende zu gehen. Aus dem Schatten des Weltmeistermachers hatte Lemerre nie heraustreten können, trotz des Europameistertitels im Jahr 2000. Der frühere Coach der Militärnationalmannschaft nahm sein Waterloo mit soldatischer Gravität hin: »Es geht nicht um Roger Lemerre.« Sein dänisches Pendant Morten Olsen brach wie der Rest seiner Landsleute nicht in Jubelstürme aus, sondern analysierte sachlich-nüchtern: »Wir haben einen guten Tag erwischt und vor allem diszipliniert gespielt.« Seine Prognose für den Knaller im Achtelfinale gegen England: »Hauptsache, wir kämpfen.«

Senegal – Uruguay 3:3

Leinwand wird zum Heiligtum

Die Schulen und die Geschäfte in Dakar waren an diesem Tag geschlossen geblieben, denn Senegals Staatspräsident Abdoulaye Wada hatte den Tag zum nationalen Feiertag erklärt. Die meisten Fans waren entlang der »Corniche« versammelt, der Strandpromenade der Hauptstadt. Sechs Tore und neun Gelbe Karten später, nach einer Achterbahn der Gefühle zwischen Euphorie und Entsetzen, stand WM-Neuling Senegal im Achtelfinale. Nach dem 3:3 gegen Uruguay, nach drei Spielen ohne Niederlage, entlud sich die Spannung in Tänzen, Gesängen und Hupkonzerten.

Die Afrikaner hatten sich mit unfassbarer Nachlässigkeit um den Gruppensieg und fast sogar um das Weiterkommen gebracht. Mit einem 3:0-Vorsprung zur Halbzeit schien das Spiel bereits entschieden, Khalilou Fadiga sowie zwei Mal Papa Bouba Diop hatten für die dynamischen, spielstarken und zielstrebigen Senegalesen getroffen. Nach der Pause aber gab die Elf von Trainer Bruno Metsu das Fußballspielen freiwillig auf, fand keine Einstellung mehr zu Spiel und Gegner und musste nach Toren von Morales, Forlan und Recoba für den zweifachen Weltmeister noch fünf Minuten lang mächtig ums Weiterkommen bibbern.

Die Freude des Franzosen Metsu war dennoch riesig: »Wir haben in der ersten Halbzeit überragend gespielt und gezeigt, dass wir zu den 16 besten Mannschaften der Welt gehören«, jubelte der Trainer. Sein Gegenüber Victor Pua war »auf Grund der Leistungssteigerung im zweiten Abschnitt doch noch stolz auf meine Mannschaft«. Diese Steigerung hatte Uruguays Coach »nicht mehr erwartet«. Der Einzug ins Achtelfinale hatte neue Hochstimmung in das bereits seit Tagen pulsierende Straßenfest von Dakar gebracht. Möglicherweise wird ein Objekt dauerhaft an diese Party erinnern: Nach dem Willen der Fans sollte die Großbildleinwand als nationales Denkmal stehen bleiben.

Teilzeitarbeiter: Superstar Zinedine Zidane, teuerster Spieler der Welt, verpasste wegen einer hartnäckigen Verletzung die beiden ersten Partien, konnte aber letztlich das französische Aus nicht mehr verhindern

11. Juni 2002 in Incheon
Dänemark – Frankreich 2:0 (1:0)

DÄNEMARK: Sörensen – Helveg, Henriksen, Laursen, Niclas Jensen – Poulsen (76. Bögelund) – Rommedahl, Töfting (79. Nielsen), Gravesen, Jörgensen (46. Grönkjaer) – Tomasson
FRANKREICH: Barthez – Candela, Thuram, Desailly, Lizarazu – Makelele, Vieira (71. Micoud) – Wiltord (83. Djorkaeff), Zidane, Dugarry (54. Cissé) – Trezeguet
Tore: 1:0 Rommedahl (22.), 2:0 Tomasson (67.)
Gelbe Karten: Poulsen, Niclas Jensen – Dugarry
Schiedsrichter: Melo Pereira (Portugal)
Zuschauer: 48 100

11. Juni 2002 in Suwon
Senegal – Uruguay 3:3 (3:0)

SENEGAL: Sylva – Coly (62. Beye), Diatta, Papa Malick Diop, Daf – Papa Bouba Diop, Cissé, N'Dour (76. Faye), Fadiga – H. Camara (66. M. N'Diaye), Diouf
URUGUAY: Carini – Lembo, Sorondo (31. Regueiro), Montero – Varela, Romero (46. Forlan), Garcia, Rodriguez – Recoba – Silva, Abreu (46. Morales)
Tore: 1:0 Fadiga (20., Foulelfmeter), 2:0, 3:0 Papa Bouba Diop (26., 38.), 3:1 Morales (46.), 3:2 Forlan (69.), 3:3 Recoba (88., Foulelfmeter)
Gelbe Karten: H. Camara, Daf, Coly, Papa Bouba Diop, Diouf, Fadiga, Beye – Romero, Carini, Garcia, Rodriguez, Montero
Schiedsrichter: Wegereef (Niederlande)
Zuschauer: 33 681

adidas
7

Akrobat schöööööön: Der Südafrikaner Quinton Fortune bewundert die Flugeinlage des Slowenen Ales Ceh. Die guten Haltungsnoten halfen jedoch nicht, beide Teams flogen nach der Vorrunde raus.

Vorrunde Gruppe B

Spanien
Slowenien
Paraguay
Südafrika

Man nehme die Offensiv-Abteilung von Real Madrid – und schon steht Spanien mit der Maximalausbeute von neun Punkten in der zweiten Runde. Dank Fernando Morientes (zwei Treffer gegen Paraguay) und Raul (einer gegen Slowenien, zwei gegen Südafrika). Doch hinter dem Team von José Antonio Camacho ging's mehr als heiß her, entschied letztlich ein einziger Treffer für Paraguay als deutschen Achtelfinalgegner und somit gegen die punktgleichen Südafrikaner. Slowenien blieb mit vier in Deutschland tätigen Profis beim WM-Debüt lediglich Sparringspartner.

Kaum zu stoppen: Raul wurde nicht nur durch seine Tore zu Spaniens Sieggarant. Häufig konnte der Star von Champions-League-Sieger Real Madrid nur unfair gestoppt werden.

10
PUMA

2. Juni 2002 in Busan
Paraguay – Südafrika 2:2 (1:0)

PARAGUAY: Tavarelli – Caceres, Ayala, Gamarra – Arce, Acuna, Struway (86. Franco), Caniza – Alvarenga (66. Gavilan), Campos (72. Morinigo) – Santa Cruz
SÜDAFRIKA: Arendse – A. Mokoena, Issa (27. Mukasi), Radebe, Carnell – Nzama, Sibaya, T. Mokoena, Fortune – McCarthy (78. Koumantarakis), Zuma
Tore: 1:0 Santa Cruz (39.), 2:0 Arce (55.), 2:1 Struway, (63., Eigentor), 2:2 Fortune (90./+1, Foulelfmeter)
Gelbe Karten: Caceres, Caniza, Tavarelli, Franco – A. Mokoena, Issa, McCarthy, Zuma
Schiedsrichter: Michel (Slowakei)
Zuschauer: 25 186

Paraguay – Südafrika 2:2

Santa Cruz fehlen nur Sekunden

Nur Sekunden fehlten und Bayern Münchens Stürmer Roque Santa Cruz wäre als Paraguays erster Held der Weltmeisterschaft gefeiert worden. Doch der 20-jährige Benjamin im Team der Südamerikaner brauchte trotz einer starken WM-Premiere am Ende selbst Trost. Weil ausgerechnet er durch einen leichtfertigen Ballverlust den Konter ausgelöst hatte, mit dem das Unheil letztlich seinen Lauf nahm. Torwart Tavarelli, der bis dahin das noch gesperrte Idol Chilavert fehlerfrei vertrat, verursachte durch übermotiviertes Herauslaufen gegen Zuma einen völlig unnötigen Elfmeter. Den nutzte Fortune zum 2:2, das für Paraguay nach klarem 2:0-Vorsprung einer Niederlage gleichkam. »Südafrika war physisch stärker. Nach der Pause habe ich keine Bälle mehr bekommen.« Ein enttäuschter Santa Cruz sah im Nachlassen der Kräfte den Grund für den verpassten Sieg.
Sein erster Auftritt bei einem Welt-Championat hatte für Paraguays »Nummer 9« schon mit Frust begonnen. Nach nur 22 Sekunden war die einzige Spitze, die vor der Pause weder von Issa, Radebe noch Mokoena zu bremsen war, von Torwart Arendse elfmeterreif zu Fall gebracht worden. Doch der schwache Unparteiische Michel sah zum Entsetzen des Bayern-Stürmers keine Regelwidrigkeit bei der Rettungstat des Keepers. Das spätere Führungstor durch Santa Cruz nach einem Freistoß des überragenden Arce war somit überfällig. Als eben dieser Arce dann noch selbst zum 2:0 traf, schien die Partie gelaufen. Doch Südafrikas Trainer Sono spürte, dass beim Gegner die Kräfte schwanden: »Paraguay ist ein altes Team. Also habe ich gefordert, Dauerdruck zu entwickeln.« Der Erfolg ließ nicht lange auf sich warten. Der späte Ausgleich durch Quinton Fortunes Nervenstärke beim Strafstoß war verdienter Lohn für die Steigerung der Südafrikaner, die singend und tanzend das Stadion verließen.

Spanien – Slowenien 3:1

Raul macht den Unterschied

Endlich ist der Bann gebrochen: Erstmals seit 52 (!) Jahren schaffen es die Spanier, bei einer WM ihr Auftaktmatch zu gewinnen. Und wie 1950 in Brasilien gegen die USA ist es wieder ein 3:1, diesmal gegen WM-Neuling Slowenien. Der Erfolg in Südkorea lässt Hoffnung aufkeimen, dass die spanische Nationalmannschaft nach dürren Jahren dank Raul und Co. zu den Erfolgen der Vereinsteams von der iberischen Halbinsel aufschließen kann.

In den Schoß gefallen sind die Punkte Spanien allerdings nicht. Für die Truppe von Trainer José Antonio Camacho war es ein hartes Stück Arbeit. Fast zwei Jahre waren die Slowenen bei offiziellen Länderspielen nicht besiegt worden. Die letzte Niederlage datierte auf den 18. Juni 2000, als das Team von Trainer Srecko Katanec ausgerechnet gegen Spanien 1:2 verlor und drei Tage später bei der Euro 2000 mit nur zwei Punkten sang und klanglos ausschied. Diesmal war der spanische Sieg von historischer Bedeutung. »Ich bin froh, dass wir diesen armseligen Rekord gebrochen haben. Wir haben guten Fußball gespielt und den Ball laufen lassen, deshalb haben wird verdient gewonnen«, meinte José Antonio Camacho, Trainer der »Seleccion«. Bedanken konnten sich Camacho und ganz Spanien beim Superstar der Mannschaft, Raul Gonzales von Real Madrid. Der Fußballkünstler setzte wieder einmal ein Glanzlicht. Der Stürmer selbst gab sich allerdings ganz kleinlaut: »Heute haben alle mitgeholfen, dass wir so gut gestartet sind.«

Für Slowenien war die WM-Premiere der Nationalmannschaft frustrierend. »Das Wichtigste für uns ist, guten Fußball zu zeigen. Was die Elfmeter-Entscheidung gegen uns anbetrifft, muss ich sagen, dass wir eben nicht den gleichen Namen wie die Spanier haben«, betonte Coach Srecko Katanec. Durch Hierros umstrittenen Foulelfmeter war die 1:3-Niederlage besiegelt worden.

Spanien – Paraguay 3:1

Morientes mit dem Paukenschlag

1993 wurde Fernando Morientes Fußballprofi, Albacete war seine erste Station. Zwei Jahre später wechselte er nach Saragossa, wo er in 66 Spielen 28 Tore und sich so zu Real Madrid schoss. Seitdem hat er vier Titel gewonnen: die Champions League (2000 und 2002), den europäischen Supercup (2002) sowie die nationale Meisterschaft (2001). In Spaniens Nationalteam debütierte er im März 1998, gegen Schweden hatte er damals bereits nach fünf Minuten zwei Mal getroffen. Kurz darauf, bei der WM in Frankreich, erzielte er zwei Treffer (beide beim 6:1 im Vorrundenspiel gegen Bulgarien).

Eine imposante Biographie. Und doch schien Morientes, kaum 26 Jahre alt, den Zenit seiner Karriere bereits überschritten zu haben: Bei Real Madrid war er in der vergangenen Saison nicht mehr erste Wahl, stand zum Verkauf. Und in der Nationalelf hatte er einen ebenso schweren Stand. Schon bei der EM 2000 war er überraschend nicht berücksichtigt worden. Nun, 2002, war er zwar dabei, aber eben nur als Ersatzmann.

Gegen Paraguay aber avancierte Morientes zum Helden: Er wurde eingewechselt, als die Not am größten war. Erst acht Minuten auf dem Feld, glich Morientes aus – um kurze Zeit später erneut zuzuschlagen, mit Länderspiel-Tor Nummer 16. Als schließlich Fernando Hierro seinen zweiten Elfmeter des Turniers zum 3:1-Endstand verwandelte, hatte Spanien im zweiten Spiel den zweiten Sieg eingefahren. Ein Glücksgefühl wie schon seit der Weltmeisterschaft 1950 nicht mehr.

Morientes beschenkte damit auch seine Frau, die einen Tag zuvor Geburtstag feierte und sich ein Tor

2. Juni 2002 in Gwangju
Spanien – Slowenien 3:1 (1:0)

SPANIEN: Casillas – Puyol, Hierro, Nadal, Juanfran (82. Romero) – Baraja – Luis Enrique (74. Helguera), Valeron, de Pedro – Raul, Tristan (67. Morientes)
SLOWENIEN: Simeunovic – Galic – Milinovic, Knavs – Novak (78. Gajser), Ales Ceh, Pavlin, Karic – Zahovic (63. Acimovic) – Osterc (56. Cimirotic), Rudonja
Tore: 1:0 Raul (44.), 2:0 Valeron (74.), 2:1 Cimirotic (82.), 3:1 Hierro (88., Foulelfmeter)
Gelbe Karten: Valeron – Karic, Cimirotic
Schiedsrichter: Guezzaz (Marokko)
Zuschauer: 28 588

7. Juni 2002 in Jeonju
Spanien – Paraguay 3:1 (0:1)

SPANIEN: Casillas – Puyol, Hierro, Nadal, Juanfran – Luis Enrique,(46. Helguera), Baraja, Valeron (85. Xavi), de Pedro – Raul, Diego Tristan (46. Morientes)
PARAGUAY: Chilavert – Caceres, Ayala, Gamarra – Arce, Paredes, Acuna, Caniza (78. Struway) – Gavilan, Cardozo (63. Campos), Santa Cruz
Tore: 0:1 Puyol (10., Eigentor), 1:1 Morientes (53.), 2:1 Morientes (69.), 3:1 Hierro (83., Foulelfmeter)
Gelbe Karten: Baraja – Arce, Gavilan, Santa Cruz
Schiedsrichter: Ghandour (Ägypten)
Zuschauer: 41 428

Achtelfinale: Paraguay mit Bayern-Stürmer Roque Santa Cruz (kleines Foto) und Spanien mit Kapitän Fernando Hierro erreichten in der Gruppe B die zweite Runde.

Enttäuschung: Südafrikas Benny McCarthy (Mitte, gegen Slowenien) konnte die in ihn gesetzten Erwartungen nur unzureichend erfüllen.

8. Juni 2002 In Daegu
Südafrika - Slowenien 1:0 (1:0)

SÜDAFRIKA: Arendse – Nzama, Aaron Mokoena, Radebe, Carnell – Zuma, Sibaya, Teboho Mokoena, Fortune (84. Pule) – Nomvethe (71. Buckley), McCarthy (80. Koumantarakis)
SLOWENIEN: Simeunovic – Vugdalic – Milinovic, Knavs (60. Bulajic) – Novak, Ales Ceh, Pavlin, Karic – Acimovic (60. N. Ceh) – Cimirotic (41. Osterc), Rudonja
Tor: 1:0 Nomvethe (4.)
Gelbe Karten: Radebe, Teboho Mokoena – Vugalic, Ales Ceh, Pavlin, Milinovic
Besonderes Vorkommnis: Platzverweis für Sloweniens Trainer Katanec (50.)
Schiedsrichter: Sanchez (Argentinien)
Zuschauer: 47 226

12. Juni 2002 in Daejeon
Südafrika - Spanien 2:3 (1:2)

SÜDAFRIKA: Arendse – Nzama, Aaron Mokoena, Radebe (80. Molefe), Carnell – Zuma, Sibaya, Teboho Mokoena, Fortune (83. Lekgetho) – McCarthy, Nomvethe (74. Koumantarakis)
SPANIEN: Casillas – Torres, Helguera, Nadal, Romero – Joaquin, Xavi, Albelda (52. Sergio), Mendieta – Morientes (78. Luque), Raul (82. Luis Enrique)
Tore: 0:1 Raul (4.), 1:1 McCarthy (31.), 1:2 Mendieta (45./+1), 2:2 Radebe (53.), 2:3 Raul (56.)
Gelbe Karten: Aaron Mokoena, Nzama, Carnell, Nomvethe
Schiedsrichter: Mane (Kuwait)
Zuschauer: 31 024

von ihrem Mann gewünscht hatte. Große Töne spuckte er dennoch nicht. Im Gegenteil: »Bei meinen beiden Toren hatte ich viel Glück, die Flanken waren sehr gut«, so Morientes. Oder: »Ob mich Coach Camacho im nächsten Spiel von Anfang an bringt, ist allein seine Entscheidung.«

Südafrika - Slowenien 1:0

Südafrikas Glück dank Fortune

Fortune beschert Südafrika Glück. Der 25-Jährige, der bei Manchester United in der englischen Premier League nur selten zum Zuge kommt, wird beim Außenseiter der Gruppe B immer mehr zum Hauptdarsteller. Nach einem verwandelten Foul-elfmeter zum 2:2 gegen Paraguay bereitete er nun gegen Slowenien mit einer herrlichen Flanke das Tor des Tages vor. Nomvethe, den Trainer Sono zur Verstärkung der Offensive aufgeboten hatte, beförderte den Ball glücklich mit dem Oberschenkel zum 1:0 über die Linie.

Dabei blieb es in einer an Höhepunkten armen Partie. Südafrika bejubelte den ersten Sieg bei einer Weltmeisterschaft überhaupt. Für Slowenien bedeutete die zweite Niederlage schon das Ausscheiden bei der ersten Teilnahme an einem Welt-Championat. Die Elf von Trainer Srecko Katanec enttäuschte in Südkorea auf der ganzen Linie. »Wir sind nur als Mannschaft stark. Charakter und Geschlossenheit zeichnen uns aus.« Was Kaiserslauterns Abwehr-As Aleksander Knavs im Vorfeld als Schlüssel für Sloweniens Erfolgsgeheimnis (ungeschlagen in der Qualifikation) bezeichnet hatte, blieb der Underdog schuldig.

Negativer Höhepunkt der Querelen war der Zoff mit Zlatko Zahovic, der nach seiner vorzeitigen Auswechslung gegen Spanien den Machtkampf mit Katanec gesucht hatte. Der Trainer, der vor allem für Sloweniens Aufschwung seit 1998 stand, zog Konsequenzen, hört nach der WM auf. Für Zahovic war schon vorher Schluss. Der Verband schickte den Streitsüchtigen sofort nach Hause! Eine Maßnahme, die die Mannschaft spaltete. Ohne Spielgestalter agierte Slowenien konzeptionslos. Cehs Kopfball (70.) war die beste, gleichzeitig aber einzige Möglichkeit zum Ausgleich. Ein 1:1 wäre ohnehin unverdient gewesen. Südafrika hätte sich das Zittern ersparen können, wenn McCarthy beim Abschluss entschlossener gewesen wäre.

Südafrika - Spanien 2:3

Carnells deutscher Traum zerplatzte

Ein Tor, ein klitzekleines Tor, trennte die »Bafana, Bafana« vom Achtelfinale. Durch das 2:3 gegen das »B-Team« Spaniens (Trainer Camacho verzichtete auf einige Stars, da seine Mannschaft bereits für die nächste Runde qualifiziert war) musste Südafrika Paraguay den Vortritt gegen Deutschland überlassen. Geblieben ist die Erkenntnis, dass auch Volkshelden keine Wunder vollbringen. Trainer Jomo Sono (46), dessen heutige Statur in nichts mehr daran erinnert, dass er einst mit Pelé bei Cosmos New York erfolgreich Fußball gespielt hatte, verpasste die historische Chance, sein Heimatland erstmals in ein WM-Achtelfinale zu führen.

Der Sündenbock war schnell gefunden: Andre Arendse. Der Torhüter konnte in der Anfangsphase einen langen Pass von Mendieta nicht festhalten und Raul schaltete wie gewohnt schnell. Damit noch nicht genug, auch bei der erneuten Führung Spaniens sah der 34 Jahre alte Keeper alles andere als gut aus. Mendieta verwandelte direkt vor der Pause einen Freistoß ins lange Eck. Es war die Ecke des Torhüters. Schon im ersten WM-Gruppenspiel gegen Paraguay (2:2) hatte Arendse unsicher gewirkt, so dass sich Jomo Sono nach der WM die Frage gefallen lassen musste, ob er den Falschen fa-

Paraguay überzeugte nicht nur auf dem Spielfeld.

vorisierte. In den letzten Testspielen hatten sich noch Arendse und Hans Vonk (32) abgewechselt. »Wir haben Raul zwei Tore geschenkt«, ärgerte sich Sono, der wie seine Spieler über den Spielstand bei Paraguay gegen Slowenien überhaupt nicht informiert war. Erst nach dem Schlusspfiff wurde allen klar, dass Südafrika gescheitert war. »Ich dachte, dass es nur 3:2 für Paraguay steht«, sagte der Coach. Der Stuttgarter Bundesligaprofi Bradley Carnell verließ den Ort der Schmach mit hängendem Kopf: »Wir haben es aus unseren Händen weggeschenkt. Es wäre ein Traum gewesen, gegen Deutschland zu spielen.«

Slowenien – Paraguay 1:3

Chilavert – ein Mann mit Gewicht

In den Statistiken der FIFA wird er als 89-Kilo-Mann geführt; augenscheinlich aber hat Jose Luis Chilavert wesentlich mehr Gewicht. Sowohl von der Körpermasse als auch von seiner Stellung im paraguayanischen Team hat der extrovertierte Torhüter seinen Mitspielern ein paar ordentliche Pfunde voraus. Durchaus bekannt für seine Ausflüge, führte Chilaverts Weg bereits in der elften Spielminute zum Freistoß an die Mittellinie, diverse erfolglose Standardaktionen folgten, ehe der 36-Jährige in der 80. Minute einen Freistoß an die Latte knallte. Ohne eigene Torausbeute blieb der Keeper von Racing Straßburg also auch in seinem zweiten Spiel bei dieser WM, doch sein ständiges und lautstarkes Anfeuern und Dirigieren in Richtung Vorderleute zeigte die erhoffte Wirkung und half mit beim Einzug ins Achtelfinale gegen Deutschland.
Einer, der Chilavert ab der 61. Minute den Rang ablief, war eher ein Leichtgewicht. Der schmächtige 22-jährige Nelson Cuevas wurde beim 0:1-Rückstand eingewechselt und sorgte bei seinem ersten WM-Einsatz mit zwei Toren und herrlichen Dribblings für die Wende. Das Führungstor von Milenko Acimovic – das 100. des laufenden Turniers – hatte im nicht ausverkauften »Jeju World Cup Stadium« in Seogwipo kurzzeitig Hoffnungen auf den ersten WM-Sieg in der jungen Geschichte Sloweniens genährt. Doch dann kam Edeljoker Cuevas, der in der Schlussphase der Partie mehrfach nur durch Fouls zu stoppen war und eine Minute vor dem Abpfiff mit einer schweren Knöchelverletzung ausgewechselt wurde.
Nach dem Spiel sanken »offizielle« 89 Kilo erst einmal auf die Knie und beteten – und hoben einen Mannschaftskameraden besonders heraus: »Cuevas wird einer der besten Stürmer der Welt, seine Beine sind Gold wert«, sagte Chilavert. Ein kleiner Trost für den verletztem Youngster, denn das dicke Lob des Torhüters von Paraguay hat Gewicht.

Von wegen Höhenflug: Der Spanier Mendieta beendete mit seinem Freistoßtreffer die Hoffnungen Südafrikas.

12. Juni 2002 in Seogwipo
Slowenien – Paraguay 1:3 (1:0)

SLOWENIEN: Dabanovic – Bulajic, Milinovic, Tavcar – Novak, Ales Ceh, Pavlin (40. Rudonja), Karic – Acimovic (63. Nastja Ceh) – Cimirotic, Osterc (78. Tiganj)
PARAGUAY: Chilavert – Caceres, Ayala, Gamarra – Arce, Acuna, Paredes, Alvarenga (54. Campos), Caniza – Cardozo (61. Cuevas; 90/+3 Franco), Santa Cruz
Tore: 1:0 Acimovic (45./+2), 1:1 Cuevas (65.), 1:2 Campos (73.), 1:3 Cuevas (84.)
Gelbe Karten: Pavlin, Karic, Milinovic, Rudonja
Gelb-Rote Karte: Paredes (22.)
Rote Karte: Nastja Ceh (81., grobes Foulspiel)
Schiedsrichter: Ramos Rizo (Mexiko)
Zuschauer: 30 176

Um jeden Zentimeter: In der Partie der Türkei gegen Brasilien, hier Hakan Sükür (rechts) und Roberto Carlos, wurden häufig die Grenzen des Erlaubten überschritten.

Vorrunde Gruppe C

Brasilien
Türkei
China
Costa Rica

Schwacher Start, souveränes Ende – der viermalige Titelträger Brasilien ließ keinen Zweifel aufkommen, wer die Nummer eins ist. Mit einem genesenen Ronaldo, der in jeder Partie traf, aber leider auch mit Rivaldos Schauspiel-»Kunst« beim Erfolg gegen die Türkei zum Auftakt. Dass die Männer vom Bosporus die vom Zuckerhut dennoch in die nächste Runde begleiten durften, zeugte nicht gerade von der Stärke der Gruppe. Neuling China zahlte dabei trotz Erfolgscoach Bora Milutinovic gleich drei Mal Lehrgeld und blieb ohne jeden Torerfolg. Costa Rica hinderte nur das schlechte Torverhältnis am Weiterkommen.

Man in black: Schiedsrichter Kim stand mehr im Mittelpunkt, als ihm lieb war, sprach zwei Platzverweise und einen Elfer gegen die Türken aus und übersah Rivaldos Eckball-Einlage.

HYUNDAI

Duell der Zehner: Bastürk kann Rivaldo nicht stoppen (oben), in der Champions League hatte der Leverkusener den Mann aus Barcelona noch ausgestochen.

Brasilien – Türkei 2:1

Ronaldos Rückkehr, Rivaldos Schauspiel

Urplötzlich sank er nieder, der Matchwinner, der Superstar, der Weltfußballer von 1999. Als sei er von einem Gegenstand getroffen worden. Als sei er schwer verletzt. Rivaldo wälzte sich auf dem Boden, hielt sich den Kopf, voller Schmerz verzerrte er sein Gesicht. Was war passiert? Das: Hakan Ünsal hatte den Ball zutiefst gefrustet Richtung Eckfahne gedroschen. Er traf Rivaldos rechten Oberschenkel, Gelb-Rot, klare Sache! Aber Rivaldos Kopf hatte er nicht getroffen, Brasiliens Nummer zehn hatte eine Schauspieleinlage auf den Rasen gelegt. Im Gegensatz zum Türken kam Rivaldo ohne Sperre davon, musste nur nachträglich 8000 Euro Strafe wegen Unsportlichkeit zahlen. Und durfte sich Sekunden nach seiner Simulation als Held feiern lassen. Putzmunter, ohne Schmerzen.

Brasilien gegen Türkei, nicht nur wegen dieser Szene aus der Nachspielzeit war es die Partie der turbulenten Schlussphase. Da wurden zwei Türken vom Feld geschickt, da gab es einen Elfmeter, der keiner war, der das Duell entschied und den wackeren Außenseiter auf die Palme brachte. »Es ist so ungerecht«, jammerte Senol Günes, der Trainer des Verlierers. Sicher, Alpay hatte Luizao in der 87. Minute gefoult, und klar, die Rote Karte für ihn war okay. Aber all das passierte außerhalb des Strafraums, was der koreanische Schiedsrichter Young-Joo Kim falsch bewertete. Und Rivaldo schließlich zur Entscheidung nutzte.

2:1 – Brasiliens Auftakt war geglückt. Auch, weil Ronaldo nach seinem ominösen Schwächeanfall vor dem verlorenen Finale 1998 gegen Frankreich in Paris eine gelungene WM-Rückkehr gefeiert hatte. Ein Tor, viele gute Aktionen, das inzwischen 25 Jahre alte »Phänomen« wirkte topfit. Den Türken blieb nur die Erkenntnis, mit den Großen dieser Titelkämpfe mithalten zu können. So sah es auch Senol Günes: »Wir kamen voller Stolz. Wir spielten voller Stolz. Wir gingen voller Stolz.«

Halbzeitführung: Hasan Sas ließ die Türken dank seines Treffers in der Nachspielzeit träumen, letztlich setzte sich jedoch der Favorit mit Torjäger Ronaldo durch.

3. Juni 2002 in Ulsan
Brasilien – Türkei
2:1 (0:1)

BRASILIEN: Marcos – Roque Junior, Lucio, Edmilson – Cafu, Gilberto Silva, Roberto Carlos – Juninho (72. Vampeta), Ronaldinho (67. Denilson) – Rivaldo, Ronaldo (74. Luizao)
TÜRKEI: Rüstü – Alpay, Ümit Özat, Bülent (66. Mansiz) – Fatih, Tugay (88. Arif), Bastürk (66. Ümit Davala), Emre Belözoglu, Hakan Ünsal – Hakan Sükür, Hasan Sas
Tore: 0:1 Hasan Sas (45./+2), 1:1 Ronaldo (50.), 2:1 Rivaldo (87., Foulelfmeter)
Gelbe Karten: Denilson – Fatih
Rote Karte: Alpay (86., Notbremse)
Gelb-Rote Karte: Hakan Ünsal (90./+4)
Schiedsrichter: Young-Joo Kim (Südkorea)
Zuschauer: 33 842

Bittere Premiere: Vier Mal in Folge hatte Bora Milutinovic zuletzt mit seinen Teams das WM-Achtelfinale erreicht, die Chinesen erwiesen sich jedoch zu schwach.

Gestrauchelt: Maozhen Su hatte wie das gesamte chinesische Team keine reelle Chance, blieb mit seinen Kollegen im gesamten Turnier ohne Treffer.

China – Costa Rica 0:2

Milutinovics Serie abrupt gestoppt

Größer hätte die Unterstützung für den WM-Neuling aus China nun wirklich nicht sein können. 700 Millionen Menschen saßen zu Hause vor den Fernsehern, immerhin mehr als die Hälfte des Volkes, das 1,3 Milliarden Köpfe zählt, und bibberten mit ihren neuen Helden. Während der 90 Minuten stand das Arbeitsleben im Reich der Mitte still, abgesegnet von Jianchao Liu, dem Sprecher des Außenministeriums, der sagte, »es wäre eine Schande, zu arbeiten und das Spiel zu verpassen«. Zudem hatten sich 170 chinesische Journalisten auf den Weg nach Gwangju gemacht, sowie 8000 Fans, obwohl ein Ticket inklusive Flug und Übernachtung in etwa so teuer war, wie das durchschnittliche Jahreseinkommen eines Chinesen (758 US-Dollar).
Was die Fans dann aber von der Elf des serbischen Weltenbummlers Bora Milutinovic, der bereits Mexiko, Costa Rica, Nigeria und die USA bei einer WM

betreut hatte, zu sehen bekamen, war »zu schwach«, bekannte der Coach. Durch zu viele Ungenauigkeiten im Spiel nach vorne und eine frappierende Harmlosigkeit vor dem gegnerischen Gehäuse versandeten einige gute Konterchancen. Konnten sie nach nervösem Beginn die Begegnung gegen die Costa-Ricaner lange Zeit offen halten, so gerieten sie nach der Pause zusehends unter Druck. »Wir waren nach 70 Minuten einfach müde«, gab Chen Yang, Angreifer von Eintracht Frankfurt, anschließend zu.
Alexandre Guimaraes, Trainer der Mittelamerikaner, sparte trotz des Sieges, an dem Ronald Gomez als Torschütze und Vorbereiter maßgeblichen Anteil hatte, nicht mit Kritik. Wolle man wie schon bei der ersten WM-Teilnahme 1990 das Achtelfinale erreichen, »müssen wir uns noch deutlich steigern«, resümierte der Coach, der vor zwölf Jahren dem glorreichen Team der »Ticos« angehörte. Costa Ricas Trainer damals hieß übrigens Bora Milutinovic.

Die Leichtigkeit des Seins: Topfavorit Brasilien gegen Underdog China – die Zauberer vom Zuckerhut nutzten das Spiel, um sich unter Wettkampfbedingungen unfallfrei für das Achtelfinale einzuspielen.

Brasilien – China 4:0

Nicht mehr als eine Trainingseinheit

Einen kleinen, braunen Talisman trug Bora Milutinovic um den Hals. Den hatte ihm seine Tochter Maria bereits zur WM 1998 geschenkt. Damals hatte der Trainer bei seiner vierten WM-Teilnahme zum vierten Mal den Einzug in die Finalrunde geschafft. Wie immer mit einem Außenseiter: Damals war es Nigeria.
Doch der Coach Chinas musste im zweiten Gruppenspiel, trotz einer beherzten Anfangs-Viertelstunde, neidlos die Überlegenheit der brasilianischen Ballzauberer anerkennen. Zwei Viererketten hatte der Trainer-Weltenbummler dem Rekord-Weltmeister entgegengestellt, doch wenn gar nichts zu gehen droht, haben die Brasilianer eben ihren Freistoßspezialisten: Roberto Carlos hämmerte das Leder in der 15. Minute mit seinem linken Fuß aus 25 Metern in die Maschen. Nicht ganz unhaltbar für Chinas Keeper Jiang, aber eine Augenweide.
Fortan kombinierte das Team von Trainer Scolari nach Belieben. Druckvoll, elegant am Ball, mit Ronaldo und Ronaldinho in vorderster Front, sowie Rivaldo und Juninho nur knapp dahinter. Der kleine Ronaldinho leistete beim zweiten Tor die geniale Vorarbeit für Rivaldo und markierte den dritten Treffer per Foulelfmeter (Weifeng Li hatte Ronaldo umgerissen) selbst.
Danach erledigte Brasilien nurmehr seine Pflicht. Starstürmer Ronaldo (»Ich will in jedem Spiel ein Tor machen wie Jairzinho 1970«) kam seinem Versprechen noch nach – das war es dann. Scolari konnte jedenfalls »eine Steigerung gegenüber dem Auftakt« feststellen. Immerhin bedeutete der Erfolg, dass Brasilien zum fünften Mal mit zwei Siegen in ein WM-Turnier gestartet war.
Und Milutinovic? Dem 62-Jährigen half der Talisman diesmal nicht. WM-Neuling China machte ihn zwar wegen des engagierten Auftritts »glücklich«, doch »gegen Brasilien reicht diese Leistung eben nicht«. Richtig: Es war ein Aufwärmprogramm für die mit Rückstand ins Turnier gegangenen Rivaldo und Ronaldo – nicht mehr, aber auch nicht weniger.

Costa Rica – Türkei 1:1

Schwerelos dank Winston Parks

Wie jubelt man eigentlich in der Schwerelosigkeit? Na jedenfalls nicht durch Luftsprünge, Franklin-Chang Diaz kann es bestätigen. Während der NASA-Astronaut, eingehüllt ins rot-blaue Nationaldress der »Ticos«, auf seiner siebten Weltraum-Mission durch den Orbit gleitet und mit seinen Landsleuten mitfiebert, rauscht die von Alexandre Guimaraes trainierte Auswahl des kleinen mittelamerikanischen Landes unaufhörlich gen Achtelfinale.
Das Remis gegen die Türkei, es war verdient, sehr sogar. Nicht weniger als fünf Angreifer standen in der Schlussviertelstunde auf dem Feld. Der jüngste von ihnen schließlich war es, der vier Minuten vor dem finalen Pfiff zum 1:1-Ausgleich für die konter- und technisch starken Außenseiter traf: Winston Parks. Der 20 Jahre junge Angreifer des italienischen Erstligisten Udinese Calcio, noch ohne Ein-

4. Juni 2002 in Gwangju
China – Costa Rica 0:2 (0:0)

CHINA: Jiang – Xu, Fan (74. Genwei Yu), Weifeng Li, Wu – Sun (26. Qu), Xiaopeng Li, Tie Li, Ma – Chen Yang (66. Su), Hao
COSTA RICA: Lonnis – Marin, Wright, Martinez, Castro – Wallace (70. Bryce), Solis, Centeno, Gomez – Fonseca (57. Medford), Wanchope (80. Lopez)
Tore: 0:1 Gomez (61.), 0:2 Wright (64.)
Gelbe Karten: Tie Li, Xu – Marin, Solis, Gomez, Centeno
Schiedsrichter: Vassaras (Griechenland)
Zuschauer: 27 217

8. Juni 2002 in Seogwipo
Brasilien – China 4:0 (3:0)

BRASILIEN: Marcos – Cafu, Lucio, Roque Junior, Roberto Carlos – Gilberto Silva, Anderson Polga – Juninho (70. Ricardinho), Rivaldo – Ronaldo (72. Edilson), Ronaldinho (46. Denilson)
CHINA: Jiang – Xu, Du, Weifeng Li, Wu – Xiaoping Li, Zhao, Tie Li, Ma (62. Pu Yang) – Hao (75. Qu), Qi (66. Shao)
Tore: 1:0 Roberto Carlos (15.), 2:0 Rivaldo (32.), 3:0 Ronaldinho (45., Foulelfmeter), 4:0 Ronaldo (55.)
Gelbe Karten: Ronaldinho, Roque Junior
Schiedsrichter: Frisk (Schweden)
Zuschauer: 36 750

satz in der Serie A, ist Costa Ricas große Nachwuchshoffnung. Bei der U-20-WM in Argentinien 2001 erzielte der schnelle und trickreiche Angreifer vier Tore in eben so vielen Spielen, seine Elf scheiterte jedoch im Achtelfinale. »Er hat eine große Zukunft vor sich«, prophezeit zumindest Paulo Wanchope (25), Costa Ricas Stürmerstar.
Gar nicht so rosig gestaltet sich hingegen die Zukunft von Senol Günes, Trainer der Türkei. Hatte seine Elf, bei der zweiten WM-Teilnahme immer noch ohne Sieg, im ersten Gruppenspiel gegen Brasilien noch viel Pech, konnte sie diesmal nicht überzeugen. Die Spitzen Hakan Sükür und Hasan Sas hingen in der Luft, vor allem, weil es Leverkusens Yildiray Bastürk gegen die kompromisslos und aggressiv auftretenden Mittelamerikaner nicht gelang, das Spiel zu ordnen. Nach der Führung wollte die Günes-Elf die Führung nach Hause schaukeln – und wurde bestraft. Das Raumschiff soll kurzzeitig die Umlaufbahn verlassen haben.

Später Ausgleich: Der Treffer von Europalegionär Winston Parks (Udinese Calcio) kurz vor Schluss gegen die Türkei nährte die Hoffnungen Costa Ricas auf das Achtelfinale.

9. Juni 2002 in Incheon
Costa Rica – Türkei 1:1 (0:0)

COSTA RICA: Lonnis – Wright – Martinez, Marin – Wallace (77. Bryce), Solis, Castro – Centeno (66. Medford), Lopez (77. Parks) – Gomez, Wanchope
TÜRKEI: Rüstü – Fatih, Ümit Özat, Emre Asik – Ümit Davala, Tugay (88. Arif Erdem), Emre Belözoglu, Ergün – Bastürk (79. Nihat) – Hakan Sukur (75. Ilhan), Hasan Sas
Tore: 0:1 Emre Belözoglu, 1:1 Parks (86.)
Gelbe Karten: Martinez, Castro – Emre Asik, Tugay, Emre Belözoglu
Schiedsrichter: Codja (Benin)
Zuschauer: 42 299

Costa Rica – Brasilien 2:5

Ronaldo strahlt in altem Glanz

Der Mann strahlt wie ein Kind, das vor dem Weihnachtsbaum steht. Dabei ist noch gar nichts passiert. Noch ruht der Ball auf der Kreidelinie an der Eckfahne und wartet darauf, von Rivaldos weißen Schuhen in den Strafraum getreten zu werden. Er aber freut sich trotzdem, er weiß, was kommt. Der Ball schwebt hinein. Er tropft ab auf der Brust des Mannes, der dreht sich, kippt den Oberkörper nach links, streicht den Ball nach rechts, spitzelt ihn durch die Beine des Verteidigers, es misslingt, also schießt er aufs Tor. Treffer. 2:0. Drei Costa-Ricaner blicken zunächst einander an, dann ihn. Die Zahnlücke blitzt auf, der Mann strahlt.
Ronaldo (25) ist zurück. Zwei quälend lange Jahre musste der Superstar wegen einer Knieverletzung pausieren, sogar das Karriereende prophezeiten sie ihm. Rechtzeitig zur Weltmeisterschaft tanzt er aber wieder. Und trifft. Vier Turniertreffer erzielte er bereits, sein Vorhaben, in jedem Spiel ein Tor zu schießen, geht bislang auf. »Das war heute Unterhaltung auf höchstem Niveau«, schwärmte Ronaldo nach dem 5:2-Sieg über Costa Rica, denn beide Mannschaften spielten munter drauf los, zauberten gar teilweise, vernachlässigten aber über weite Strecken die Defensive.
Die Statistik wies am Ende sieben Torschüsse für die »Selecao« aus, neun für die Mittelamerikaner, zugelassen von einer arg sorglosen brasilianischen Abwehr. »Das darf man sich gegen starke Teams nicht erlauben«, rüffelte Trainer Luiz Felipe Scolari anschließend die Seinen. Kollege Alexandre Guimaraes war hingegen hin- und hergerissen. Traurig

Amerikanisches Duell: Der Süden, hier der Brasilianer Edilson am Boden gegen den Costa Ricaner Luis Marin, behielt gegen die Mitte die Oberhand.

einerseits, weil Costa Rica nur wegen des schlechteren Torverhältnisses aus dem Turnier ausschied, aber auch »sehr stolz und extrem glücklich« ob der attraktiven Spielweise seiner Elf. »Wir haben eine große Zukunft«, versprach der Coach. Der Mann strahlte.

Türkei – China 3:0

700 Millionen ohne Grund zum Jubeln

Weifeng Li hat es versucht, vorbei. Chen Yang hat es versucht, Pfosten. Wei Du hat es auch versucht, abgeblockt. Oh Mann, sie hatten eine große Portion Mitleid verdient, diese Chinesen. Ihre erste Weltmeisterschafts-Endrunde war es gewesen. Dass sie nach der Vorrunde beendet sein würde, gut, das war nicht wirklich überraschend. Aber dass ihnen nicht ein Tor, nicht ein einziges Törchen, nicht ein winziges Erfolgserlebnis vergönnt sein würde, damit hatten sie nicht gerechnet. Und das wurmte sie besonders nach dem 0:3 zum Vorrundenabschluss gegen die Türkei.

Bora Milutinovic tat es »einfach nur leid«, dass die chinesischen Fans überhaupt nichts zu bejubeln bekamen. Gewohnt charmant entschuldigte sich der Wandervogel unter den Nationaltrainern, der bei seiner fünften WM-Teilnahme in Folge ein Land erstmals nicht in die zweite Runde führte, dafür. Frankfurts Chen Yang, der erste Chinese in der Bundesliga, nahm's hingegen ganz gelassen und sprach von der insgesamt erfreulichen Erkenntnis, dass »der Fußball in unserem Land immer besser wird«. Und immer mehr Freunde findet. Über 700 Millionen der 1,274 Milliarden Chinesen saßen bei jedem Spiel ihrer Mannschaft vor dem Fernseher. Eine Traumquote.

Und so hakten sie das torlose Ausscheiden schnell ab und frohlockten einer glorreichen Zukunft. »China wird eine große Fußballnation werden«, sagte Bora Milutinovic und fügte hellseherisch an: »Es wird keine 50 Jahre dauern, ehe China Weltmeister wird.« Hoppla, muss man im Jahr 2002 dazu sagen, ganz schön gewagt. Nicht minder euphorisch ging es derweil bei den Türken zu. Zweite WM-Teilnahme nach 1954, erstmals die Vorrunde überstanden – kein Wunder, dass Trainer Senol Günes von einem »großen Tag für das türkische Volk« sprach. Das begann nun zu träumen, vom Weltmeistertitel. Von was auch sonst.

13. Juni 2002 in Suwon
Costa Rica – Brasilien 2:5 (1:3)

COSTA RICA: Lonnis – Martinez (74. Parks), Wright, Marin – Wallace (46. Bryce), Lopez, Solis (65. Fonseca), Centeno, Castro – Wanchope, Gomez
BRASILIEN: Marcos – Lucio, Anderson Polga, Edmilson – Cafu, Gilberto Silva, Junior – Juninho (61. Ricardinho), Rivaldo (72. Kaka) – Edilson (57. Kleberson), Ronaldo
Tore: 0:1, 0:2 Ronaldo (10., 13.), 0:3 Edmilson (38.), 1:3 Wanchope (39.), 2:3 Gomez (56.), 2:4 Rivaldo (62.), 2:5 Junior (64.)
Gelbe Karte: Cafu
Schiedsrichter: Ghandour (Ägypten)
Zuschauer: 38 524

13. Juni 2002 in Seoul
Türkei – China 3:0 (2:0)

TÜRKEI: Rüstü (35. Ömer) – Fatih, Emre Asik, Bülent, Hakan Ünsal – Ümit Davala, Tugay (84. Tayfur), Emre Belözoglu – Bastürk (70. Ilhan) – Hakan Sükür, Hasan Sas
CHINA: Jiang – Xu, Du, Weifeng Li, Wu (46. Shao) – Xiaopeng Li, Zhao, Tie Li, Pu Yang – Hao (72. Qu), Chen Yang (72. Yu)
Tore: 1:0 Hasan Sas (6.), 2:0 Bülent (9.), 3:0 Ümit Davala (85.)
Gelbe Karten: Emre Asik, Emre Belözoglu, Hasan Sas – Pu Yang, Weifeng Li
Rote Karte: Shao (58., grobes Foulspiel)
Schiedsrichter: Ruiz Acosta (Kolumbien)
Zuschauer: 43 605

Gescheitert: Der eindeutige Gruppenfavorit Portugal mit Luis Figo (links) strauchelte bereits im Auftaktspiel gegen die US-Auswahl. Hier behauptet Angreifer Brian McBride den Ball.

Vorrunde Gruppe D

Südkorea
Polen
USA
Portugal

Vitor Baia war lange Zeit teuerster Keeper der Welt, Luis Figo ist zweitteuerster Feldspieler. Keine Frage, der Gruppenfavorit war Portugal. Und wer gewann? Die Gastgeber aus Südkorea, vor den Vereinigten Staaten. Ein Fehler im System? Nein, nur eine Folge von Emotionen und Einsatz. Den ließen Portugiesen und Polen lange Zeit vermissen und rieben sich hernach verwundert die Augen beim Blick auf die Abschlusstabelle. Der Zug ins Achtelfinale war abgefahren, ohne die Europäer. Auch, weil Baia gegen Südkorea einen Beinschuss kassierte und Figo einen Freistoß knapp vorbei setzte.

KT

Das Lachen der Sieger: Neben den US-Amerikanern mit Earnie Stewart (links oben) zogen auch die Koreaner ins Achtelfinale ein. Hier duelliert sich Sang Chul Yoo mit John O'Brien (rechts unten).

Liebling der Massen: Jung Hwan Ahn (links) verzaubert vornehmlich die weiblichen Fans, genießt in Südkorea Popstar-Status. Gegen Polen blieb dem Italien-Legionär jedoch ein Treffer verwehrt.

Südkorea – Polen 2:0

Historischer Sieg eines Holländers

Es gibt nur zwei aktive Holländer bei dieser WM. Der eine ist Schiedsrichter – der andere heißt Guus Hiddink. Und der war an jenem 4. Juni »einer der glücklichsten Menschen der Welt«. Südkorea hatte zu Busan einen eindrucksvollen, ja historischen Sieg errungen. Die Asiaten setzten sich nicht nur überraschend, sondern vor allem eindrucksvoll gegen die höher eingeschätzten Polen durch und schafften bei ihrer sechsten WM-Endrunden-Teilnahme den ersten Erfolg. Coach Hiddink, der vor vier Jahren bei der WM-Endrunde in Frankreich als Trainer der »Oranjes« seinen aktuellen Arbeitgeber noch mit 5:0 deklassierte, hatte im Vorfeld des Turniers zum Sondertrainingslager in völliger Isolation gebeten. Nur Fußball zählte – und der angestrebte geschichtsträchtige Sieg nach 48 Jahren.
Historisch am Ende also, aber bereits zu Beginn wurde der Stellenwert des Fußballs in beiden Ländern deutlich. Vor den Augen ihrer Staatsoberhäupter Kim Dae Jung und Aleksander Kwasniew-ski – beide mit Fanschals – sowie einer tosenden Zuschauermenge, die einheitlich im koreanischen Trikotrot die Stimmung in südländische Atmosphären hob, begann das gemeinsame Auftaktspiel.
Mit präzisen und vor allem schnellen Kombinationen, einer sicheren Abwehr und einem konsequenten Flügelspiel machten die Asiaten deutlich, dass sie längst nicht mehr zu den Fußball-Exoten zu zählen sind. Ihr erfrischender Offensivfußball wurde durch den Treffer von Hwang-Sun Hong erstmals belohnt. Der zweite Streich folgte durch Yoo-Sang Chul, der Liverpool-Keeper Jerzy Dudek mit einem halbhohen Schuss überwand. Danach wurden die Schlachtrufe der koreanischen Fans immer lauter: »Daehan Minguk« schallte es von den Rängen. »Unbedingt gewinnen, Korea« heißt dies auf Deutsch. Dass sie das um jeden Preis wollten, zeigten die Südkoreaner bis zum Schlusspfiff. Und so durfte auch ein Holländer jubeln.

4. Juni 2002 In Busan
Südkorea – Polen 2:0 (1:0)

SÜDKOREA: Lee W. J. – Choi J. C., Hong, Kim T. Y. – Song, Kim N. I., Yoo (61. Lee C. S.), Lee E. Y. – Park, Hwang (50. Ahn), Seol (90. Cha)
POLEN: Dudek – Hajto, Bak (51. Klos), Waldoch, Michal Zewlakow – Kozminski, Kaluzny (65. Marcin Zewlakow), Swierczewski, Krzynowek – Zurawski (46. Kryszalowicz), Olisadebe
Tore: 1:0 Hwang (26.), 2:0 Yoo (53.)
Gelbe Karten: Park, Cha – Krzynowek, Hajto, Swierczewski
Schiedsrichter: Ruiz (Kolumbien)
Zuschauer: 48 760

USA – Portugal 3:2

US-Boys düpieren die Portugiesen

Wie ein kleines Kind strahlte Alan Rothenberg. Der frühere Präsident des amerikanischen Fußballs, nun Big Boss ohne Amt und Würden, jubilierte: »Ein großer Erfolg für den US-Soccer.« Jedenfalls ein historischer Sieg, der den Boys von Bruce Arena mit dem völlig verdienten 3:2 gegen den Topfavoriten aus Portugal gelungen war, vergleichbar mit dem Erfolg gegen Kolumbien bei der WM im eigenen Land, der 1994 das Achtelfinale ermöglichte.
Ein ähnliches Kunststück liegt auch jetzt wieder im Bereich des Möglichen. Anders als die Ausgabe der schwächelnden 98er-Truppe, die den Deutschen in Paris einen geruhsamen Auftakt gestattete, ist dieser WM-Starter zu beachten. Teamspirit, glänzende Spielorgansiation, dazu herausragende Einzelkönner wie Talent Beasley und Torjäger McBride, wie Mittelfeldmacher O'Brien oder Abwehrchef Pope.
Die Portugiesen haben es erfahren. Schnell verhängnisvoll mit 0:3 ins Hintertreffen geraten, weil die langsame Viererabwehrkette inklusive Torwart Vitor Baia patzte, der überraschend den Vorzug vor Ricardo bekommen hatte, konnten die alternden Stars um Figo und Rui Costa zwar noch aufholen. Doch ihr Schlussspurt kam zu spät. Nur noch eine Ergebniskosmetik, keine grundlegende Korrektur.
»Wir haben Fehler gemacht, die unter normalen Umständen nicht passieren«, übte Luis Figo deftige Selbstkritik. Sein WM-Debüt hätte sich der Real-Star, der sich als einziger stellte, während die Kolle-

Höhenflug: Der Kopfballtreffer von Brian McBride gegen Portugal war Initialzündung für die US-Amerikaner, die fortan äußerst selbstbewusst agierten.

5. Juni 2002 in Suwon
USA – Portugal 3:2 (3:1)

USA: Friedel – Sanneh, Pope (80. Llamosa), Agoos, Hejduk – Mastroeni – Stewart (46. Jones), O'Brien, Beasley – McBride, Donovan (75. Moore)
PORTUGAL: Vitor Baia – Beto – Fernando Couto, Jorge Costa (73. Jorge Andrade), Rui Jorge (69. Paulo Bento) – Figo, Petit, Rui Costa (79. Nuno Gomes), Sergio Conceicao – Joao Pinto, Pauleta
Tore: 1:0 O'Brien (4.), 2:0 Jorge Costa (29., Eigentor), 3:0 McBride (36.), 3:1 Beto (39.), 3:2 Agoos (71., Eigentor)
Gelbe Karten: Beasley – Beto, Petit
Schiedsrichter: Moreno (Ekuador)
Zuschauer: 37 306

gen durch den Hinterausgang verschwanden, ganz gewiss ganz anders vorgestellt. So blieb ihm nur ein melancholischer Blick und das Bangen, dass auch der letzte Versuch der »Goldenen Generation« der Südeuropäer zu scheitern droht. Armes Portugal!

Südkorea – USA 1:1

Ahn lässt Korea weiter träumen

Sang Chul Yoo streifte sich das schweißdurchtränkte Trikot von Eddie Pope über. Jae Woon Lee nahm Brad Friedel in die ausgebreiteten Arme und herzte ihn. Es waren Bilder der Versöhnung, mit denen sich beide Mannschaften nach diesem hochbrisanten Spiel von den feiernden Fans verabschiedeten. Rund 10 000 Sicherheitskräfte waren aus Furcht vor Anschlägen auf das US-Team mobilisiert worden. Seit Jahrzehnten verbindet Südkorea und die Vereinigten Staaten, historisch bedingt, eine »Hassliebe«. Doch die im Vorfeld befürchtete antiamerikanische Stimmung flackerte nur einmal auf, bei vereinzelten Pfiffen und Sprechchören, als die US-Boys zum Warmmachen den Rasen betraten. Ansonsten hielten es die 60 000 Zuschauer mit einem Fan, der im Stadion sein Plakat mit einer ganz speziellen Botschaft entrollte: »No politics, just football.«
»So eine großartige Atmosphäre habe ich selten erlebt. Wir haben nichts von Feindseligkeit gespürt«, ließ Brad Friedel seiner Begeisterung über das stimmungsvolle Szenario freien Lauf. Die nach dem Auftaktsieg gegen Polen euphorisierten koreanischen Anhänger berauschten sich ein zweites Mal an ihrer Mannschaft. Ganz in Rot gehüllt, meist auf ihren Plätzen stehend – selbst ein verschossener Foulelfmeter brachte sie nicht von ihrem Weg ab. Ahn belohnte in der atemberaubenden Schlussphase die Moral der Mit-Gastgeber mit dem ekstatisch bejubelten Ausgleich. Die Träume beider Nationen blühten durch das 1:1 weiter. Sie verblieben auch nach dem zweiten Spieltag an der Spitze ihrer Gruppe.
So sorgte auch Ahns Aufsehen erregender Torjubel für keinerlei Misstöne. Im Stile eines Eisschnellläufers näherte er sich mit langen Ausfallschritten der Eckfahne. Als Trost für Landsmann Dong-Sung Kim, der bei Olympia in Salt Lake City im Shorttrack-Wettbewerb nach einer umstrittenen Disqualifikation die Goldmedaille verloren hatte – an Apolo Anton Ohno, einen Amerikaner.

Politikum: Schiedlich, friedlich unentschieden trennten sich die beiden Gruppenersten im hochstilisierten Spiel.

Rotes Herz mit Oranje-Kopf: Dem Holländer Guus Hiddink wurde dank der Erfolge schon die südkoreanische Staatsbürgerschaft angeboten, ein Radiosender brachte ihn gar als Präsident ins Gespräch.

10. Juni 2002 in Daegu
Südkorea – USA 1:1 (0:1)

SÜDKOREA: Lee W. J. – Hong – Choi J. C., Kim T. Y. – Song, Kim N. I., Yoo (70. Choi Y. S.), Lee E. Y. – Park (38. Lee C. S.), Hwang (56. Ahn), Seol
USA: Friedel – Sanneh, Agoos, Pope, Hejduk – Donovan, Reyna, O'Brien, Beasley (75. Lewis) – Mathis (82. Wolff), McBride
Tore: 0:1 Mathis (24.), 1:1 Ahn (78.)
Gelbe Karten: Hong – Hejduk, Agoos
Besonderes Vorkommnis: Friedel (USA) hält Foulelfmeter von Lee E. Y. (41.)
Schiedsrichter: Meier (Schweiz)
Zuschauer: 60 778

10. Juni 2002 in Jeonju
Portugal – Polen 4:0 (1:0)

PORTUGAL: Vitor Baia – Frechaut (64. Beto), Fernando Couto, Jorge Costa, Rui Jorge – Petit, Paulo Bento – Figo, Joao Pinto (60. Rui Costa), Sergio Conceicao (69. Capucho) – Pauleta
POLEN: Dudek – Hajto, Waldoch, Mi. Zewlakow (71. Rzasa) – Kozminski, Swierczewski, Kaluzny (16. Bak), Krzynowek – Zurawski (56. Ma. Zewlakow), Olisadebe, Kryszalowicz
Tore: 1:0, 2:0, 3:0 Pauleta (14., 65., 77.), 4:0 Rui Costa
Gelbe Karten: Frechaut, Jorge Costa, Rui Jorge – Swierczewski, Bak
Schiedsrichter: Dallas (Schottland)
Zuschauer: 31 000

Portugal – Polen 4:0

Pauleta rettet die Geburtstagsfeier

Der 50. Geburtstag begann beileibe nicht nach Wunsch für Antonio Oliveira. Am Morgen fiel Portugals Coach im Mannschaftshotel eine Treppe herunter und verletzte sich am Knöchel. Abends aber war der schnauzbärtige Trainer doch wieder obenauf und hatte doppelten Grund zum Feiern: Mit einem eindrucksvollen 4:0 über die enttäuschenden Polen meldete sich der Geheimfavorit zurück. Oliveira humpelte auf den Rasen, reckte im strömenden Regen freudestrahlend seine Krücken in den Nachthimmel über Jeonju und umhalste besonders euphorisch seinen dreifachen Torschützen Pauleta, der die polnischen Verteidiger ein ums andere Mal düpiert hatte.

»Noch ist Polen nicht verloren«, intonierten die Osteuropäer vor dem Anpfiff inbrünstig und erlebten dann ein Debakel, bei dem sie den teilweise wie entfesselt spielenden Portugiesen nichts entgegen zu setzen hatten. Als eine der ersten Mannschaften hatten sich die Polen für diese Endrunde qualifiziert, als eines der ersten Teams mussten sie sich auf die Heimreise machen.

Offenbar war der ausgezeichnete Ruf des quirligen Torjägers Pauleta noch nicht nach Polen vorgedrungen. Der Torschützenkönig der französischen Liga, der 22 Treffer für Girondins Bordeaux erzielt hatte, stürzte auch die beiden »Deutschen«, Thomasz Waldoch und Tomasz Hajto vom FC Schalke, von einer Verlegenheit in die andere. »Heute haben wir das richtige Portugal gesehen«, jubelte Jorge Costa nach der ausgezeichneten Vorstellung am portugiesischen National-Feiertag. Und offenbar zeigte sich erstmals auch der »richtige« Luis Figo. Nach mäßigem Beginn steigerte sich der portugiesische Star, rannte, grätschte sogar am eigenen Strafraum, dirigierte und lenkte die Offensive. Auch ein Grund dafür, dass Trainer Oliveira seinen 50. Geburtstag doch noch richtig genießen konnte.

Portugal – Südkorea 0:1

Guus Hiddink for president

Was ist passiert, wenn plötzlich ein Dutzend Koreaner auf einen gut gekleideten Holländer losstürmt, ihn einkreist und schier erdrückt? Nun, dann hat Südkorea ein Tor erzielt, hier sogar ein entscheidendes gegen den Geheimfavoriten aus Portugal. Als nämlich Ji Sung Park in der 71. Minute eine Flanke gekonnt mit der Brust stoppte, den Ball anschließend vom rechten auf den linken Fuß jonglierte und die Kugel durch die Beine von Torhüter Vitor Baia schmetterte, gab es für die südkoreanischen Spieler und Betreuer kein Halten mehr. Sie umzingelten den niederländischen Coach Guus Hiddink, tanzten und jubelten, und als

Schiedsrichter Sanchez gut 20 Minuten später eine meist sehr einseitige Partie abpfiff, hatte der WM-Gastgeber völlig zu Recht die Südeuropäer aus dem Wettbewerb geworfen und erstmals im sechsten Anlauf bei einem Welt-Championat das Achtelfinale erreicht.
Was Hiddinks Schützlinge auf dem Rasen gegen die Portugiesen ablieferten, hatte allemal große Klasse. Zwar profitierten die »Roten Teufel« auch von einer Unbeherrschtheit Joao Pintos, der schon nach 27 Minuten vom Platz gestellt wurde; ihm folgte in der zweiten Hälfte sogar noch Beto, der Gelb-Rot sah. Aber insgesamt traten die Asiaten viel entschlossener auf als die viel zu harmlosen Portugiesen mit ihrem enttäuschenden Superstar Luis Figo. Nur selten blitzte die spielerische Klasse der Mannschaft von Antonio Oliveira auf, die sich lange darauf verließ, mit einem 0:0 den Sprung in die Vorschlussrunde zu bewerkstelligen.
Wesentlich laufstärker, entschlossener und zudem kombinationssicher zeigten sich die Koreaner. »Das ist eine grausame Nacht«, schluchzte Portugals Kapitän Fernando Couto anschließend unter Tränen. Derweil ging die Verehrung für Guus Hiddink sogar so weit, dass eine koreanische Radiostation den gefeierten Niederländer sogleich als neuen Staatspräsidenten vorschlug.

Polen – USA 3:1

US-Soccer dankt den Koreanern

Regungslos starrte Bruce Arena in den Schlusssekunden auf das Spielfeld. Nur noch im Unterbewusstsein verfolgte der US-Coach das Treiben seiner Mannschaft. Nach außen hin cool, doch in seinem Inneren brodelte es. Wie steht es in Incheon? Ist das Spiel dort schon zu Ende? Quälend lange musste Arena warten, bis ihn die erlösende Nachricht erreichte: Schlusspfiff in Incheon, Südkorea schlägt Portugal! Die Vereinigten Staaten standen tatsächlich im Achtelfinale.
Auf die Hilfestellung war das US-Team dringend angewiesen. Inspirationslos und wenig torgefährlich berannten die Amerikaner den Strafraum der Polen. Im Glauben, das fest eingeplante Weiterkommen verspielt zu haben, zeigten die US-Boys in keiner Phase diese Zielstrebigkeit und Effektivität, die sie noch gegen Portugal und Südkorea ausgezeichnet hatte. Dank Korea fiel die unerwartete Niederlage letztlich aber nicht mehr ins Gewicht. Der amerikanische Traum ging weiter. Das schlechteste Team der Weltmeisterschaft in Frankreich erreichte nach der WM 1994 im eigenen Land wieder das Achtelfinale. »Wir haben die Distanz zu der Weltspitze verkleinert«, freute sich Arena im Hinblick auf das Duell mit Mexiko.
Mit dem Vorhaben, sich im Kreise der weltbesten Fußball-Nationen zu etablieren, waren auch die Polen nach Asien gereist. Als große Verlierer traten sie die Heimreise an. Daran änderte auch der ehrenhafte Abschied mit dem Sieg zum Abschluss nichts. Sogar eine öffentliche Entschuldigung von Kapitän Tomasz Waldoch für das emotionslose Auftreten im Turnierverlauf stimmte weder die polnischen Fans noch Trainer Jerzy Engel versöhnlich. Engel setzte gleich sechs Spieler, die zuvor zur Stammelf zählten, gegen die USA auf die Bank. Der Erfolg dieser Maßnahme hatte für den Trainer einen schmerzlichen Nebenaspekt: Das souveräne 3:1 bewies, dass für Polen wesentlich mehr drin gewesen wäre.

14. Juni 2002 in Incheon
Portugal – Südkorea 0:1 (0:0)

PORTUGAL: Vitor Baia – Beto, Fernando Couto, Jorge Costa, Rui Jorge (73. Abel Xavier) – Petit (77. Nuno Gomes), Paulo Bento – Figo, Joao Pinto, Sergio Conceicao – Pauleta (69. Jorge Andrade)
SÜDKOREA: Lee W. J. – Choi J. C., Hong, Kim T. Y. – Song, Yoo, Kim N. I., Lee Y. P. – Park – Ahn (90.+3 Lee C. S.), Seol
Tor: 0:1 Park (70.)
Gelbe Karten: Jorge Costa – Kim T. Y, Seol, Kim N. I., Ahn
Gelb-Rote Karte: Beto (66.)
Rote Karte: Joao Pinto (27., grobes Foulspiel)
Schiedsrichter: Sanchez (Argentinien)
Zuschauer: 50 239

14. Juni 2002 in Daejeon
Polen – USA 3:1 (2:0)

POLEN: Majdan – Klos (89. Waldoch), Zielinski, Glowacki, Kozminski – Murawski, Kucharski (65. Marcin Zewlakow), Krzynowek – Zurawski, Olisadebe (86. Sibik), Kryszalowicz
USA: Friedel – Sanneh, Pope, Agoos (36. Beasley), Hejduk – Donovan, Reyna, O'Brien, Stewart (68. Jones) – Mathis, Mc Bride (58. Moore)
Tore: 1:0 Olisadebe (3.), 2:0 Kryszalowicz (5.), 3:0 Marcin Zewlakow (66.), 3:1 Donovan (83.)
Bes. Vorkommnis: Friedel hält Foulelfmeter von Zurawski (76.)
Schiedsrichter: Lu (China)
Gelbe Karten: Majdan, Kozminski, Kucharski, Olisadebe – Hejduk
Zuschauer: 26 482

Aus, Schluss und vorbei: Luis Figo (oben) blieb als vermeintlich kreativer Kopf eines zuvor hochgelobten Ballzauberer-Ensembles vieles schuldig – und somit eine der größten Enttäuschungen.

6
dweiser

Vorrunde Gruppe E

Deutschland Saudi-Arabien Irland Kamerun

Durchgemogelt wäre das falsche Wort – aber ein Selbstgänger war der Gruppensieg für das deutsche Team sicherlich nicht. Trotz des 8:0 beim Auftakt gegen überforderte Saudis. Dass bis zur Hälfte der Abschlusspartie gegen Kamerun gar um ein Weiterkommen gezittert werden musste – längst vergessen. Zumal es mit einem fünfmaligen Torschützen höchst positive Schlagzeilen zu vermelden gab. Miroslav Klose traf drei Mal gegen die Araber, er traf gegen Irland, das sich mit der DFB-Auswahl dennoch für höhere Aufgaben qualifizierte. Und er traf gegen Kamerun, womit er Winnie Schäfer, den deutschen Coach des Afrikameisters, gleich wieder nach Hause schickte.

Zitterpartie: Der deutsche Keeper Oliver Kahn musste gegen Irland mehrfach in höchster Not retten, hier scheitert Angreifer Robbie Keane am wohl weltbesten Torhüter.

Lasst Tore sprechen: Michael Ballack und Thomas Linke gegen die Saudis, Marco Bode gegen Kamerun, Super-Salto-Klose in jeder der drei Vorrundenpartien (von links unten im Uhrzeigersinn) – die deutsche Elf hatte in der Gruppe E genügend Gründe zum Jubeln.

Irland – Kamerun 1:1

Mboma lässt Japaner ausflippen

Der Japaner gilt gemeinhin als höflich und zurückhaltend, besonders Gästen gegenüber. Dementsprechend reserviert gestalten sich die Ovationen der heimischen Fans bei den Weltmeisterschafts-Begegnungen. Klar, Japan-Spiele mal ausgenommen. Und ebenso Kamerun, dass dank Patrick Mboma bei den Söhnen (und natürlich Töchtern) Nippons ganz hoch im Kurs steht. In der Spielzeit 1997/98 avancierte der studierte Mathematiker in

Umkämpft: Irland und Kamerun trennten sich Remis und erhielten sich die Chance aufs Weiterkommen.

Rekordergebnis: Mit einer Differenz von acht Treffern wie bei der Partie gegen Saudi-Arabien hatte zuvor noch keine deutsche Mannschaft bei einer Weltmeisterschaft die Oberhand behalten.

der J-League mit 25 Treffern in 28 Spielen zum Torschützenkönig, spielte sich in die Herzen der japanischen Anhänger – und genoss bei der Auftaktpartie der »unzähmbaren Löwen« dank des 1:0-Treffers die ihm gewidmeten Huldigungen.

Nur, am Ende stand ein 1:1. »Zu wenig«, wie Trainer Winnie Schäfer befand, »meine Jungs waren nicht frei genug im Kopf.« Wir wissen aber, dass Spiele zumeist eben dort entschieden werden.

Gegner Irland hatte vor dem Match auch mehr mit der Psyche denn der Physis zu kämpfen: Superstar Roy Keane nach Trainerbeschimpfung nach Hause geschickt, die Defensivabteilung vor Keeper Shay Given vermeintlich anfällig. Doch die Elf von Coach Mick McCarthy, stilecht in Trikot, kurzer Hose und Fußballschuhen auf der Bank, strafte alle Kritiker Lügen. Überlegen wurde die Partie nach dem Ausgleichstreffer von Holland gestaltet, sichergestellt, dass »zwei Jahre harte Arbeit nicht für die Katz gewesen sind« (McCarthy). Und das auch ohne Roy Keane.

Jubel über einen Punkt also bei den Iren, Frust bei Kamerun. Patrick Mboma konstatierte: »Letztlich haben wir uns noch ganz gut aus der Affäre gezogen, denn wir hätten das Spiel sogar noch verlieren können.« Haben sie aber nicht und somit nach dem Weltmeisterschafts-Auftakt noch alle Chancen auf das Achtelfinale. Und die Japaner werden wieder ausflippen, wenn Kamerun den Platz betritt. Aller sonst zur Schau gestellten Zurückhaltung zum Trotz.

Deutschland – Saudi-Arabien 8:0

Zimmermann mit Köpfchen und Salto

Und jetzt kommt er doch noch. Gut, dass es eine weitere Gelegenheit dazu gibt, denn die erste hat er glatt verpasst. So überrascht war er, so erleichtert. Nun aber setzt er an, stemmt sich weg vom Rasenuntergrund, wirbelt seine 76 Kilo durch die Luft und landet wieder auf seinen zwei Füßen: ein perfekt gestandener Salto. Auf diese Art jubelt Miroslav Klose. Spektakulär, wie er Tore schießt. Soeben hat er im »Sapporo Dome« seinen zweiten Treffer gegen Saudi-Arabien erzielt. Ein dritter wird noch folgen und Deutschland mit 8:0 Toren das höchste positive Ergebnis bescheren, das für die schwarzrotgoldene Fußballdelegation je bei einem Weltturnier notiert ist.

Gewiss, Michael Ballack hat fein geflankt und auch den Ball mit der Stirn ins Netz gelenkt; gewiss hatte Didi Hamann im Mittelfeld »wahrscheinlich eine Rekordzahl an Ballkontakten«, wie Teamchef Rudi Völler meint. Dennoch trägt dieser Sieg einen Namen, Miroslav Klose. Seine Geschichte ist die vom Tellerwäscher, der zum Millionär wird. Sie geht so: Klose wurde am 9. Juni 1978 im polnischen Oppeln geboren. Dort ist Papa Joseph Fußballprofi gewesen, ehe er nach Frankreich wechselte, zu AJ Auxerre. Mama Barbara war auch sehr sportlich, 82 Mal gehörte sie zur Handballauswahl Polens. Die Familie verschlägt es ins Pfälzische, Junior Miro kickt von der E-Jugend an bei der SG Blaubach-Diedelkopf, elf Jahre lang, bis 1997. Da er, 18 Jahre jung, in der Bezirksliga, wenn's sein muss, zehn Tore in einem Spiel machte, entdeckt ihn bald die Konkurrenz aus höheren Ligen. Ein Jahr stürmt Klose, der eine Lehre zum Zimmermann begonnen hatte, für den FC Homburg und wechselt 1998 zu den Amateuren des 1. FC Kaiserslautern, wird zu den Profis befördert, für die er in der Saison 2001/02 in

Gesamtbilanz

Deutschland		Saudi-Arabien
8	Tore	0
14	Torschüsse	1
22	begangene Fouls	11
642	Pässe	475
432	zum Mitspieler	248
67	Passbilanz in %	52
55%	Zweikampfbilanz	45%
55%	Ballbesitz	45%
2	Gelbe Karten	1
0	Rote Karten	0
5	Abseits	3
10	Ecken	1
14	Freistöße	27
0	Strafstöße	0

1. Juni 2002 in Niigata
Irland – Kamerun 1:1 (0:1)

IRLAND: Given – Kelly, Breen, Staunton, Harte (77. Reid) – McAteer (46. Finnan), Kinsella, Holland, Kilbane – Duff, Keane
KAMERUN: Boukar – Song, Kalla, Tchato – Geremi, Foé, Womé – Laurén, Olembe – Eto'o, Mboma (69. Suffo)
Tore: 0:1 Mboma (39.), 1:1 Holland (52.)
Gelbe Karten: McAteer, Finnan, Reid – Kalla
Schiedsrichter: Kamikawa (Japan)
Zuschauer: 33 679

1. Juni 2002 in Sapporo
Deutschland – Saudi-Arabien 8:0 (4:0)

DEUTSCHLAND: Kahn – Linke, Ramelow (46. Jeremies), Metzelder – Frings, Hamann, Ziege – Schneider, Ballack – Klose (77. Neuville), Jancker (67. Bierhoff)
SAUDI-ARABIEN: Al-Deayea – A. Al-Dossary, Zubromawi, Tukar, Sulimani – K. Al-Dosari (46. I. Al-Sharani) – A. Al-Sharani, Noor – Al-Temyat (46. Al-Khathran) – Al-Yami (77. A. Al-Dosary), Al-Jaber
Tore: 1:0 Klose (20.), 2:0 Klose (25.), 3:0 Ballack (40.), 4:0 Jancker (45./+1), 5:0 Klose (69.), 6:0 Linke (72.), 7:0 Bierhoff (84.), 8:0 Schneider (90./+2)
Gelbe Karten: Ziege, Hamann – Noor
Schiedsrichter: Aquino (Paraguay)
Zuschauer: 32 218

Stimmen zum Spiel

Didi Hamann: »Wir haben eine Riesenstimmung, alle sind mit großer Freude dabei, und das ist ganz zweifellos ein Verdienst unseres Trainers.«

Franz Beckenbauer: »Miroslav hat eine unglaubliche Sprungkraft wie damals Uwe Seeler. Und elf Tore in 13 Länderspielen – das kommt schon in die Nähe eines Gerd Müller.«

Miroslav Klose: »Für mich war es ein Traum, bei einer WM dabei zu sein und dabei eine große Rolle zu spielen. Die drei Tore waren gut für mein Selbstbewusstsein, aber ich werde nicht abheben.«

Michael Ballack: »In der Mannschaft herrscht keine Euphorie, wir lassen uns nicht blenden. Allerdings ist so ein Paukenschlag die beste Eigenwerbung. Es ist mein erklärtes Ziel, ins Finale zu kommen. Ich bin mit dem ersten Spiel sehr zufrieden, aber ich werde mich noch steigern können.«

Carsten Jancker: »Ich habe das vorher so nicht für möglich gehalten. Bei meinem Tor ist mir ein Stein vom Herzen gefallen. Natürlich hat mich Völler vorher in der schweren Zeit gestützt, aber er weiß auch um meine Qualitäten.«

Teamchef Rudi Völler: »Am meisten hat mich gefreut, dass wir von Beginn an keine Diskussionen haben aufkommen lassen, wer hier als Sieger vom Platz geht. Die Mannschaft war überragend engagiert, jeder Einzelne war motiviert bis in die Haarspitzen. Es war klar, dass die Araber vorwiegend defensiv agieren würden.«

31 Spielen 16 Tore schießt. Nebenher qualifiziert sich dieser so unscheinbar daher kommende junge Mann für Rudi Völlers WM-Auswahl – in eine Jugendauswahl war er nie berufen worden.
Und nun dort, im fernen Asien, im Norden Japans, dieser WM-Einstand. Wo sich die globalen Superstars dieses Sports zum bedeutendsten Wettstreit versammelt haben, die Zidane, Beckham, Rivaldo, Owen oder Figo, wird zum Start vor allen sein Name genannt. Gefeiert. Gerühmt. Getitelt. Miroslav Klose. Die Nummer 11 des WM-Mitläufers Deutschland. Wo sonst zuallererst über Oliver Kahn, den einzigen Weltklasseakteur aus deutschen Landen gesprochen wird, womöglich noch über Michael Ballack, liefert nun »Miro« das Thema, wegen seiner drei Tore zu seiner persönlichen WM-Premiere. Franz Beckenbauer, Weltreisender des Fußballs, 1974 als Spieler und 1990 als Teamchef Champion mit der deutschen Mannschaft, adelt diesen jungen Mann, indem er Kloses Torquote im Länderteam – 11 Treffer in 13 Spielen, darunter in drei Spielen jeweils drei – in die Nähe jener unglaublichen Rekordmarke des Gerd Müller rückt, der in 62 Länderspielen 68 Mal traf. »Der Junge hat alles«, sagt Beckenbauer schwärmerisch, »er ist schnell, kann dribbeln und hat eine unglaubliche Sprungkraft.« Schon folgt die nächste Würdigung mit einem großen Namen: »Wie Uwe Seeler.«
Ach du guter Gott, ob dem Jungen solche Hymnen nicht das Trommelfell zerfetzen und die Sinne verwirren? Routinier Oliver Bierhoff hat ihm schon tags darauf auf dem Rückflug von Sapporo ins Basislager Miyazaki dringend angeraten, »jetzt nicht den Boden unter den Füßen zu verlieren«. Klose selbst sagt, »das mache ich auch nicht«. Die Nacht nach seiner großen Show hat er schlecht geschlafen, wahr geworden war Stunden zuvor sein Lebenstraum, dieser: »Bei einer WM teilzunehmen und

Deutschland – Saudi Arabien, 1. 6. 2002, 8:0 (4:0)

Nr.	Name	Pässe	zum Mitspieler	in %	Ballgewinne	Torschüsse	Fouls
2	Linke	55	42	76	7		1
22	Metzelder	48	37	77	16		1
5	Ramelow (bis 46.)	30	15	50	3		1
11	Schneider	57	32	56	8	1	2
13	Ziege	73	44	60	12		3
6	Frings	66	46	70	11	1	1
19	Hamann	70	56	80	9	1	2
8	Ballack	53	31	58	7	3	5
9	Klose (bis 77.)	25	8	32	5	5	2
20	Jancker (bis 67.)	33	14	42	2	2	4
16	Jeremies (ab. 46.)	42	33	79	10		
4	Bierhoff (ab 67.)	2	1	50		1	
7	Neuville (ab 77.)	3	2	67			

Später Schock: Lange Zeit erfolgreich hatte sich DFB-Keeper Oliver Kahn gegen die Angriffsbemühungen gestemmt, gegen Robbie Keane kurz vor Schluss war jedoch auch der Münchner machtlos.

Pressestimmen

»Das war eine historische Katastrophe. Für die Deutschen war es ein Trainingsspiel.«
ALAM AL-RIYADAH (SAUDI-ARABIEN)

»Beim deutschen Festival wurde Saudi-Arabien einfach überrollt.«
SPORT (SPANIEN)

»Klose ist der neue Völler. Völlers Elf hat gezeigt, dass sie bei dieser WM noch viel leisten kann.«
CORRIERE DELLO SPORT (ITALIEN)

»Saudi Arabien hat Asiens Fußball um 50 Jahre zurückgeworfen.«
PEKING MORNING POST (CHINA)

»Die Totengräber, die Deutschland einen frühen und peinlichen Abgang prophezeiten, sind ruhig gestellt.«
SPORTS ILLUSTRATED (USA)

»Völlers Männer haben einige dunkle Wolken vertrieben, die in der letzten Zeit über ihnen aufgezogen waren.«
MAINICHI SHIMBUM (JAPAN)

»Deutschland verkündet eine tolle Auferstehung. Die deutschen Panzer haben keinen Rost angesetzt.«
DONG A-ILBO (SÜDKOREA)

dann noch eine wichtige Rolle zu spielen.« Freilich durchschaut dieser so schüchtern dreinblickende junge Mann, der »vor dem Tor noch abgezockter werden« möchte, sehr wohl die Mechanismen der Branche. »Schon im nächsten Spiel werde ich an diesen drei Toren gemessen«, sagt er, aber keine Bange, »wenn es darauf ankommt, bin ich da.«

Deutschland – Irland 1:1

Keane-Schock in der Nachspielzeit

Es gibt viele dieser platten, aber doch so richtigen Fußball-Weisheiten, zum Beispiel jene, wonach der Ball rund und das nächste Spiel immer das schwerste sei. Eine weitere besagt, dass ein Spiel 90 Minuten dauert, was allerdings präzisiert werden muss, weil immer erst dann Schluss ist, wenn der Schiedsrichter abpfeift. Im »Prefectural Kashima Soccer« Stadion zu Ibaraki, eine knappe Busstunde nahe Tokio, tat dies der aus Dänemark eingeflogene Unparteiische Kim Milton Nielsen erst nach 93 Minuten, drei Minuten »Injury Time« waren in hellleuchtendem Gelb auf der Anzeigetafel eingeblendet. Und in dieser verletzungshalber verordneten Nachspielzeit passierte, was den deutschen Nationalspielern den Lift, der sie doch eigentlich schon ins Achtelfinale gehievt hatte, vor der Nase abfahren ließ. Und das ging so: Ein hoher Ball segelt aus der irischen Hälfte Richtung deutschen Strafraum.

5. Juni 2002 in Ibaraki
Deutschland – Irland 1:1 (1:0)

DEUTSCHLAND: Kahn – Linke, Ramelow, Metzelder – Frings, Hamann, Ziege – Schneider (90. Jeremies), Ballack – Klose (85. Bode), Jancker (75. Bierhoff)
IRLAND: Given – Finnan, Breen, Staunton (88. Cunningham), Harte (74. Reid) – G. Kelly (73. Quinn), Holland, Kinsella, Kilbane – Duff, Robbie Keane
Tore: 1:0 Klose (19.), 1:1 Robbie Keane (90./+2)
Schiedsrichter: Nielsen (Dänemark)
Zuschauer: 35 854

Dort lenkt 1,95-Meter-Riese Niall Quinn die Flanke weiter, weil ihn Verteidiger Christoph Metzelder, zwei Zentimeter kürzer, nicht hindern kann und auch Abwehrdirigent Carsten Ramelow in hilflose Schieflage gerät, was den wendigen Robby Keane in die vorzügliche Situation bringt, den Ball ins Tor zu zimmern. 1:1, die emsigen Iren sind »welcome back« im Turnier, jubeln völlig losgelöst von der japanischen Erde, auf die einige der deutschen Auswahlkräfte niedersinken.
»Ein Tor in der 93. Minute«, jammerte Miroslav Klose in seinem typischen Flüsterton, »tut sehr weh.« Torhüter Oliver Kahn stapfte derweil einigermaßen verärgert von dannen. Wagemutig und ohne jede Rücksicht auf persönliche Unbill hatte er zuvor seine 88 Kilo Lebendgewicht den anspurtenden irischen Angreifern entgegengeworfen, erst Damien Duff, dann Robby Keane, jede Flanke, jeder Schuss landete in den Fangarmen des deutschen Schlussmannes, der zunächst unbarmherzig nein sagte zu einem Treffer der Gegner von der Grünen Insel, die sich so sehr mühten, Miroslav Kloses Führungstor – es war ein Köpfler, was sonst, sein vierter im zweiten WM-Spiel (19.) – wettzumachen. Umso heftiger hackte Kahn später auf seinen Kaugummi ein, als er die Ereignisse der zweiten Vorrundenbegegnung analysierte. »Solche Fehler« seien international bei sofortiger Strafe untersagt, erklärte der Kapitän, das gedrosselte Engagement nach der Pause kritisierte er zu Recht, so: »Wir haben zu wenig getan und um den Ausgleich gebettelt.« Wenn schon alles offensive Tun nur noch auf Gegenstöße ausgerichtet sei, dann bitteschön, empfahl der Torwart, »muss man diese Konter auch konsequenter zu Ende bringen«. »Bitter« nannte Dietmar Hamann, zuvor umsichtiger Stratege im defensiven Mittelfeld, dieses Last-Minute-Malheur. »Natürlich ist die Enttäuschung groß«, sagte Micha-

Pressestimmen

»Joy Keane – und niemand denkt mehr an Roy.«
THE SUN (GROSSBRITANNIEN)

»Deutschland hat viel zu wenig für den Sieg getan.«
BLICK (SCHWEIZ)

»Irland rettet sich und seine Chancen, in das Achtelfinale einzuziehen, mit einem späten Punkt gegen die Deutschen.«
NEW YORK TIMES (USA)

»Deutschland zieht sich zu früh zurück und schenkt den Iren einen Punkt.«
ALGEMEEN DAGBLAD (HOLLAND)

»Das war unteririsch«
BILD

»Deutschland wird vom Mut der Iren zerschmettert. Es war direkt, es war brutal, es war perfekt – und das Tor musste von einem Spieler namens Keane geschossen werden.«
THE TIMES (GROSSBRITANNIEN)

»Man kann die Iren nie bezwingen. Nach diesem märchenhaften Unentschieden gibt es eine Welle der Euphorie.«
IRISH INDEPENDENT

»Jetzt läuft Spanien Gefahr, im Achtelfinale auf Deutschland zu treffen. Und gegen die Deutschen spielt niemand gern.«
EL PAIS (SPANIEN)

Deutschland – Irland, 5. 6. 2002, 1:1 (1:0)

Nr.	Name	Pässe	zum Mitspieler	in %	Ballgewinne	Torschüsse	Fouls
2	Linke	30	16	53	9		1
22	Metzelder	29	20	69	14		3
5	Ramelow	41	26	63	11		
11	Schneider (bis 89.)	35	23	66	5	1	1
13	Ziege	37	17	46	9	1	1
6	Frings	42	27	64	15		3
19	Hamann	56	38	68	11	1	3
8	Ballack	43	26	60	8	4	
9	Klose (bis 85.)	23	9	39	4	4	3
20	Jancker (bis 75.)	24	11	46	4	2	3
16	Jeremies (ab. 89.)	1	1	100			
4	Bierhoff (ab 75.)	4	1	25			
17	Bode (ab 85.)						

Gesamtbilanz

Deutschland		Irland
1	Tore	1
13	Torschüsse	14
18	begangene Fouls	22
432	Pässe	555
225	zum Mitspieler	342
52	Passbilanz in %	62
51%	Zweikampfbilanz	49%
44%	Ballbesitz	56%
2	Gelbe Karten	1
0	Rote Karten	0
8	Abseits	4
2	Ecken	2
26	Freistöße	26
0	Strafstöße	0

Jubel in grün: Irland schaffte den späten Ausgleich gegen die deutsche Mannschaft, für die zahlreichen mitgereisten Anhänger gab es kein Halten mehr.

Stimmen zum Spiel

Teamchef Rudi Völler: »Der Ärger und die Enttäuschung sind riesengroß. Wenn man 1:0 führt und dann das 1:1 kassiert, fällt alles in einem zusammen. Die Mannschaft ist geknickt. Die Spieler haben aber alles gegeben.«

Iren-Trainer Mick McCarthy: »Ich habe immer gesagt, dass wir weiter kämpfen müssen, und das hat sich dann auch ausgezahlt. Ich bin stolz auf meine Mannschaft und freue mich für diese großartigen Fans.«

Miroslav Klose: »In der zweiten Halbzeit haben wir uns vorne nicht mehr so gut bewegt, sind nicht mehr die Laufwege gegangen wie in der 1. Halbzeit, und dann wird es gegen eine starke Mannschaft wie Irland natürlich schwer.«

Carsten Ramelow: »Ein 1:0 ist immer gefährlich. Die Iren haben am Ende alles nach vorne geworfen und den Ausgleich gemacht. Doch so etwas darf normalerweise nicht passieren.«

Franz Beckenbauer: »Die deutsche Mannschaft hat in der zweiten Halbzeit nicht das gemacht, was man machen muss. Wir haben uns viel zu weit zurückgezogen und 30 Meter vor dem eigenen Tor eine Mauer aufgebaut. Das 1:1 ist nicht unverdient. Es fehlt der Chef, der absolute Chef, der das Sagen hat.«

Michael Ballack: »Die Stimmung ist nach dem 1:1 jetzt ziemlich gedrückt. Wir hatten uns eigentlich schon für das Achtelfinale qualifiziert, und dann kam doch noch der Gegentreffer.«

el Ballack irgendwie gelassen, weil er, obzwar erst 25-jährig, solche Tiefschläge gewohnt ist von seiner beruflichen Tätigkeit bei Bayer Leverkusen, wo er in den Wochen zuvor drei Mal Zweiter, aber nie Erster geworden war.

Eine solche Platzierung, also Rang zwei, hätte an diesem Abend gewiss jeder deutsche Vertreter dankend hingenommen, sowohl für die Endabrechnung in dieser Gruppe E, umso mehr für das Gesamtklassement bei dieser WM. Von beiden Zielen waren Rudi Völler und die Seinen plötzlich wieder weit entfernt. »Es gibt keinen Grund, Trübsal zu blasen«, stellte Kahn, Kapitän und Kopf des Kollektivs, klar. »Wir haben noch immer eine hervorragende Ausgangsposition«, weil ein großartiges Torverhältnis. Und deshalb ging auch Didi Hamann »ganz fest davon aus, dass wir ins Achtelfinale kommen.« Trotz gegen die Depression. Und doch war das nächste Spiel – gegen Kamerun – einmal mehr das schwerste. Diese Fußballweisheit galt gerade unter den jetzigen Umständen.

Kamerun – Saudi-Arabien 1:0

Ein Psycho-Sieg vor dem Gruppenfinale

Dann war er einfach nicht mehr aufzuhalten. Samuel Eto'o riss sich das Trikot vom muskelbepackten Leib und stürmte zur etwa 50 Meter entfernten Trainerbank. Richtung Winnie Schäfer. Ka-

6. Juni 2002 in Saitama

Kamerun – Saudi-Arabien 1:0 (0:0)

KAMERUN: Boukar – Song, Kalla, Tchato – Geremi, Laurén, Foé, Womé (84. Njanka), Ngom Komé (46. Olembe) – Eto'o, Mboma (74. N'Diefi)
SAUDI-ARABIEN: Al-Deayea – Al-Shehri – Al-Jahani, Tukar, Zubromawi, Sulimani (71. A. Al-Dosary) – A. Al-Sharani, I. Al-Shahrani, Al-Temyat, Al-Khathran (86. Noor) – O. Al-Dossary (35. Al-Yami)
Tor: 1:0 Eto'o (66.)
Gelbe Karten: Womé – Al-Yami
Schiedsrichter: Hauge (Norwegen)
Zuschauer: 52 328

11. Juni 2002 in Shizuoka
Kamerun – Deutschland 0:2 (0:0)

KAMERUN: Boukar – Song, Kalla, Tchato (53. Suffo) – Geremi, Foé, Womé – Laurén, Olembe (64. Ngom Komé) – Eto'o, Mboma (80. Job)
DEUTSCHLAND: Kahn – Linke, Ramelow, Metzelder – Frings, Hamann, Ziege – Schneider (80. Jeremies), Ballack – Jancker (46. Bode), Klose (84. Neuville)
Tore: 0:1 Bode (50.), 0:2 Klose (79.)
Gelbe Karten: Foé, Song, Tchato, Geremi, Olembe, Lauren – Jancker, Hamann, Ballack, Kahn, Ziege, Frings
Gelb-Rote Karten: Suffo (77.) – Ramelow (40.)
Schiedsrichter: Lopez Nieto (Spanien)
Zuschauer: 47 085

meruns Angreifer hatte soeben den 1:0-Siegtreffer seiner Elf gegen Saudi-Arabien erzielt. Jetzt schloss er seinen deutschen Coach in die Arme und wollte ihn scheinbar gar nicht mehr loslassen. So groß war die Freude. Es war Kameruns erster Erfolg bei einer Weltmeisterschafts-Endrunde seit dem Achtelfinale beim Endturnier 1990 in Italien. Damals hatten die Afrikaner Kolumbien mit 2:1 nach Verlängerung besiegt.
Der Sieg gegen Saudi-Arabien war allerdings mühseliger als erwartet. Lange Zeit waren die »unzähmbaren Löwen« ihrer Bezeichnung alles andere als gerecht geworden. Gegen die auf fünf Positionen neu besetzten Saudis tat sich das Team von Kapitän Rigobert Song extrem schwer, überhaupt ordentliche Torchancen zu erspielen. Die nach dem 0:8-Debakel gegen Deutschland nur noch mit einer Spitze agierenden Araber präsentierten sich überraschend kompakt und zudem äußerst gefährlich bei Kontern. Erst in der zweiten Hälfte verdiente sich der amtierende Afrikameister, der gegen das Abwehrbollwerk bis dato recht einfallslos agierte, den Erfolg.
Dieser besaß für Winnie Schäfer vor dem Gruppen-Endspiel gegen sein Heimatland mehr psychologische denn statistische Bedeutung. »Für mich ist Deutschland zwar Favorit. Aber wir haben einen Vorteil, weil wir gewonnen haben und Deutschland gegen Irland in der Nachspielzeit noch das 1:1 kassiert hat. Das könnte Deutschland einen Knacks geben«, orakelte der 52-Jährige.
Um sicher ins Achtelfinale einzuziehen, musste Kamerun allerdings gegen Deutschland im abschließenden Gruppenspiel gewinnen. Daran hatte auch Eto'os so enthusiastisch gefeierter Siegtreffer nichts geändert.
Auch wenn Schäfer wieder einmal tief in die psychologische Trickkiste gegriffen hatte.

Kamerun – Deutschland 0:2

Ramelow fliegt, Klose bleibt Überflieger

Was tun? Die Frage zur Pause des letzten Gruppenspiels forderte das deutsche Trainergespann. Was tun? Es sah bitterböse aus nach den ersten 45 Minuten gegen Kamerun. Klar, noch stand es 0:0, und schließlich reichte ein Unentschieden jedweder Art zum Weiterkommen. Nach der völlig unnötigen Gelb-Roten Karte für Carsten Ramelow stand das DFB-Team allerdings mit einem Mann weniger auf dem Platz. Und das gegen zu diesem Zeitpunkt sehr spielfreudige Afrikaner. Doch Rudi Völler und Michael Skibbe reagierten genau richtig: Marco Bode kam, sah und traf. Der Bremer stieß das Tor ins Achtelfinale mittels Linksschuss nach genialer Vorarbeit von Mittelstürmer Miroslav Klose, der sich gegen gleich vier Afrikaner durchsetzte, weit auf. Und Deutschlands Liebling Klose, Überflieger des bisherigen Turniers, setzte mit seinem fünften Tor noch einen drauf, traf zum letztlich verdienten 2:0-Endstand.
Aus, vorbei für Kamerun, die unbezähmbaren Löwen des deutschen Trainers Winfried Schäfer. Nur zu gerne hätte sich der blonde Ex-Coach des Karlsruher SC in die Fußball-Geschichtsbücher eingetragen. Allein, es blieb ihm und seinem deutschen Stab (Co-Trainer Mücke und Mannschaftsarzt Dr. Löhr) verwehrt.
Nach zehn druckvollen Anfangsminuten der Truppe hatten die Afrikaner das Gesetz des Handelns an sich gerissen. Oliver Kahn, der deutsche Schlussmann, musste mehrfach sein ganzes Können aufbieten. Gegen Olembe (13.) und Womé (27.) parierte der Münchner Keeper, gegen Rigobert Songs

Kamerun – Deutschland , 11. 6. 2002, 0:2 (0:0)

Nr.	Name	Pässe	zum Mitspieler	in %	Ballgewinne	Torschüsse	Fouls
2	Linke	27	15	56	7		
22	Metzelder	35	22	63	21		4
5	Ramelow	18	13	72	4		3
11	Schneider (bis 80.)	31	14	45	4	1	3
13	Ziege	46	23	50	11	1	4
6	Frings	46	20	43	12	1	6
19	Hamann	50	32	64	15	1	5
8	Ballack	34	17	50	9	3	3
9	Klose (bis 84.)	21	11	52	2	2	1
20	Jancker (bis 45.)	15	5	33	1	1	4
17	Bode (ab 46.)	13	6	46		1	1
16	Jeremies (ab 80.)	3	1	33		1	
7	Neuville (ab 84.)	2	1	50			

Entscheidung: Goalgetter Miroslav Klose erzielte gegen Kamerun den Treffer zum 2:0 und sicherte somit endgültig den deutschen Einzug in das Achtelfinale.

Pressestimmen

»16 Karten, eine blutige Nase und eine Kopfwunde waren Weltrekord.«
THE TIMES (GROSSBRITANNIEN)

»Deutschland spielt seine Karten richtig aus.«
THE GUARDIAN (GROSSBRITANNIEN)

»Deutschland lässt die unbezwingbaren Löwen die Wunden lecken.«
THE INDEPENDENT (GROSSBRITANNIEN)

»Das dreckigste Spiel aller Zeiten.«
DAILY MIRROR (GROSSBRITANNIEN)

»Deutschland fliegt mit seinem Starstürmer Klose, der seit Beginn der Weltmeisterschaft fünf brillante Tore geschossen hat. Klose ist Völlers Trumpfkarte. Es bestehen keine Zweifel, dass er ein echter Champion ist.«
GAZZETTA DELLO SPORT (ITALIEN)

»Klose macht Kamerun den Garaus. Ein Festival der Fouls, hartes Spiel, Unterbrechungen und wenig Fußball.«
EL MUNDO DEPORTIVO (SPANIEN)

»Goldjoker und Salto-Klose – Deutschland ist gerettet! Deutschland hat das historische K.o. verhindert.«
KRONENZEITUNG (ÖSTERREICH)

»Deutschland auf altmodische Weise – Spanischer Nichtskönner Lopez Nieto macht in einem bizarren Schlussduell die Aufgabe des Schiedsrichters lächerlich.«
DE TELEGRAAF (NIEDERLANDE)

Stimmen zum Spiel

DFB-Teamchef Rudi Völler: »Als wir fast draußen waren, haben wir auf einmal wieder angefangen, Fußball zu spielen. Die Mannschaft hat gut begonnen. Aber dann ist sie nach dem ersten Fehlpass nervös und hektisch geworden und hat die Linie verloren. Oliver Kahn hatte wieder einen tollen Tag. Michael Ballack war in der zweiten Hälfte läuferisch und kämpferisch sensationell.«

Kameruns Trainer Winfried Schäfer: »Man hat gesehen, welche Vorzüge die deutsche Nationalmannschaft hat und dass sie uns halt an Erfahrung überlegen ist. Wir hatten Chancen, aber wir haben kein Tor gemacht. Nach der Pause sollte meine Mannschaft mehr über die Flügel spielen und zeigen, dass wir einen Mann mehr haben. Stattdessen haben wir durch die Mitte gespielt und dabei viele Fehler begangen. Dann war es eine Sache, die im Kopf passiert ist.«

Carsten Ramelow: »Die Rote Karte muss man so hinnehmen. Allerdings hat sich mein Gegenspieler Samuel Eto'o den Ball sehr weit vorgelegt und sich dann fallen lassen. Wenn wir wieder so auftreten wie heute, können wir auch ins Viertelfinale kommen.«

Franz Beckenbauer: »Wir haben uns nicht verrückt machen lassen. Der Sieg war überhaupt nicht glücklich. Trotz Unterzahl hatte man nie das Gefühl, dass etwas passieren könnte. Schiedsrichter Nieto kenne ich schon lange. Aber so schlecht habe ich ihn noch nie gesehen. Vielleicht wollte er einen Rekord aufstellen. Das ist ihm gelungen.«

11. Juni 2002 in Yokohama
Saudi-Arabien – Irland 0:3 (0:1)

SAUDI-ARABIEN: Al-Deayea – Al-Jahani (78. A. Al-Dossary), Tukar, Zubromawi (67. Al-Dosary), Al-Shehri – Al-Dosari, Al-Khathran (66. Al-Shlhoub), Al-Sharani, Sulimani – Al-Temyat – Al-Yami
IRLAND: Given – Kelly (79. McAteer), Breen, Staunton, Harte (46. Quinn) – Finnan, Holland, Kinsella (88. Carsley), Kilbane – Keane, Duff
Tore: 0:1 Robbie Keane (7.), 0:2 Breen (61.), 0:3 Duff (87.)
Gelbe Karten: Al-Temyat – Staunton
Schiedsrichter: Ndoye (Senegal)
Zuschauer: 65 320

Kopfball (28.) wäre er machtlos gewesen. Doch der für den ersten 1.FC Köln in der Bundesliga spielende Abwehrchef verfehlte das deutsche Tor.
Völler und Skibbe hatten nicht nur Bode zur Pause eingewechselt. Sie hatten auch das System den veränderten Anforderungen angepasst. Mit zwei Viererketten stoppten sie die elf Kameruner. Ganz vorne ließen sie Kaiserslauterns Miroslav Klose wirbeln, der ohne den ausgewechselten Carsten Jancker wesentlich besser ins Spiel fand. Frings, Linke, Metzelder und Ziege bildeten die defensive, Schneider, Hamann, Ballack und Bode die etwas offensivere Viererreihe davor.
Eine richtige Marschroute und ein Puffer für die spielstarken Afrikaner in einer Partie, die stark durch den schwachen Schiedsrichter Antonio Lopez Nieto geprägt war. Der Spanier zog in einem relativ harmlosen Spiel 14 Gelbe, davon zwei Gelb-Rote Karten (nach Ramelow traf es auch Kameruns Suffo). Die Flut der Verwarnungen hatte für das deutsche Team erhebliche Nachwirkungen für das Achtelfinale: Neben Ramelow fehlten dort nämlich auch Dietmar Hamann und Christian Ziege, der im letzten Gruppenspiel endlich einen deutlichen Aufwärtstrend zu verzeichnen hatte.
»Wir sind nach Ramelows Platzverweis fast schon draußen gewesen«, atmete Deutschlands Teamchef Rudi Völler hinterher spürbar auf, »aber durch solche Siege werden neue Mannschaften geboren.«
Und vor allem neue Alternativen für den weiteren Turnierverlauf. Beispielsweise Torschütze Marco Bode. Völler: »Marco erlebt seinen zweiten Frühling. Seine Einwechslung war die ideale Lösung.«

Gesamtbilanz

Deutschland		Kamerun
2	Tore	0
12	Torschüsse	16
34	begangene Fouls	34
465	Pässe	416
229	zum Mitspieler	196
49	Passbilanz in %	47
49%	Zweikampfbilanz	51%
43%	Ballbesitz	57%
7	Gelbe Karten	7
1	Rote Karten	1
8	Abseits	4
4	Ecken	5
38	Freistöße	42
0	Strafstöße	0

Jedenfalls hat das Duo Völler/Skibbe mit seinen personellen und taktischen Reaktionen denKritikern die richtige Antwort gegeben.
Und Winfried Schäfer? Er musste nach der Vorrunde die Heimreise antreten. »Der Knackpunkt«, so der Deutsche, »war die Gelb-Rote Karte gegen Ramelow. Mir wäre es lieber gewesen, Eto'o hätte in dieser Szene das Tor gemacht und Ramelow wäre im Spiel geblieben.«
Egal, Völler und Skibbe wussten jedenfalls, was zu tun ist – und die DFB-Auswahl hatte sich für das Achtelfinale gegen Paraguay qualifiziert.

Erlösung: Die Anspannung von DFB-Teamchef Rudi Völler wich nach dem Kamerun-Spiel dem puren Glücksgefühl.

Saudi-Arabien – Irland 0:3

Iren mit einem Rekordergebnis

Die Vorgaben für die Iren waren eindeutig. Sie mussten mit mindestens zwei Toren Vorsprung gewinnen, dann könnte ihnen nichts und niemand mehr den Einzug ins Achtelfinale nehmen. Allein, in elf WM-Spielen zuvor hatten die Männer von der Grünen Insel noch nie mehr als einen Treffer erzielt. Es lief auch schnell alles nach Plan, aber vielleicht war es ja die Aussicht auf einen neuen Rekord, der der Mannschaft von Trainer Mick McCarthy nach der frühen Führung durch einen herrlichen Volleyschuss Robbie Keanes die Beine lähmte.
Denn ihre 10 000 Fans mussten im »Yokohama-National-Stadion« bis zur 62. Minute warten, ehe Gary Breen mit dem 2:0 nach einem Freistoß von Steve Staunton das Startsignal zur kollektiven Feier gab. Der dritte Treffer des 23-jährigen Damien Duff, nach einem schweren Fangfehler von Torhüter Mohammed Al-Deayea, bedeutete lediglich noch eine kosmetische Korrektur des Eintrags im Guinness-Buch. »Wir waren anfangs nervös, aber jetzt sind wir im Achtelfinale, das haben uns viele in dieser Gruppe nicht zugetraut«, sagte der nach dem Rauswurf von Superstar Roy Keane umstrittene McCarthy, »aber wir kämpfen immer gegen Zweifler und Kritiker.« Ins Bild der teilweise chaotischen irischen Begleitumstände passte auch, dass Mittelfeldspieler Jason McAteer die Heimreise antreten wollte, weil er seinen Coach vor dem Kamerun-Spiel bewusst angelogen und ihm verschwiegen hatte, dass er nicht fit war.
Die Gruppenphase überstehen wollte auch Saudi-Arabiens Trainer Nasser Al-Johar. Doch sein Team musste ohne Punkt, ohne Torerfolg und mit zwölf Gegentreffern als schlechtester WM-Teilnehmer die Heimreise antreten. Schwacher Trost für den Trainer: »Weltmeister Frankreich ist ebenfalls ohne Tor ausgeschieden.« Ernsthaft blieb nur die Erkenntnis, dass »wir hier viel gelernt haben«.

Treffen: Kameruns deutscher Trainer Winnie Schäfer begrüßt Rudi Völler, der eher zurückhaltend an die Sache herangeht

Ungeschlagen: Die Schweden mit Stürmer Henrik Larsson (rechts) überstanden die »Todesgruppe« ohne Niederlage, für Nigeria und Isaac Okoronkwo kam hingegen das frühzeitige Aus.

Vorrunde Gruppe F

Argentinien
Nigeria
England
Schweden

Als »Todesgruppe« angekündigt, wurde das Aufeinandertreffen für den Top-Favoriten zum Tal der Tränen. Argentinien, als kommender Titelträger gehandelt, musste nach dem wirtschaftlichen Kollaps des Landes nun auch die sportliche Offenbarung seiner Idole erleben. Nur Rang drei, das frühe Aus, die vorzeitige Heimreise. Ausgerechnet »Erzfeind« England sorgte mit dem 1:0 gegen die »Gauchos« für kaum fassbaren Frust und durfte selbst über das Achtelfinale jubeln. Doch die große Überraschung waren die Schweden, die sich ungeschlagen die Spitzenposition sichern konnten, während Nigeria letztlich ohne echte Chance auf das Weiterkommen blieb.

God save the Queen: Den Engländern gelang gegen Argentinien die Revanche für das Ausscheiden bei den Titelkämpfen 1986 und 1998. David Beckham bejubelte mit verwandeltem Foulelfmeter seine ganz persönliche Abrechnung für die Rote Karte vor vier Jahren.

BECKHAM
7
BUTT
21

SEAMAN
1

2. Juni 2002 in Saitama
England – Schweden 1:1 (1:0)

ENGLAND: Seaman – Mills, Ferdinand, Campbell, A. Cole – Hargreaves – Beckham (63. Dyer), Heskey – Scholes – Owen, Vassell (74. J. Cole)
SCHWEDEN: Hedman – Mellberg, Jakobsson, Mjällby, Lucic – Linderoth – Alexandersson, Ljungberg – Ma. Svensson (56. A. Svensson) – Larsson, Allbäck (80. A. Andersson)
Tore: 1:0 Campbell (24.), 1:1 Alexandersson (59.)
Gelbe Karten: Campbell – Allbäck, Jakobsson
Schiedsrichter: Carlos Eugenio Simon (Brasilien)
Zuschauer: 52 721

England – Schweden 1:1

Der Fuß Gottes und ein Spion

Und dann flog der Ball in den Strafraum. Von der linken Eckfahne, weg vom Tor. Also mit links herein gegeben? Nein, mit rechts. Nicht getreten. Nein, David Beckham streichelte, zirkelte ihn. Und so landete die Kugel schließlich, wie fern gesteuert, auf dem Kopf von Sol Campbell. Der wuchtete das Spielobjekt mit Unterstützung von Schwedens Keeper Magnus Hedman ins Tor. 1:0 für England nach 24 Minuten.
Aber es war nicht nur ein Tor für die Statistik. Denn diese Ecke schoss David Beckham. Eben jener Beckham, an dem Englands Schicksal zu hängen schien. Knapp zwei Monate, nachdem ihn Aldo Duscher am 10. April im Champions-League-Viertelfinale zwischen ManU und La Coruna gefoult hatte. Diagnose: Mittelfußbruch. Fortan hoffte ganz England, dass sein Megastar fit werden würde. Ob es die guten Wünsche von Premierminister Tony Blair, der Beistand der Queen oder die Gebete der Fans für den »Fuß Gottes« bewirkten, ist nicht sicher. Nur soviel: Beckham stand 53 Tage später wieder auf dem Platz und lieferte eine starke Leistung.
Doch als Englands Hoffnungsträger nach 63 Minuten ging, hatten die Schweden schon ausgeglichen. »Mit diesem Remis waren wir in der zweiten Halbzeit gut bedient«, gestand Beckham später. Die Skandinavier, die sich vor der Pause mehr als einen Zacken aus ihren Kronen brachen, hielten nach dem Wechsel dagegen. Und wurden belohnt. Warum? Weil sich die Engländer täuschen ließen. Niclas Alexandersson hieß der Spion. Seit 1997 lief er über Englands Fußballfelder, schoss in 126 Spielen zwölf Treffer. Nicht gerade die personifizierte Torgefahr.
Doch der Mann vom FC Everton war es, der in der 59. Minute einen verdienten Punkt rettete. Mit einem strammen Linksschuss. Ganz ohne Zauber und ohne die besten Wünsche von König Carl XVI. Gustav. Aber mindestens so effektiv wie der Eckball Beckhams.

2. Juni 2002 in Ibaraki
Argentinien – Nigeria 1:0 (0:0)

ARGENTINIEN: Cavallero – Pochettino, Samuel, Placente – Zanetti, Simeone, Sorin – Ortega, Veron (78. Aimar), C. Lopez (46. Kily Gonzales) – Batistuta (81. Crespo),
NIGERIA: Shorunmu – Sodje (73. Christopher), West, Okoronkwo, Babayaro – Yobo – Okocha, Kanu (48. Ikedia), Lawal – Aghahowa, Ogbeche
Tor: 1:0 Batistuta (63.)
Gelbe Karten: Samuel, Simeone – Sodje
Schiedsrichter: Veissière (Frankreich)
Zuschauer: 34 050

Argentinien – Nigeria 1:0

Luxusprobleme für Marcelo Bielsa

Sein Land lag wirtschaftlich danieder, doch Marcelo Bielsa stellten sich Luxus-Probleme. Während zahlreiche Trainerkollegen um viele ihrer Schlüsselspieler bangten oder gar deren Ausfall zum Auftakt beklagten, hatte Argentiniens Coach vor dem ersten Anpfiff mit ganz anderen Schwierigkeiten zu kämpfen. Wem er denn nun seine Nummer 10 gönnen sollte, galt es zu entscheiden, nachdem die FIFA den argentinischen Antrag abgelehnt hatte, dieses Trikot zu Ehren Diego Maradonas nie wieder mit Leben zu erfüllen.
Auch um die zweite Entscheidung wurde der 46-jährige Trainer der Gauchos von seinen Kollegen beneidet. Denn Bielsa musste die richtigen auswählen aus seiner Armada von Weltklasse-Stürmern. Batistuta oder Crespo? Das war letztlich die Frage, die Bielsa richtig beantwortete. »Batigol« köpfte aus spitzem Winkel nach gut einer Stunde ein – sein zehntes WM-Tor im zehnten Spiel, sein 56. Tor für Argentinien im 76. Länderspiel – und mach-

Enttäuschung: **Für den Ex-Lauterer Taribo West (oben) und Nigeria blieb nur der letzte Platz. Mit zwei Niederlagen gestartet, reichte es lediglich zu einem torlosen Unentschieden gegen England.**

te den standesgemäßen ersten Sieg perfekt für den Turnierfavoriten. Der hatte überraschend ohne seinen Kapitän auskommen müssen, denn Abwehrchef Roberto Ayala zog sich beim Aufwärmen eine Zerrung zu. Das verhalf einem Bundesliga-Profi zum WM-Debüt: Leverkusens Diego Placente ergänzte die Abwehrreihe.
Die wirbelte ein ehemaliger Bundesliga-Star, der Ex-Frankfurter Jay-Jay Okocha, mehrfach durcheinander und scheiterte nur knapp an Keeper Cavallero. Okocha hatte es als Vorteil angesehen, gleich gegen Argentinien spielen zu müssen. »Da erwartet niemand viel von uns, wir haben nichts zu verlieren.«

Nicht ganz richtig, verloren ging zunächst einmal die Auftaktpartie, und möglicherweise stand viel mehr auf dem Spiel. Denn nach dem Achtelfinale 1994 und 1998 hatte Nigerias Präsident Olusegun Obasanjo diesmal mehr eingefordert: »Alles andere als das Viertelfinale werde ich nicht akzeptieren!«

Schweden – Nigeria 2:1

»Super Eagles« früh geflogen

Eins, zwei, drei, vier. Und noch einer. Und noch einer. Sechs Flic-Flacs. Und der Salto rückwärts – perfekt gestanden! Mit dieser sensationellen Turneinlage, gegen die Miroslav Kloses Salti verblassen, feierte der 20-jährige Julius Aghahowa Nigerias Führungstor gegen Schweden. 1:0, weil Keeper Magnus Hedman – während der kontinentalen Vorausscheidung zum Weltmeisterschafts-Turnier noch der große Rückhalt – erneut bei einer hohen Hereingabe patzte.
Eins, zwei. Und noch einer. Und noch einer. Vier Schweden tanzte Nigerias Kapitän Jay-Jay Okocha aus, schoss aufs Tor. Wie zu besten Frankfurter Zeiten, als er den Bundesliga-Verteidigern Schwindelgefühle zufügte. Doch diesmal rettete Lucic vor der Linie, schießt Mitspieler Mjällby an – und der Ball fliegt ... nicht rein, sondern an den Pfosten.
Zwei Szenen – ein Spiegelbild für Nigerias Auftritt gegen Schweden. Glänzende B-Noten für Schönheit und Ausdruck. Doch null Effektivität, weil auch glücklos, unterm Strich. Die »Super-Eagles« verloren gegen taktisch flexiblere, gradlinigere und kühle Skandinavier verdient 1:2 und mussten schon nach

7. Juni 2002 in Kobe
Schweden – Nigeria 2:1(1:1)

SCHWEDEN: Hedman – Mellberg, Jakobsson, Mjällby, Lucic – Linderoth – Alexandersson, Ljungberg – A. Svensson (84. Ma. Svensson) – Larsson, Allbäck (64. A. Andersson)
NIGERIA: Shorunmu – Christopher, West, Okoronkwo, Udeze – Yobo – Utaka, Okocha, Babayaro (66. Kanu) – Aghahowa, Ogbeche (71. Ikedia)
Tore: 0:1 Aghahowa (27.), 1:1 Larsson (35.), 2:1 Larsson (62., Foulelfmeter)
Gelbe Karten: Mjällby, Alexandersson – West
Schiedsrichter: Ortube (Bolivien)
Zuschauer: 36 194

Verkehrte Welt: Der Schweden Anders Svensson verfolgt Jay-Jay Okocha, am Ende jedoch hatten die Nigerianer im Spiel und der Tabelle das Nachsehen.

7. Juni 2002 in Sapporo
Argentinien – England 0:1 (0:1)

ARGENTINIEN: Cavallero – Pochettino, Samuel, Placente – Zanetti, Simeone, Veron (46. Aimar), Sorin – Ortega, Batistuta (60. Crespo), Kily Gonzalez (64. Claudio Lopez)
ENGLAND: Seaman – Mills, Ferdinand, Campbell, Ashley Cole – Beckham, Butt, Hargreaves (19. Sinclair), Scholes – Owen (80. Bridge), Heskey (54. Sheringham)
Tor: 0:1 Beckham (44., Foulelfmeter)
Gelbe Karten: Pochettino – Ashley Cole, Heskey
Schiedsrichter: Collina (Italien)
Zuschauer: 35 927

12. Juni 2002 in Miyagi
Schweden – Argentinien 1:1 (0:0)

SCHWEDEN: Hedman – Mellberg, Jakobsson, Mjällby, Lucic – Alexandersson, Linderoth, Anders Svensson (68. Jonson), Magnus Svensson – Larsson (88. Ibrahimovic), Allbäck (46. Andreas Andersson)
ARGENTINIEN: Cavallero – Chamot, Samuel, Pochettino – Zanetti, Almeyda (63. Veron), Sorin (63. Kily Gonzales) – Ortega, Aimar, Claudio Lopez – Batistuta (58. Crespo)
Tore: 1:0 Anders Svensson (59.), 1:1 Crespo (88.)
Gelbe Karten: Magnus Svensson, Larsson – Chamot, Almeyda, Kily Gonzales
Rote Karte: Caniggia (45./+2 Schiedsrichterbeleidigung von der Bank)
Besonderes Vorkommnis: Hedman wehrt Foulelfmeter von Ortega ab (88.)
Schiedsrichter: Bujsaim (Vereinigte Arabische Emirate)
Zuschauer: 45 777

der zweiten Vorrundenpartie die Segel streichen. Und der Mann, der sie auf den Heimflug schickte, war Schwedens Superstar: Stürmer Henrik Larsson von Celtic Glasgow. 2001 gewann er den »Goldenen Schuh« als Europas bester Torjäger. Gegen Nigeria erzielte er das 1:1 nach einem traumhaften Zuspiel von Fredrik Ljungberg. Und den Siegtreffer. Selbst von Udeze gefoult, widerlegte er mit dem verwandelten Elfmeter alle Fußball-Weisheiten. Bestens geübt übrigens, denn von seinen vier Treffern beim 6:0 im WM-Qualifikationsspiel gegen Moldawien erzielte er drei vom Elfmeterpunkt.
Nach seinem zweiten Treffer gegen Nigeria jubelte Larsson im Gegensatz zu Aghahowa ohne Flic-Flacs. Aber dafür eben auch beim Abpfiff.

Argentinien – England 0:1

Beckham besiegt sein Trauma

Es sollte sein Spiel werden. An jenem Freitag blickte die gesamte Fußball-Welt auf die dreigestreiften weißen Känguruleder-Schuhe des David Beckham. Der englische Superstar und Argentinien – da war doch was?
Na klar. Der dumme Platzverweis im Achtelfinalspiel der WM 1998, als Beckham nach einem tölpelhaften Revanchefoul gegen Argentiniens Simeone Rot sah und nach der Niederlage im Elfmeterschießen zum Buhmann der englischen Nation wurde. Oder das brutale Foul des Argentiniers Aldo Duscher an Beckham im Champions-League-Spiel Manchester gegen La Coruna am 10. April dieses Jahres; nach dem Mittelfußbruch, den sich der 27-Jährige dabei zugezogen hatte, hing seine WM-Teilnahme lange am seidenen Faden. Vom schon traditionell feindseligen Verhältnis zwischen beiden Ländern auf politischer Ebene gar nicht zu reden.
»Ich werde die 98er Geister endlich schlafen schicken«, verkündete Beckham. Und nach 90 heiß umkämpften Minuten im Sapporo Dome hatte er es geschafft. Nein, ein großes Spiel hatte er nicht gezeigt. Alles andere als das: So selten wie in jener Begegnung haben Beckhams weiße Schuhe den Ball wohl kaum einmal zuvor berührt. Aber im Fußball zählen und entscheiden nun mal die Tore. Und da fiel nur eins, in der 44. Minute – durch David Beckham. Pochettino hatte Owen im Strafraum leicht berührt, der nutzte die Chance und hob ab – Elfmeter. Unplatziert, aber mit aller Kraft drosch Beckham den Ball mitten hinein ins Tor und ins Herz des Erzfeindes. »Ich habe vorher geträumt, dass ich einen Freistoß zum Sieg verwandeln würde«, erzählte der englische Kapitän, der nach seinem ganz persönlichen Befreiungsschlag sein Trikot küsste. »Einfach unglaublich« nannte Beckham diese, seine Geschichte später. »Es waren vier lange Jahre für mich, und dies hier setzt allem die Krone auf.« Ja, es war sein Spiel.

Schweden – Argentinien 1:1

»Gauchos« sterben in Schönheit

Zu Hause im winterlichen Buenos Aires war nach der Temperatur auch das sonst so feurige Temperament der argentinischen Fans endgültig auf dem Nullpunkt. Musste das denn auch noch sein? Als ob Wirtschaftskrise, Massenarbeitslosigkeit und Zukunftsangst nicht genügten, musste das leidende argentinische Volk nun auch noch das Aus ihrer favorisierten Mannschaft bereits nach der Vorrunde verkraften. Dabei hatte Trainer Marcelo Bielsa mit einem WM-Triumph seinen Landsleuten »ihren Stolz« zurückgeben wollen. »Wir haben die Hoffnungen einer ganzen Nation enttäuscht«, gestand Claudio Lopez. Am Ende blieben nur Tränen. Die flossen in Strömen nicht nur bei Gabriel Batistuta, der statt des formschwachen Veron mit der Kapitänsbinde aufgelaufen und dessen Karriere in der Nationalelf mit dieser Enttäuschung abgelaufen war.

Dabei hätten die »Gauchos« gewarnt sein müssen, schließlich war tags zuvor Titelverteidiger Frankreich torlos aus dem Turnier ausgeschieden. Doch im »schwersten Spiel meines Lebens«, wie Bielsa schon vorher ahnte, starben die Offensivkünstler in Schönheit. Spielerisch haushoch überlegen, vor dem Tor zu zaghaft, scheiterten die Argentinier wie schon gegen England an einer soliden Abwehr.
Bielsas Kollegen Lars Lagerbäck und Tommy Söderberg erlebten in der Schlussphase »die schwersten fünf Minuten auf der Trainerbank«, doch es reichte. Dank Svenssons Sonntagsschuss in den Winkel schafften die Schweden nicht nur den Einzug ins Achtelfinale, sondern schlossen die gefürchtete »Todesgruppe F« sogar als Tabellenführer ab. Und in der Heimat blühten schon die Täume von einem ähnlichen Coup wie 1994, als die »Tre Kronors« in den USA WM-Dritter wurden. »Mit unserer tollen Abwehr können wir noch viel erreichen«, orakelte der dieses Mal wegen einer Verletzung Mittelfeldstar Fredrik Ljungberg vor dem Achtelfinale gegen Senegal.

Nigeria – England 0:0

Owen träumt vom Durchmarsch

Also, diese 90 Minuten taugten wirklich nicht dazu, große Hoffnungen zu nähren. Allein zwei Alu-Treffer durch Paul Scholes (44. Minute) und Ashley Cole (79.) hatten die Engländer der Spielfreude und dem Tordrang der bereits vor diesem Spiel ausgeschiedenen Nigerianer entgegenzusetzen. Am Ende hieß es 0:0 in der stickigen Schwüle von Osaka, weil die afrikanischen »Super-Eagles« vor dem gegnerischen Tor einmal mehr die Flügel hängen ließen – und Englands Torhüter David Seaman eine tadellose Leistung zeigte.
Und doch sorgte dieses magere Unentschieden nach dürftiger Leistung für Begeisterung bei den Briten, bedeutete es für sie doch den Einzug ins Achtelfinale. »Wir haben uns in der Todesgruppe durchgesetzt«, sagte Superstar David Beckham. »Die zwei WM-Favoriten Frankreich und Argentinien sind draußen, das eröffnet uns alle Chancen.« Auch Michael Owen streifte mit seinem Trikot jegliche Zurückhaltung ab. »Die Tür«, erklärte der Torjäger, »steht jetzt ganz weit offen für uns.«
Die einen also gingen jubelnd, doch auch die anderen verabschiedeten sich zufrieden. »Dieses Unentschieden bringt ein kleines Lächeln in unsere Gesichter zurück«, sagte Jay-Jay Okocha. Ein verkorkstes Turnier hatte ein versöhnliches Ende gefunden. Nur, ein verkorkstes Turnier blieb es natürlich. »Wir hätten hier einiges reißen können«, wetterte der frühere Frankfurter, »aber wir sind mit der falschen Mannschaft hierher gekommen. Uns fehlten die erfahrenen Spieler.« Festus Onigbinde, dem Okochas Breitseite galt, setzte sich prompt zur Wehr. »Wir hatten hier zwei Ziele«, meinte der umstrittene Nationaltrainer der Nigerianer. »Die Mannschaft wollte unserem Land keine Schande bereiten und wir wollten zeigen, dass es bald neue Super-Adler gibt.« Beides, so Onigbinde, »ist uns gelungen«. Schon verblüffend, wieviel Freude ein trostloses 0:0 auslösen kann.

12. Juni 2002 in Osaka
Nigeria – England 0:0

NIGERIA: Enyeama – Sodje, Yobo, Okoronkwo, Udeze – Christopher – Okocha, Obiorah, Opabunmi (86. Ikedia) – Aghahowa, Akwuegbu
ENGLAND: Seaman – Mills, Ferdinand, Campbell, A. Cole (85. Bridge) – Beckham, Butt, Scholes, Sinclair – Owen (77. Vassell), Heskey (69. Sheringham)
Schiedsrichter: Hall (USA)
Zuschauer: 44 864 in Osaka

Frust und Lust: Während Trainer Marcelo Bielsa (links oben) mit Topfavorit Argentinien sang- und klanglos scheiterte, feierte Englands Michael Owen den Einzug ins Achtelfinale.

Ballsicher: Die Mexikaner dominierten die Gruppe G fast nach Belieben, hier setzt sich Braulio Luna (rechts) gegen Edwin Tenorio durch. Die Ecuadorianer zahlten bei ihrem WM-Debüt Lehrgeld – und schlugen dennoch zum Abschluss die Kroaten.

Vorrunde Gruppe G

Italien
Ecuador
Kroatien
Mexiko

Glück gehabt, Bella Italia. Oder eben: Danke, Alessandro Del Piero. Das Goldköpfchen des kleinen Angreifers von Juventus Turin sicherte gegen Mexiko kurz vor Ultimo das Remis und somit das Weiterkommen in einer Gruppe, in der sich bis auf die Mittelamerikaner alle Teams in Unzulänglichkeiten übertrafen.
So kam sogar Ecuador gegen Kroatien noch zum ersten Sieg, schickte somit die völlig indisponierten Kovac und Co. nach Hause. Und die Squadra Azzurra mit Signore Trapattoni hatte den GAU noch einmal abwenden können. Mit Glück eben.

Fankultur in Fernost: Nicht nur die Akteure wie Luis Hernandez (rechts), die dafür sorgen wollen, dass das Runde ins Eckige kommt, setzten die Highlights. Feiern durften am Ende der Vorrunde jedoch nur Mexikaner und Italiener.

Kroatien – Mexiko 0:1

Blanco sticht die Bundesliga aus

Kommt er zur Nationalmannschaft, ist Cuauhtemoc Blanco nicht wiederzuerkennen. Bei seinen Vereinen spielt er nur unregelmäßig, wie zuletzt bei Real Valladolid in der spanischen Primera Division. Aber es gibt ja noch die »Tri«, wie das Nationalteam Mexikos genannt wird. Nur dort fühlt sich der 29-Jährige wirklich wohl. Er braucht die Landesauswahl – noch mehr benötigt die Mannschaft jedoch ihn. Das bekamen die Kroaten zu spüren, die den trickreichen Offensivallrounder nie in den Griff bekamen. Blanco ist der Mann für das Überraschende, so wie sein »Cuauhteminha«. Dann klemmt er den Ball zwischen die Füße und überspringt seine Gegenspieler. Einmal hat er ihn im Spiel gezeigt, nach 40 Minuten. Was der Trick gebracht hat? Nichts, trotzdem wollen die Fans genau so etwas sehen. Bei allem Uneffektiven entscheidet dann eben doch ein Spiel.

Nach gut einer Stunde konnte ihn der Leverkusener Verteidiger Boris Zivkovic in Diensten Kroatiens nur noch mit einem Foul im Strafraum vor dem Tor stoppen. Es folgte ein Elfmeter, den Blanco auch noch selber sicher zum Siegtreffer verwandelte. Es sind eben die Stars, die die Spiele entscheiden. So wie früher auch die Kroaten von ihren Stars profitierten. Gegen Mexiko waren Suker, Boksic oder Prosinecki allerdings nur Schatten ihrer selbst.

Richtig stark waren die Mexikaner zwar nicht, immer noch gut genug jedoch für Kroatien, das auf der ganzen Linie enttäuschte und sich mut-, kraft- und mittellos präsentierte. Trainer Mirko Jozic versuchte erst gar nicht, seine Stars in Schutz zu nehmen: »Sie waren alle nicht frisch, auch Stanic hat nach seiner Einwechslung nichts bewegt und enttäuscht.« Bemerkenswert aus kroatischer Sicht

Start verpatzt: Die kroatischen Altstars um Davor Suker verloren gegen Mexiko zum Auftakt, durften aber durch ein überraschendes 2:1 gegen die hoch gewetteten Italiener weiter vom Achtelfinale träumen.

3. Juni 2002 in Niigata

Kroatien – Mexiko 0:1 (0:0)

KROATIEN: Pletikosa – Zivkovic, R. Kovac, Simunic, Jarni – N. Kovac, Soldo, Prosinecki (46. Rapaic), Tomas – Suker (64. Saric), Boksic (67. Stanic).
MEXIKO: Perez – Vidrio, Marquez, Carmona – Caballero, Mercado, Torrado, Luna, Morales – Blanco (79. Palencia), Borgetti (68. Hernandez).
Tor: 0:1 Blanco (60., Foulelfmeter)
Rote Karte: Zivkovic (59., Notbremse)
Schiedsrichter: Lu Jun (China)
Zuschauer: 32 239

3. Juni 2002 in Sapporo

Italien – Ecuador 2:0 (2:0)

ITALIEN: Buffon – Panucci, Cannavaro, Nesta, Maldini – Zambrotta, Tommasi, Di Biagio (70. Gattuso), Doni (65. Di Livio) – Totti (74. Del Piero) – Vieri
ECUADOR: Cevallos – De la Cruz, Hurtado, Porozo, Guerron – Mendez, Obregon, Chala (85. Asencio), E. Tenorio (59. Ayovi) – Aguinaga (46. C. Tenorio), Delgado
Tore: 1:0 Vieri (7.), 2:0 Vieri (27.)
Gelbe Karten: Cannavaro – Porozo, De la Cruz, Chala
Schiedsrichter: Hall (USA)
Zuschauer: 31 081

Absturz: 1998 in Frankreich feierte Robert Prosinecki (rechts, gegen den Mexikaner Gerardo Torrado) noch den dritten Platz, vier Jahre später ließ auch der vermeintliche Regisseur Durchschlagskraft vermissen.

war wenigstens die Startaufstellung, in der gleich sechs Bundesliga-Legionäre standen. Geholfen hat es, wie das Ergebnis zeigt, nichts.

Italien – Ecuador 2:0

Christian Vieri auf Rossis Spuren

Am Ende war Christian Vieri müde, aber es war egal. Die Bälle versprangen ihm, er schleppte sich mehr über den Platz, als dass er rannte, aber es interessierte niemanden. Er musste nichts mehr beweisen, nicht in diesem Spiel. Dieses Spiel gehörte ihm, niemand konnte es ihm mehr wegnehmen. Es hatte ihm eigentlich von Anfang an gehört. Wenn er seinen wuchtigen Körper in Bewegung setzte, konnte ihn Ecuadors Abwehr nicht bremsen; wenn er freie Bahn hatte, schoss er aufs Tor. Sieben Mal tat er das bis zur Halbzeit-Pause, und zwei dieser sieben Schüsse landeten im Netz.

Der Stürmer von Inter Mailand, dem der eigene Körper auf dem Weg zu noch größerem Ruhm oft im Wege gestanden hatte, rückte mit seinen WM-Endrunden-Treffern sechs und sieben nahe heran an die italienischen Heroen Paolo Rossi und Roberto Baggio, die mit jeweils neun Toren die nationale Bestenliste anführen. »Vieri ist ein Eckpfeiler dieses Teams«, sagte Trainer Giovanni Trapattoni nach Italiens bestem WM-Auftakt-Ergebnis seit 1974, als Haiti 3:1 bezwungen wurde. Wirklich überraschend kam diese Aussage nicht. Da klang der derart Gepriesene schon mutiger. »Wir haben die Fähigkeiten«, erklärte Christian Vieri, »um Weltmeister zu werden«.

Ecuador bekam dies zu spüren, eine halbe Stunde lang. Danach nahmen Vieri und Kollegen die Poesie aus ihrem Spiel, was schade war, aber Ecuador äußerst gelegen kam. »Wir waren am Anfang nervös«, sagte Hernan Dario Gomez, Trainer des WM-Debütanten. »Danach haben wir besser gespielt. Alles in allem war das eine gute Vorbereitung für unser nächstes Match.« Das Reservoir an wettbewerbsfähigen Spielern ist überschaubar, in der Begegnung mit Italien genügten lediglich De la Cruz und Mendez den Ansprüchen. Also sprach Gomez: »Meine Erfahrung sagt mir, dass wir nicht Weltmeister werden.« Er hat nicht mal gezwinkert dabei.

Italien – Kroatien 1:2

»Squadra Azzurra« vom Schiri beklaut

Vor der Partie pflegte er noch zu scherzen, der italienische Trainer Giovanni Trapattoni. »Il tedesco«; der Deutsche, wie er in der Heimat wegen seiner Vorliebe für Disziplin gerufen wird, versprach, das Abschlusstraining mit Sing-Übungen anzureichern. In »Bella Italia« tobte eine hitzige Debatte, weil die meisten Spieler zum Auftakt gegen Ecuador bei der Nationalhyme nicht mitgesungen hatten.

8. Juni 2002 in Ibaraki
Italien – Kroatien 1:2 (0:0)

ITALIEN: Buffon – Panucci, Nesta (24. Materazzi), Cannavaro, Maldini – Zambrotta, Tommasi, Zanetti, Doni (79. Inzaghi) – Totti, Vieri
KROATIEN: Pletikosa – Robert Kovac – Simunic, Tomas – Saric, Soldo (62. Vranjes), Niko Kovac, Jarni – Vugrinec (57. Olic), Rapaic (79. Simic) – Boksic
Tore: 1:0 Vieri (55.), 1:1 Olic (73.), 1:2 Rapaic (76.)
Gelbe Karten: Vieri – Robert Kovac
Schiedsrichter: Poll (England)
Zuschauer: 36 472

9. Juni 2002 in Miyagi
Mexiko – Ecuador 2:1 (1:1)

MEXIKO: Perez – Vidrio, Marquez, Carmona – Torrado – Arellano, Rodriguez (87. Caballero), Luna, Morales – Borgetti (77. L. Hernandez), Blanco (90. Mercado)
ECUADOR: Cevallos – De la Cruz, Hurtado, Porozo, Guerron – Mendez, Obregon (58. Aguinaga), E. Tenorio (35. M. Ayovi), Chala – Delgado, Kaviedes (53. C. Tenorio)
Tore: 0:1 Delgado (5.), 1:1 Borgetti (28.), 2:1 Torrado (57.)
Gelbe Karten: Torrado – Delgado, Kaviedes, Cevallos, Guerron, C. Tenorio
Schiedsrichter: Daami (Tunesien)
Zuschauer: 45 610

Hoffnung: Der Sieg gegen Italien ließ die Kroaten zwischenzeitlich wieder hoffen. Der Ex-Herthaner Ivica Olic überwand Gianluigi Buffon dabei zum 1:1.

An die Kroaten hingegen verschwendeten die »Tifosi« keine Gedanken. Diese präsentierten sich beim mit 0:1 verpatzten WM-Start gegen Mexiko so uninspiriert, dass sie für die gegen Ecuador so überzeugende »Squadra Azzurra« leichte Beute sein sollte.
Aber der Topfavorit strauchelte, obwohl lange alles nach Plan lief. Fast, denn Innenverteidiger Nesta musste nach gut 20 Minuten verletzt das Feld räumen, was der italienische Defensive nicht gut bekam. Sie, sonst sattelfest, hatte große Probleme gegen die im Vergleich zum ersten Auftritt wie verwandelt wirkenden Kroaten. Ohne die von Trainer Mirko Jozic auf die Bank verbannten Stars Suker und Prosinecki waren sie bis zur Halbzeit aktiver, besser und gefährlicher. Die Italiener wankten, wackelten. Aber, egal, schließlich gingen sie trotzdem standesgemäß in Führung. Als sich Vieri zum ersten Mal gegen den für Hertha spielenden Simunic durchsetzte, schien die Partie gelaufen.
Doch Italien war erst zu siegessicher, dann vom Pech verfolgt: Das zweite kroatische Tor war ein Glücksschuss, Tottis Freistoß landete am Innenpfosten (87.), und der Schiedsrichter-Assistent erkannte wegen angeblichem Trikotziehen Inzaghis Tor nicht an. Und weil eben jener Mann in der 50. Minute bereits Vieri ein ebenfalls reguläres Tor »klaute« , ging Italien auf die Barrikaden und legte Protest ein. Dieser brachte, weil Tatsachenentscheidung, natürlich nichts ein. Nur ein Gutes hatte diese bittere Niederlage für Italien: Übers Singen debattierte keiner mehr.

13. Juni 2002 in Oita
Mexiko – Italien 1:1 (1:0)

MEXIKO: Perez – Vidrio, Marquez, Carmona – Torrado – Arellano, Rodriguez (76. Garcia), Luna, Morales (76. Caballero) – Borgetti (80. Palencia), Blanco
ITALIEN: Buffon – Panucci (63. Coco), Cannavaro, Nesta, Maldini – Zambrotta, Tommasi, Zanetti – Totti (78. Del Piero) – Inzaghi (56. Montella), Vieri
Tore: 1:0 Borgetti (34.), 1:1 Del Piero (85.)
Gelbe Karten: Perez, Arellano – Cannavaro, Panucci, Totti, Zambrotta, Montella
Schiedsrichter: Simon (Brasilien)
Zuschauer: 39 291

Mexiko – Ecuador 2:1

Traumstart für die mexikanische »Tri«

Als Mexikos Trainer Javier Aguirre mit Schweißperlen auf der Stirne kurz nach Spielschluss noch von einem »harten Stück Arbeit« sprach, tanzten in der Heimat längst gut 100 Millionen Menschen ausgelassen auf den Straßen. Losgelassen von der »Tri« wie die Mexikaner ihre Nationalelf nennen, im Allgemeinen, und von Borgetti und Torrado im Speziellen, die mit ihren Toren das 2:1 gegen Ecuador möglich und damit den Traumstart mit zwei Siegen perfekt machten. Eine Ausbeute, die vor der WM niemand für möglich gehalten hatte, schleppte sich ihre Nationalelf doch mühevoll durch die Qualifikation. Kein Wunder also, dass nach diesem zweiten Sieg ganz Mexiko von einer schier grenzenlosen Euphorie erfasst wurde.
Bevor es so weit war, galt es zu zittern, denn der WM-Neuling Ecuador legte das hin, was man einen Start nach Maß nennt. Delgado, ein bulliger Stürmer, der in England beim FC Southampton in Lohn und Brot steht, wuchtete nach wenigen Minuten das Leder mit dem Kopf ins mexikanische Tor. Aber, die Freude bei Ecuador wie der Schock bei Mexiko währte nicht lange. Die Elf von Trainer Aguirre verdaute den Rückschlag rasch und gab, ohne zu glänzen, dank ihres konsequenten Pressings in einem zerfahrenen Spiel klar den Ton an. Zumal Ecuador sich nur auf eine massierte Deckung und Konterspiel verließ. Und das war gegen eine abgeklärte mexikanische Elf zu wenig, die es sich sogar erlauben konnte, das Toreschießen zu vergessen.
Ein Versäumnis, das sich jedoch beinahe rächte. Kurz vor Schluss zischte Ayovis Schuss knapp am Pfosten vorbei. Möglich war er also, der Ausgleich, verdient wäre er aber nicht gewesen, wie auch Ecuadors Trainer Gomez meinte. »Mexikos Sieg geht in Ordnung. Meiner Elf fehlt die Erfahrung«, bilanzierte er nüchtern die zweite Pleite seiner Schützlinge. Doch da diese ohnehin gekommen waren, um zu lernen, hielt sich die Enttäuschung in Grenzen.

Mexiko – Italien 1:1

Mit Gott und Del Piero

Dieser Kopfball bedeutete nicht einfach nur den Ausgleich. Er bedeutete mehr: Erlösung. Erst führte Alessandro Del Piero nach »meinem wichtigsten Tor für Italien« den Zeigefinger der rechten Hand an seine Lippen, dann reckte er ihn Richtung Himmel. Dort oben wähnte ein paar Minuten später, als klar war, dass das 1:1 gegen Mexiko dauer-

haft Bestand haben würde und der Einzug ins Achtelfinale geschafft war, Giovanni Trapattoni die entscheidende Stütze. »Es gibt Gerechtigkeit, und es gibt einen Gott. Er hat meine Gebete erhört«, sagte Italiens Coach. Im Falle eines Ausscheidens in der Vorrunde hätte er sein Amt zur Verfügung gestellt. Nun gestand er: »Das Spiel ist 110 Prozent an die Substanz gegangen.«
Italien begann, wie man es von einer Mannschaft erwarten kann, die einen Sieg braucht. Mit einer – für Trapattonis Verhältnisse – offensiven Ausrichtung, also erstmals in diesem Turnier mit zwei echten Spitzen plus Spielmacher Totti dahinter. Mit viel Zielstrebigkeit. Und mit unglaublichen Schwächen im Abschluss. Totti sündigte, Vieri sündigte, und als Inzaghi den Ball ins Tor schoss, sündigte der Schiedsrichter-Assistent. Italien fühlte sich – wie schon im Spiel zuvor gegen Kroatien – betrogen.
Gegner Mexiko brachte sich durch Borgettis hübschen Kopfball in Sicherheit. Marquez organisierte die Deckung beeindruckend unaufgeregt. Torrado nahm Totti aus dem Match, und weil er damit nicht ausgelastet war, speiste er zudem noch den eigenen Spielaufbau unentwegt mit Ideen. Arellano brillierte auf der rechten Außenbahn mal als Verteidiger und mal als Stürmer, aber er wurde nie müde. Italien balancierte am Abgrund, bis der eingewechselte Del Piero, dieses schlampige Genie, traf. »Wir haben gezittert«, bilanzierte Giovanni Trapattoni. »Wir sind gestolpert. Aber wir sind nicht gefallen.« Viel hat nicht gefehlt.

Ecuador – Kroatien 1:0

Kroatien verliert seine Würde

Wenn die kroatischen Spieler auf dem Rasen so viel Einigkeit demonstriert hätten wie bei der anschließenden Analyse, wäre ihnen die Schmach des frühen Scheiterns vermutlich erspart geblieben. 0:1 gegen Ecuador verloren, keinen Willen gezeigt, keine Mittel gefunden, nichts. Aber hinterher wussten sie, was sie vorher anders hätten machen sollen. »Über die Philosophie unseres Trainers kann man geteilter Meinung sein«, schimpfte Robert Kovac. »Wir hätten mit der gleichen Formation wie gegen Italien spielen müssen.« Roberts Bruder Niko Kovac fand das Ausscheiden »völlig verdient, wir sind in ein tiefes Loch gefallen«. Der derart attackierte Coach, dessen Dienstende nach der WM ohnehin längst feststand, wehrte sich nach Kräften. »Die Spieler haben selbst gemerkt, dass ihnen etwas fehlt«, polterte Mirko Jozic. »Aber sie waren zu nervös und bei den Chancen zu unkonzentriert.«
Viele Möglichkeiten besaßen die Kroaten allerdings nicht. Mit ihrem seelenlosen Treiben, dem nicht nur die Kreativität, sondern auch das Tempo fehlte, gefährdeten sie die Südamerikaner nur jeweils am Ende der beiden Halbzeiten. Vor den Augen der auf die Bank verbannten Routiniers Suker und Prosinecki und ohne den am Knöchel verletzten Soldo zeigten die Vertreter der Nachfolge-Generation lediglich eines: dass sie so gut, wie die gealterten Stars einst waren, noch längst nicht sind. Und wahrscheinlich nie sein werden. Die Kroaten als Ansammlung durchschnittlich begabter Egoisten kamen Ecuador gerade recht. Dem WM-Neuling genügte eine disziplinierte Leistung zum ersten Sieg. »Ich habe immer zu meinen Jungs gestanden«, sagte Trainer Hernan Dario Gomez nach dem 1:0 in einem schmerzhaft ereignislosen Spiel. »Heute haben sie mir mein Vertrauen zurückgezahlt. Wir haben uns unsere Würde bewahrt.« Das konnte Ecuadors Gegner nicht von sich behaupten.

13. Juni 2002 in Yokohama
Ecuador – Kroatien 1:0 (0:0)

ECUADOR: Cevallos – De la Cruz, Hurtado, Porozo, Guerron – Marlon. Ayovi, Obregon (40. Aguinaga), Chala, Mendez – Carlos Tenorio (76. Kaviedes), Delgado
KROATIEN: Pletikosa – Robert Kovac – Simunic, Tomas – Saric (68. Stanic), Simic (52. Vugrinec), Niko Kovac (59. Vranjes), Jarni – Rapaic – Olic, Boksic
Tor: 1:0 Mendez (48.)
Gelbe Karten: Chala – Tomas, Simunic
Schiedsrichter: Mattus (Costa Rica)
Zuschauer: 65 862

Skeptisch: Italiens Trainer Giovanni Trapattoni (oben) konnte mit den Leistungen seiner Truppe nur bedingt zufrieden sein, letztlich profitierte die Squadra Azzurra vom Sieg Ecuadors gegen Kroatien.

Flugeinlage: Belgiens Kapitän Marc Wilmots traf mit spektakulärem Fallrückzieher, am Ende trennte man sich von Japan mit 2:2 – und zog gemeinsam mit dem Gastgeber ins Achtelfinale ein.

Vorrunde Gruppe H

Japan
Belgien
Russland
Tunesien

Siege bei einer Weltmeisterschaft, die kannten die Japaner bisher nur vom Hörensagen. Doch die übrige Fußball-Welt muss sich umstellen. Souverän, da spielfreudig und bedingungslos kämpfend, sicherten sich die Söhne Nippons den Gruppensieg. Vor den höher eingeschätzten Belgiern um Kapitän Marc Wilmots und weit vor den völlig enttäuschenden Russen. Tunesien konnte sich lediglich einen Punkt gegen die Belgier erkämpfen. So feierte Japan ein Fest in Blau und kam unter dem französischen Coach Philippe Troussier zum größten Erfolg nach dem Gewinn des Asien-Cups.

Begeisternd: Ob die Europa-Legionäre Hidetohi Nakata (7) oder Shinji Ono (18), ob Ryuzo Morioka oder Tsuneyasu Miyamoto (17) – die Japaner erlebten ungeahnte Sympathie für den Fußball.

7

18

NARAZAKI
12

4. Juni 2002 in Saitama
Japan – Belgien 2:2 (0:0)

JAPAN: Narazaki – Matsuda, Morioka (71. Miyamoto), Koji Nakata – Ichikawa, Toda, Inamoto, Ono (64. Alex Santos) – Hidetoshi Nakata – Yanagisawa, Suzuki (68. Morishima)
BELGIEN: de Vlieger – Peeters, van Buyten, van Meir, van der Heyden – Simons – Vanderhaeghe, Walem (68. Sonck), Goor – Wilmots – Verheyen (83. Strupar)
Tore: 0:1 Wilmots (57.), 1:1 Suzuki (59.), 2:1 Inamoto (68.), 2:2 van der Heyden (75.)
Gelbe Karten: Toda, Inamoto – van der Heyden, Verheyen, Peeters, van Meir
Schiedsrichter: Mattus (Costa Rica)
Zuschauer: 55 256

5. Juni 2002 in Kobe
Russland – Tunesien 2:0 (0:0)

RUSSLAND: Nigmatulin – Solomatin, Nikiforow, Onopko, Kowtun – Karpin, Titow – Ismailow (78. Alejnitschew), Semschow (46. Chowlow) – Pimenow, Bestschastnich (55. Sitschew)
TUNESIEN: Boumnijel – Trabelsi, Jaidi, M'Kacher, Bouzaine – Bouazizi, Badra (84. Zitouni) – Gabsi (67. M'hadhebi), Ben Achour, Sellimi (67. Beya) – Jaziri
Tore: 1:0 Titow (59.), 2:0 Karpin (64., Foulelfmeter)
Gelbe Karten: Semschow, Alejnitschew – Gabsi, Jaziri
Schiedsrichter: Prendergast (Jamaika)
Zuschauer: 30 957

Japan – Belgien 2:2

»Blaues Wunder« für die »Roten Teufel«

Willkommen im blauen Fußballhimmel« prangte auf einem überdimensionalen Banner im Saitama-Stadium. Es war zwar nur ein Zähler, den die blau gekleideten Kicker auf ihrem Konto verbuchen durften. Doch das 2:2 gegen Belgien beförderte Japan und seine Fußballfans in andere Dimensionen. »Das war ein historischer Punkt, weil es Japans erster in der WM-Geschichte war«, ordnete Nationaltrainer Philippe Troussier das Remis ein. Trotzdem fand der Franzose ein Haar in der sonst so schmackhaften Suppe: »Ich bin auch ein wenig frustriert, dass wir die 2:1-Führung nicht halten konnten.« Für den Gastgeber war sogar der erste Sieg bei einem Welt-Championat möglich.

Denn nach einer ersten Halbzeit, in der die Europäer die Partie klar beherrschten und besonders durch die Bundesliga-Legionäre Marc Wilmots (Schalke 04) und Bart Goor (Hertha BSC Berlin) der Führung nahe waren, drehte sich die Partie im zweiten Abschnitt völlig. Vom spektakulären Führungstreffer der Belgier durch Wilmots' Fallrückzieher unbeeindruckt, stürzten die zuvor in der Offensive harmlosen Japaner die belgische Innenverteidigung mit van Buyten und van Meir von einer Verlegenheit in die andere. Haarsträubende Abwehrfehler der im himmlischen Saitama nun indisponierten »Roten Teufel« ebneten den Weg zur Führung. Einzig der fehlgeschlagene Versuch der Japaner, van der Heyden beim 2:2 abseits zu stellen, brachte die Söhne Nippons in der heftig umkämpften Partie um den Sieg.

Trotz dieses Dämpfers erlebte die WM nach vielen Partien mit Opern-Atmosphäre ihre erste stimmungsgeladene Begegnung. »Solche Fans habe ich noch nie erlebt. Sie waren mehr als der zwölfte Mann«, zeigte sich Belgiens Trainer Robert Waseige von der Euphorie im Land des Gastgebers angetan. Philippe Troussier verkündete: »Nun ist alles möglich. Wir glauben an uns.« Von wegen, der Himmel kann warten.

Russland – Tunesien 2:0

Auftaktsieg der alten Männer

Kaum hatten sie von der Ansetzung des Jamaikaners Peter Prendergast als Spielleiter gehört, legten sie die Stirn in Falten. Zu oft fühlten sich die Russen bei ihren internationalen Auftritten von den Unparteiischen benachteiligt. Diesmal hatte die Mannschaft von Oleg Romanzew allerdings keinen Grund zu klagen. Sogar einen Elfmeter sprach ihnen der Mann mit der Pfeife gegen Tunesien zu. Einen, der sogar im TV erst in der Zeitlupe zweifelsfrei richtig zu beurteilen war. Karpin verwandelte zum 2:0 und erlöste den Favoriten der Gruppe H vor der Angst eines Fehlstarts in diese WM-Endrunde.

Ein enorm wichtiger Erfolg, zumal ein Teil der Mannschaft nach den Spielen in Japan und Korea einem nicht allzu fernen Karriereende entgegenblickt. Allen voran Alexander Mostowoj. Der 33-jährige Spielmacher, der wegen einer Knieverletzung passen musste, sagt, was viele denken: »Für die meisten von uns ist es wohl die ultimativ letzte Chance, bei einem großen Turnier etwas zu erreichen. Ich will es allen noch mal zeigen.«

Dass sie zurecht bei dieser WM dabei sind, wollten auch die Tunesier beweisen. »Wir hatten auch unsere Chancen«, so Trainer Ammar Souayah. Der 44-Jährige, vierter Trainer innerhalb eines Jahres, blieb mit seinem Team auch im siebten Länderspiel 2002 (davor drei Partien beim Afrika-Cup und drei Freundschaftsspiele) ohne Torerfolg. Daran konnten auch die beiden vom SC Freiburg bekannten Zoubaier Beya (mittlerweile bei Besiktas Istanbul) und Adel Sellimi nichts ändern. Überraschenderweise war es den beiden nicht vergönnt, gemeinsam gegen die Russen auf dem Rasen zu stehen. Souayah hatte sich gegen seinen eigentlichen Spielmacher Beya in der Startformation entschieden und brachte den Mann mit der Nummer 3 erst

Umkämpftes Remis: Belgiens Gert Verheyen (rechts) und der Japaner Junichi Inamoto schenkten sich im Auftaktspiel der Gruppe H nichts. Noch konnte keiner ahnen, dass beide Teams eine Runde weiter kommen.

Goldener Treffer: Inamoto (Mitte), der bereits gegen die Belgier getroffen hatte, ließ Routinier Viktor Onopko (rechts) und Russland ganz alt aussehen. Japan feierte seinen ersten Sieg der WM-Geschichte.

Mitte der zweiten Hälfte – ausgerechnet für Kapitän Sellimi, der »dumme Gegentore« beklagte. »Uns fehlt einfach die Erfahrung.«

Japan – Russland 1:0

Inamotos Treffer für die Ewigkeit

Es kann nur einen geben. Daran läßt er keinen Zweifel. Ein Blick auf sein Trikot macht das mehr als deutlich. Anders als sein Mitspieler Koji Nakata, über dessen Rückennummer ein K. vor Nakata steht, hat es Namensvetter Hidetoshi Nakata nicht nötig, seinen Vornamen anzugeben. Verwechslung ausgeschlossen. Der Mittelfeldspieler vom AC Parma, in der italienischen Serie A aktiv, ist ein Star, ein Megastar, zumal in Nippon – mehr noch: Er wird verehrt »wie ein Gott«, so Japan-Kenner Pierre Littbarski. Nakata ist mehr Kultfigur denn Fußballprofi. Entsprechend bleibt ihm allerdings auf dem Rasen der große Ruhm verwehrt. Der Mann, der seinen Ruf als Exzentriker und Individualist mit schräger Mode und gefärbten Haaren pflegt, ging beim 1:0 gegen Russland erneut torlos aus, traf nur die Latte (71.), blieb aber angesichts seiner guten Leistung gelassen. »Es ist nicht wichtig, wer die Tore schießt, sondern dass weiter wie heute jeder für jeden kämpft.« Die Show stahl ihm einmal mehr Junichi Inamoto. Der Mittelfeldspieler vom FC Arsenal erzielte im zweiten Spiel des Turniers sein zweites Tor – eines für die Ewigkeit, sicherte es doch den ersten Sieg der Japaner bei einer WM und die große Chance aufs Achtelfinale.

Bei den Russen löste die Niederlage gegen den Gastgeber hingegen kollektiven Frust aus. Dieser ging sogar so weit, dass Trainer Oleg Romanzew als erstes seinen Co-Trainer Michail Gerschkowitsch in die Pressekonferenz schickte. Und der Stellvertreter mühte sich in Floskeln, wie zum Beispiel: »Die Japaner haben uns nicht überrascht.« Oder: »Das Publikum hat uns nicht gestört.« Und, nicht zu vergessen und immer wieder gerne vernommen: »Wir haben verloren, aber das Turnier geht weiter.« Sollte der Gruppenfavorit jedoch ausscheiden, hat Romanzew bereits angekündigt, müsse »der Trainerstab gehen«. Auch daran gibt es keinen Zweifel.

9. Juni 2002 in Yokohama
Japan – Russland 1:0 (0:0)

JAPAN: Narazaki – Matsuda, Miyamoto, K. Nakata – Toda, Inamoto (85. Fukunishi) – Myojin, H. Nakata, Ono (75. Hattori) – Suzuki (72. Nakayama), Yanagisawa
RUSSLAND: Nigmatulin – Solomatin, Nikiforow, Onopko, Kowtun – Smertin (57. Bestschastnich) – Karpin, Titow, Ismailow (52. Chochlow), Semschow – Pimenow (46. Sitschew)
Tor: 1:0 Inamoto (51.)
Gelbe Karten: Miyamoto, K. Nakata, Nakayama – Pimenow, Solomatin, Nikiforow
Schiedsrichter: Dr. Merk (Deutschland)
Zuschauer: 66 108

Tunesien – Belgien 1:1

Boykott und eine bodenlose Leistung

Robert Waseige hatte schon vor dem Spiel gegen Tunesien die Nase voll. Seit mehr als 30 Jahren arbeitet der Belgier als Trainer und redete in dieser Zeit beachtlich wenig. Vor diesem Spiel aber sagte Waseige gar nichts mehr. Als zu unverschämt und

10. Juni 2002 in Oita
Tunesien – Belgien 1:1 (1:1)

TUNESIEN: Boumnijel – Trabelsi, Jaidi, Badra, Bouzaine – Ben Achour, Gabsi (67. Sellimi), Bouazizi, Ghodhbane – Jaziri (77. Zitouni), Melki (88. Baya)
BELGIEN: de Vlieger – Deflandre, de Boeck, van Buyten, van der Heyden – Vanderhaeghe, Simons (74. Mbo Mpenza), Goor – Wilmots – Verheyen (46. Vermant), Strupar (46. Sonck)
Tore: 0:1 Wilmots (13.), 1:1 Bouzaine (17.)
Gelbe Karten: Gabsi, Ghodhbane, Trabelsi, Melki – van Buyten
Schiedsrichter: Shield (Australien)
Zuschauer: 37 900

vor allem zu unsachlich empfand er die Kritik der belgischen Medien nach dem 2:2 im ersten Spiel gegen Japan. Also boykottierte Waseige die Presse, während in der Heimat eine Medienschlacht tobte. In Belgien ist das ein beliebtes Spiel zwischen den Bevölkerungsgruppen Flamen und Wallonen. Kommandiert ein Flame die Nationalelf, machen die wallonischen Zeitungen Stimmung gegen den Trainer – es sei denn, der würde zufällig eine EM oder WM gewinnen, was bisher allerdings nicht vorkam.
In Waseige hatte bei dieser WM nun ein Wallone das Sagen, ein dickköpfiger obendrein. Folglich kam die schlechte Stimmung nach dem ersten Spiel von den flämischen Zeitungen, die neben Waseiges Taktik vor allem die Rolle von Kapitän Marc Wilmots (33) hinterfragten, den sie bei seiner vierten WM für zu alt hielten. Doch der Profi des FC Schalke glänzte gegen Tunesien erneut als Torschütze, traf nach 13 Minuten zum 1:0 – der zweite Treffer von Wilmots, nach seinem Fallrückzieher gegen Japan.

Dass es für die favorisierten Belgier trotzdem wieder nicht zu einem Sieg reichte, hatte zwei Gründe: Zum einen die Freistoßkünste des Tunesiers Raouf Bouzaine, der nach 17 Minuten per Linksschuss in den Winkel traf und damit früh den Endstand sicherte. Vor allem aber eine haarsträubend schwache Leistung der Waseige-Schützlinge, die in allen Mannschaftsteilen enttäuschten. Nach den beiden Unentschieden gegen Japan und Tunesien durften die Belgier dennoch aufs Achtelfinale und sogar den Gruppensieg hoffen, ein Sieg gegen Russland wäre dazu allerdings Pflicht. Was alles aussagt über das Niveau in dieser Gruppe H.

Tunesien – Japan 0:2

Japaner in völliger Ekstase

Der Premiere folgte sogleich ein neuer Superlativ. War der 1:0-Sieg der Japaner über Russland ihr erster während einer Weltmeisterschaft gewesen, so war der 2:0-Erfolg über Tunesien ihr bisher höchster. Dieser Triumph führte zu einem kollektiven Jubelsturm im Lande des Veranstalters.

14. Juni 2002 in Osaka
Tunesien – Japan 0:2 (0:0)

TUNESIEN: Boumnijel – Trabelsi, Jaidi, Badra, Bouzaine (78. Zitouni) – Ghodhbane, Bouazizi – Clayton (61. M'hadhebi), Ben Achour, Melki (46. Beya) – Jaziri
JAPAN: Narazaki – Matsuda, Miyamoto, K. Nakata – Myojin, Toda, Inamoto (46. Ichikawa), Ono – Hidetoshi Nakata (84.Ogasawara) – Suzuki, Yanagisawa (46. Morishima)
Tore: 0:1 Morishima (48.), 0:2 Hidetoshi Nakata (75.)
Gelbe Karten: Bouazizi, Badra
Schiedsrichter: Veissiere (Frankreich)
Zuschauer: 45 213

Die Euphorie war grenzenlos. Zeitungen druckten Sonderausgaben, im Nationalstadion von Tokio feierten 50 000 Menschen vor einem riesigen Bildschirm mit »la Ola« den Sieg, in Osaka sprangen Fußballverrückte in Straßenkleidung von einer Brücke in einen Fluss. Geschäfte wurden geschlossen, Straßen waren blockiert.
»Mit dem 2:0 ist eine neue Seite in Japans Fußballgeschichte geschrieben worden. Wir haben vorher nicht kalkuliert, welches Ergebnis wir brauchen. Wir spielen einfach gerne Angriffsfußball«, jubelte Trainer Philippe Troussier. Eine Halbzeit lang war das Spiel vor sich hin geplätschert. Die Tunesier zeigten zu keiner Phase, dass sie alles für einen Sieg mit zwei Toren Unterschied und das Erreichen des Achtelfinales tun wollten. Nach der Pause brachte Trainer Ammar Sonayah den früheren Freiburger Beya, um das marode Angriffsspiel anzukurbeln. Erfolg hatte jedoch Kontrahent Troussier mit seinen personellen Entscheidungen. Der eingewechselte Morishima erzielte die Führung und scheiterte fünf Minuten später mit einem Kopfball am Pfosten. Die Vorarbeit hatte Ichikawa geleistet – er war in der 46. Minute für Inamoto auf den Platz gekommen.
Danach setzten sich lange nur noch die Japaner in Szene. Hidetoshi Nakatas Kopfballtreffer – wieder hatte Ichikawa geflankt – war Ausdruck der Überlegenheit und Spielfreude. »Es ist eines der Probleme des tunesischen Fußballs, dass wir zu wenig Tore schießen. Außerdem hatten wir eine kurze und schwierige Vorbereitung«, suchte Ammar Sonayah Gründe für das vorzeitige Aus.

Am Boden: Der Schalker Nico van Kerckhoven (links) und Alexej Smertin von Girondins Bordeaux im Kampf um den Ball, durch den 3:2-Sieg über die Russen zog Belgien ins Achtelfinale ein.

Belgien – Russland 3:2

Waseiges Uhr tickt weiter

Robert Waseige streifte sich die klotzige Uhr vom Handgelenk und hielt sie sich vor die Augen. Eine Minute lang. Zwei. Drei. Vier. Vielleicht die wichtigsten Minuten in der langen Trainerkarriere des Belgiers. Auf dem Feld verteidigten seine »Roten Teufel« in der Nachspielzeit das 3:2 gegen tapfer anstürmende Russen. Waseige und seine Uhr – in diesen Momenten ein symbolisches Bild. Würden die Russen treffen, wäre seine Zeit als Nationaltrainer abgelaufen.
Was flogen bei den Belgiern die Fetzen vor diesem entscheidenden Spiel um den Einzug ins Achtelfinale. Nach den peinlichen Leistungen gegen Japan (2:2) und Tunesien (1:1) heulten sich die ersten Spieler anonym bei den Medien aus, kritisierten neben der Taktik den Führungsstil des »ewigen Nörglers« Waseige. Die heimischen Zeitungen und TV-Stationen nahmen diese Steilvorlage auf und demontierten den ohnehin umstrittenen Trainer nach den Regeln der Branche. »Das ist alles nur Mist, Robert!«, titelte ein angesehenes belgisches Blatt.
Und der 62-Jährige Waseige reagierte, schickte eine erneut völlig umgebaute Elf aufs Feld – und lag diesmal richtig. Die Belgier zeigten endlich den vermissten Biss, den bis dato nur Kapitän Marc Wilmots von Schalke 04 vorlebte. Vor diesem Spiel schrieb der kicker: Wenigstens Wilmots will ins Achtelfinale – und wenn er das dafür nötige Tor selbst machen muss. Und das »Kampfschwein« schoss tatsächlich den dritten Treffer, wurde mit seinem insgesamt fünften Tor erfolgreichster Schütze Belgiens in der WM-Geschichte. Die Russen sorgten mit dem Anschlusstreffer zwar für eine packende Nachspielzeit – aber Trainer Oleg Romanzew und der einst große Viktor Onopko in seinem hundertsten Länderspiel mussten letztlich unter Tränen das WM-Aus wegstecken. Die besseren Belgier verdienten sich das Achtelfinale gegen Brasilien. Und Waseiges Uhr lief weiter.

Schlussstrich: Der russische Coach Oleg Romanzew erklärte nach dem Vorrunden-Aus seinen Rücktritt.

14. Juni 2002 in Shizuoka
Belgien – Russland 3:2 (1:0)

BELGIEN: de Vlieger – Peeters, de Boeck (90./+2 van Meir), van Buyten, van Kerckhoven – Vanderhaeghe, Walem – Mbo Mpenza (70. Sonck), Wilmots, Goor – Verheyen (78. Simons)
RUSSLAND: Nigmatulin – Solomatin, Nikiforow (42. Sennikow), Onopko, Kowtun – Karpin (83. Kerjakow), Chowlow, Smertin (34. Sitschew), Alejnitschew – Titow – Bestschastnich
Tore: 1:0 Walem (7.), 1:1 Bestschastnich (52.), 2:1 Sonck (78.), 3:1 Wilmots (82.), 3:2 Sitschew (88.)
Gelbe Karten: Vanderhaeghe – Smertin, Solomatin, Alejnitschew, Sennikow
Schiedsrichter: Milton Nielsen (Dänemark)
Zuschauer: 46 640

Rainer Holzschuh:
»Aufbruch unter den Außenseitern«

Die Favoritenrollen für die WM 2002 waren nach den Turnieren und Qualifikationen der letzten Jahre klar verteilt: Frankreich als Europas unangefochtene Mannschaft Nummer eins, die nach 1998 und 2000 ihren dritten Titel in Folge holen wollte, und Argentinien als der souveräne Sieger der aufwendigen Ausscheidungsrunde in Südamerika – behaftet mit nur einer einzigen Niederlage in 18 Pflichtspielen! Wer schon sollte diese beiden Supermächte schlagen, die zuletzt immer ihre Qualitäten eindrucksvoll unter Beweis gestellt hatten, wenn sie wirklich gefordert waren? Vielleicht Italien, vielleicht Spanien, die beiden Länder, die ihre – allerdings nicht übermäßig schweren – Quali-Gruppen ohne Niederlage dominiert hatten? Oder die balltechnisch so souverän auftrumpfenden Portugiesen?

Zumindest bot die WM in Ostasien die Chance, dass sich Südamerika und Europa einmal mehr den Kuchen aufteilen und die aufstrebenden anderen Kontinente in die Schranken verweisen würden.

Nichts von alledem ist eingetreten. Die Vorrunde ergab eine neue Hackordnung in der Weltspitze. Keine Mannschaft, die überdeutlich dominierte. Keine Mannschaft, die spielerisch durchmarschierte. Selbst die beiden verlustpunktfreien Gruppenersten Brasilien und Spanien hatten so ihre Probleme mit Türkei und Slowenien und benötigten die Hilfe der Schiedsrichter, um am Ende zu gewinnen.

Die Gruppenphase 2002 wird in die Geschichte der Weltmeisterschaften als Sensationsstart eingehen. Frankreich und Argentinien eliminiert, und dies nicht durch übermäßiges Pech oder schreiende Ungerechtigkeiten, sondern allein auf Grund mangelnder Klasse: Sei es, dass die Einstellung zum Spiel oder Gegner fehlte, sei es, dass Spieler nicht ausreichend fit in ihre WM-Tätigkeiten gingen.

Durchgesetzt: Auf der einen Seite die Superstars wie Kahn, Raul und Ronaldo, auf der anderen Shootingstars wie Klose, Fadiga und Torrado – in der Gruppenphase der WM kristallisierten sich die ersten Top-Leute heraus, mit vier Akteuren aus der Bundesliga. Dafür blieben etablierte Spieler wie der Argentinier Sebastian Veron (vorn im Foto oben rechts) und Nigerias Nwankwo Kanu hinter den Erwartungen zurück.

Die Premiere geriet zur Sensation schlechthin: Bereits in den Anfangsminuten entstand bei den Zuschauern der Eindruck, dass nach dem Feuerwerk an Tempo und Ideenreichtum der Eröffnungszeremonie ein Weltmeister zur Titelverteidigung antrat, der nichts und niemanden mehr so recht ernst nahm. Zinedine Zidanes verletzungsbedingtes Fehlen darf niemals als Entschuldigung dafür herhalten, dass die anerkannt beste Fußball-Nation der vergangenen Jahre aufreizend lässig den Ball hin und her schob und auch in der Endphase nicht mehr den Schalter fand, um die Psyche richtig einzustellen. Senegals 1:0-Erfolg bedeutete den Sieg des Schwächeren über den Stärkeren, den Triumph der in Frankreichs Liga als zweitklassig verspotteten afrikanischen Legionäre gegen die in den Top-Ligen Europas verehrten Super-Stars.

Es entstand Aufbruchstimmung unter den Außenseitern, fast täglich folgten neue Überraschungen. Wer sich als Super-Team entpuppt hatte, musste beim nächsten Mal Federn lassen, wer als Versager abgestempelt war, triumphierte prompt über vorherige Gewinner.

Ein Auf und Ab, wie es eine Weltmeisterschaft noch nie erlebt hatte! Kroatien verlor gegen Mexiko, besiegte Italien und ging gegen Ecuador unter. Polen blieb gegen Korea und Portugal ohne Chance, schlug aber die USA, die wiederum die Portugiesen abgefertigt hatten. Argentinien bezwang verheißungsvoll Nigeria, verlor aber gegen England, das sich wiederum gegen die Nigerianer zum mühsamen 0:0 durchzitterte.

Die Mannschaft der Vorrunde

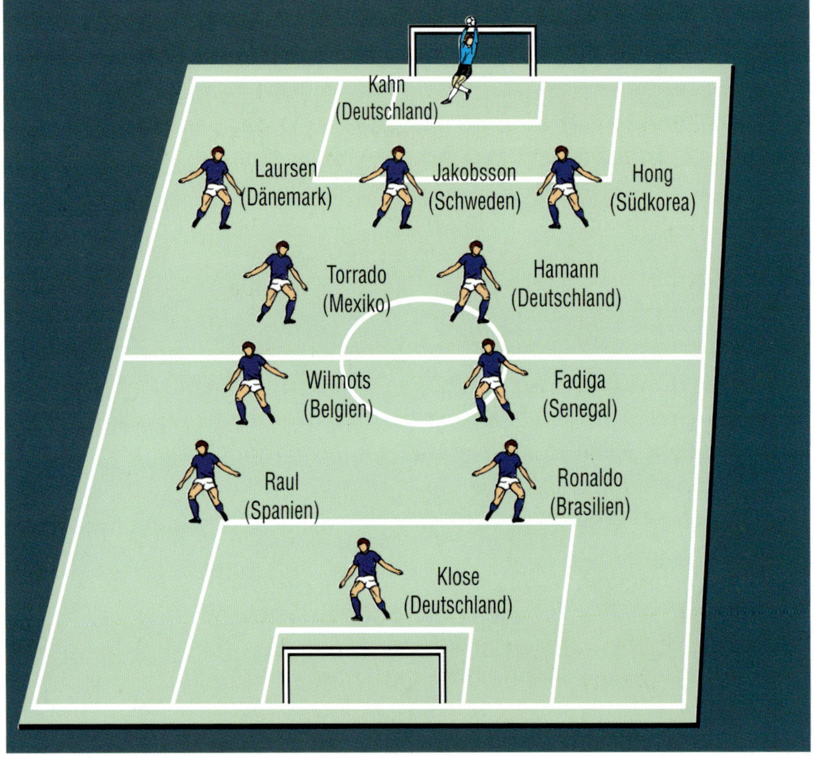

Zum negativen Höhepunkt avancierte das Auftreten Frankreichs: Der »Super«-Sturm mit Henry, mit Trezeguet, mit Wiltord, mit Cissé, das Kracher-Mittelfeld mit Petit, mit Vieira, am Ende auch mit dem Welt-Fußballer Zidane, brachte nicht ein einziges Tor zustande! Frankreichs vermeintliche Spielkunst geriet zum Dauer-Desaster, stürzte eine ganze Fußball-Nation in ein Jammertal und stärkte die Seele der Gegner.
Auch Argentiniens vermeintliche Helden versagten: Batistuta, selbst ernannter Anwärter auf die Torjäger-Krone, Mittelfeld-Herrscher Veron, Crespo, Kily Gonzalez, Simeone, Claudio Lopez, Weltstars in italienischen, spanischen, englischen Top-Klubs, blieben nach ansprechendem Auftakt jeden Beweis ihrer überdurchschnittlichen Fähigkeiten schuldig und fuhren entgeistert nach Hause.
Den Stempel dieser Vorrunde drückte die Begeisterungsfähigkeit der gastgebenden Mannschaften auf: Koreaner und Japaner, deren Leistungsvermögen keiner so recht einzuschätzen vermochte, rannten drei Mal neunzig Minuten wie aufgezogen die Spielfelder rauf und runter und versetzten ihre Landsleute in einen Taumel der Glückseligkeit. Sieben Punkte in nicht einmal leichten Gruppen bedeuteten für beide Länder historische Wendemarken: Erste Siege bei einer WM und erstes Durchstarten in die nächste Runde. Zwei Völker, die auf dem Weg sind, Fußballtraditionen im Sauseschritt zu überspringen.
Die deutsche Mannschaft erfüllte nicht nur ihre Pflichtübung, sie legte mit dem 8:0-Auftakt über die Saudis einen Blitzstart und einen beeindruckenden WM-Rekord einer DFB-Auswahl hin. Eine Leistung, die durch die viel knapperen Erfolge von Kamerun und Irland über die Araber in ein ansprechendes Licht gerückt wurde. Dass dieses Hoch nicht in ähnlichem Maße bestätigt werden konnte, war vorauszusehen. Die Schwächen in dieser personell gehandicapten Mannschaft ließen sich dauerhaft nicht übertünchen.
Ein Stern ging mit der Leistung des jungen Kaiserslauterers Miroslav Klose auf, der mit fünf Treffern nicht nur bester Torjäger der Vorrunde wurde, sondern mit fünf Kopfballtreffern auch international höchste Beachtung fand.
Die Gruppenphase 2002 hat erstaunlich guten Fußball gezeigt. Nicht die übermäßige Interpretation von Taktik stand im Mittelpunkt, nicht Abwehrkünste und Zerstörung des gegnerischen Spielflusses im Vordergrund. Erfreulich war die Dominanz des Offensivgeistes, des erkennbaren Willens, Tore schießen zu wollen. Lediglich zwei Null-Nummern unterstreichen, dass Tempofußball kaum Langeweile aufkommen ließ. Ein Fakt, den man von Vorrunden früherer Weltmeisterschaften kaum gewohnt war.
Und schließlich setzte sich auch der in diesem Maße kaum erwartete Fairness-Gedanke durch. Wirklich böse Fouls, brutale oder vorsätzliche Angriffe auf die Gesundheit des Gegners hatten Seltenheitswert.

Die Vorrunde in Zahlen

GRUPPE A (in Südkorea)

Frankreich – Senegal			0:1
Uruguay – Dänemark			1:2
Dänemark – Senegal			1:1
Frankreich – Uruguay			0:0
Dänemark – Frankreich			2:0
Senegal – Uruguay			3:3
1. Dänemark	**3**	**5:2**	**7**
2. Senegal	**3**	**5:4**	**5**
3. Uruguay	**3**	**4:5**	**2**
4. Frankreich	**3**	**0:3**	**1**

GRUPPE B (in Südkorea)

Paraguay – Südafrika			2:2
Spanien – Slowenien			3:1
Spanien – Paraguay			3:1
Südafrika – Slowenien			1:0
Südafrika – Spanien			2:3
Slowenien – Paraguay			1:3
1. Spanien	**3**	**9:4**	**9**
2. Paraguay	**3**	**6:6**	**4**
3. Südafrika	**3**	**5:5**	**4**
4. Slowenien	**3**	**2:7**	**0**

GRUPPE C (in Südkorea)

Brasilien – Türkei			2:1
China – Costa Rica			0:2
Brasilien – China			4:0
Costa Rica – Türkei			1:1
Costa Rica – Brasilien			2:5
Türkei – China			3:0
1. Brasilien	**3**	**11:3**	**9**
2. Türkei	**3**	**5:3**	**4**
3. Costa Rica	**3**	**5:6**	**4**
4. China	**3**	**0:9**	**0**

GRUPPE D (in Südkorea)

Südkorea – Polen			2:0
USA – Portugal			3:2
Südkorea – USA			1:1
Portugal – Polen			4:0
Portugal – Südkorea			0:1
Polen – USA			3:1
1. Südkorea	**3**	**4:1**	**7**
2. USA	**3**	**5:6**	**4**
3. Portugal	**3**	**6:4**	**3**
4. Polen	**3**	**3:7**	**3**

GRUPPE E (in Japan)

Irland – Kamerun			1:1
Deutschland – Saudi-Arabien			8:0
Deutschland – Irland			1:1
Kamerun – Saudi-Arabien			1:0
Kamerun – Deutschland			0:2
Saudi-Arabien – Irland			0:3
1. Deutschland	**3**	**11:1**	**7**
2. Irland	**3**	**5:2**	**5**
3. Kamerun	**3**	**2:3**	**4**
4. Saudi-Arabien	**3**	**0:12**	**0**

GRUPPE F (in Japan)

Argentinien – Nigeria			1:0
England – Schweden			1:1
Schweden – Nigeria			2:1
Argentinien – England			0:1
Schweden – Argentinien			1:1
Nigeria – England			0:0
1. Schweden	**3**	**4:3**	**5**
2. England	**3**	**2:1**	**5**
3. Argentinien	**3**	**2:2**	**4**
4. Nigeria	**3**	**1:3**	**1**

GRUPPE G (in Japan)

Kroatien – Mexiko			0:1
Italien – Ecuador			2:0
Italien – Kroatien			1:2
Mexiko – Ecuador			2:1
Mexiko – Italien			1:1
Ecuador – Kroatien			1:0
1. Mexiko	**3**	**4:2**	**7**
2. Italien	**3**	**4:3**	**4**
3. Kroatien	**3**	**2:3**	**3**
4. Ecuador	**3**	**2:4**	**3**

GRUPPE H (in Japan)

Japan – Belgien			2:2
Russland – Tunesien			2:0
Japan – Russland			1:0
Tunesien – Belgien			1:1
Tunesien – Japan			0:2
Belgien – Russland			3:2
1. Japan	**3**	**5:2**	**7**
2. Belgien	**3**	**6:5**	**5**
3. Russland	**3**	**4:4**	**3**
4. Tunesien	**3**	**1:5**	**1**

Der Traum ging weiter: Senegal, hier Ferdinand Coly im Zweikampf mit Zlatan Ibrahimovic, siegte gegen Schweden und zog als WM-Neuling gleich in das Viertelfinale ein.

Achtel-finale

Mit Dänemark gegen England, Schweden gegen Senegal, Mexiko gegen die USA und Japan gegen die Türkei strauchelten gleich vier Gruppensieger. Für die große Sensation sorgte jedoch ein Gastgeber: Südkorea eliminierte die favorisierten Italiener. Dem deutschen Team gelang dank Neuvilles Last-minute-Treffer ein glanzloser Sieg über Paraguay. Spanien und Brasilien komplettierten das Viertelfinal-Feld.

1:0

0:3

1:2 i.V.

3:4 n. E.

0:2

2:0

0:1

2:1 i.V.

Spannung pur: Es gab Favoritenstürze en Masse – Italien scheiterte an Südkorea (oben rechts), Mexiko an den USA (unten links) und Schweden am Senegal. Es war aber auch die Runde, der die Superstars wie Beckham (rechts Mitte), Ronaldo und Raul oder Shootingstar Miroslav Klose (unten von rechts) ihren Stempel aufdrückten.

YAHO

Da geht's lang: Michael Ballack gab auch gegen Paraguay die Richtung vor, war nach Torsten Frings und Thomas Linke der fleißigste Passgeber in der DFB-Auswahl.

Deutschland – Paraguay 1:0

DFB-Reserve kurz vor Ultimo

Deutschland musste die Wecker stellen. An einem Samstag. Bereits um 8.30 Uhr tönte diesmal das »Guten Morgen, allerseits« aus dem Fernseher. Wer das deutsche Achtelfinale gegen Paraguay live erleben wollte, musste rechtzeitig aus den Federn. Immerhin: Allen Frühaufstehern vor den heimischenTV-Geräten servierte die DFB-Elite den Einzug in die Runde der letzten Acht.

Die DFB-Elite – oder: Was davon übrig geblieben war. Denn es war der Tag der Reservisten im koreanischen Seogwipo. Scholl, Deisler, Nowotny, Heinrich, Wörns schon vor der WM raus aus dem Kader, Böhme verletzt abgereist, jetzt stießen die Kartenspiele des spanischen Schiedsrichters Lopez Nieto im letzten Vorrundenspiel gegen Kamerun (2:0) auch Ramelow (Gelb-Rot), Ziege und Hamann (jeweils zweite Gelbe Karte) aus der Anfangsformation, der Teamchef Rudi Völler in allen drei Gruppenpartien vertraut hatte. Völler nahm sogar noch eine weitere Änderung vor: Für den Münchner Carsten Jancker brachte er den kleinen, wendigen Oliver Neuville. Welch ein Glücksgriff. Ausgerechnet er schoss das Tor. Das entscheidende. Sozusagen das Golden Goal für die Deutschen in der regulären Spielzeit.

15. Juni 2002 in Seogwipo

Deutschland – Paraguay 1:0 (0:0)

DEUTSCHLAND: Kahn – Frings, Rehmer (46. Kehl), Linke, Metzelder (60. Baumann) – Schneider, Jeremies, Ballack, Bode – Neuville (90./+3 Asamoah), Klose

PARAGUAY: Chilavert – Arce – Caceres, Ayala, Gamarra – Bonet (84. Gavilan), Acuna, Struway (90./+1 Cuevas), Caniza – Cardozo, Santa Cruz (29. Campos)

Tor: Neuville (88.)

Gelbe Karten: Schneider, Baumann, Ballack – Cardozo

Rote Karte: Acuna (90./+2, Tätlichkeit)

Schiedsrichter: Batres (Guatemala)

Zuschauer: 25 176

Deutschland – Paraguay, 15. 6. 2002, 1:0 (0:0)

Nr.	Name	Pässe	zum Mitspieler	in %	Ballgewinne	Torschüsse	Fouls
2	Linke	57	41	72	13	2	
22	Metzelder	23	18	78	5		1
3	Rehmer	24	14	58	10		2
11	Schneider	49	23	47	7	2	2
6	Frings	68	36	53	16	2	
16	Jeremies	50	38	76	15	2	2
17	Bode	34	11	32	10	4	1
8	Ballack	51	26	51	11	4	2
9	Klose	16	3	19	3	5	1
20	Neuville (bis 90./+3)	28	10	36	2	2	1
15	Kehl (ab. 46.)	45	33	73	12		1
4	Baumann (ab 60.)	26	18	69	11		1
14	Asamoah (ab 90./+3)	1					

Er war nicht zufrieden gewesen mit seiner Rolle im bisherigen WM-Verlauf. Verständlich. In der Hierarchie der Stürmer wähnte er sich in den ersten Spielen auf den vierten Platz zurückgestuft. Bei vier Startern wahrlich unbefriedigend. »Ich war vor der WM Stammspieler, in den letzten drei Testspielen vor der WM habe ich meinen Platz verloren«, schilderte Neuville die für ihn so unglückliche Entwicklung. In den Minuten nach dem Triumph wischte er jedoch die unangenehmen Erinnerungen weg. »Ich bin sehr glücklich.« Zwei Stunden vor dem Anpfiff hatte Rudi Völler ihm mitgeteilt, dass er erste Wahl sein würde. Und nach der Begegnung machte er Werbung in eigener Sache: »Ich glaube, ich habe meine Chance genutzt.« Flanke, Kopfball, Tor – das Rezept, das bei den Deutschen in den ersten drei Spielen vor allem dank des Torriechers von WM-Senkrechtstarter Miroslav Klose so vorzüglich funktioniert hatte, wurde diesmal leicht modifiziert. Diesmal kam der Ball von Schneider flach, diesmal stand Neuville bei seinem vierten Treffer im 33. Länderspiel goldrichtig.

Gesamtbilanz

Deutschland		Paraguay
1	Tore	0
23	Torschüsse	15
14	begangene Fouls	24
551	Pässe	442
296	zum Mitspieler	211
54	Passbilanz in %	48
49%	Zweikampfbilanz	51%
55%	Ballbesitz	45%
3	Gelbe Karten	2
0	Rote Karten	1
1	Abseits	8
5	Ecken	1
32	Freistöße	15
0	Strafstöße	0

Einsatzfreudig: Jens Jeremies rückte durch die Sperren dreier Stammspieler in die Anfangsformation, bestach durch Einsatzwillen, ohne allerdings Akzente im Offensivspiel setzen zu können.

Sprungduell: Der eingewechselte Bremer Frank Baumann setzte sich gleich gegen zwei Paraguayer, Jorge Campos (links) und Estanislao Struway, durch, das deutsche Team blieb erneut ohne Gegentreffer.

Stimmen zum Spiel

DFB-Teamchef Rudi Völler: »Es wäre bitter gewesen, gegen Paraguay auszuscheiden, nachdem wir in der Vorrunde gegen stärkere Gegner wie Kamerun und Irland gut ausgesehen haben. Wir wissen, dass wir nicht jede Mannschaft an die Wand spielen können.«

Cesare Maldini (Trainer Paraguay): »Das ist typisch deutsch: Sie sind vielleicht nicht technisch so stark, dafür aber physisch und das gab heute den Ausschlag. Ich bin mit meiner Mannschaft sehr zufrieden, es ist ein sehr professionelles Team. Der Einzug ins Achtelfinale war ein großer Erfolg für uns.«

Oliver Neuville: »In der zweiten Halbzeit haben wir sehr gut gespielt, während Paraguay auf ein 0:0 aus war. Ehrlich gesagt bin ich zufrieden und verspüre auch Genugtuung.«

Michael Ballack: »Wir haben verdient gewonnen, wir hatten mehr vom Spiel. Ich habe meine Verletzung nicht gespürt. Ich bin mit meinen Leistungen zufrieden und stelle mich in den Dienst der Mannschaft, wie alle.«

Paraguays Torhüter José Luis Chilavert: »Deutschland war nicht überlegen. Wir haben gleich stark gespielt und ich bin stolz auf meine Teamkameraden. Wir sind als Helden gefallen, deshalb ist unser Prestige ganz groß.«

DFB-Präsident Gerhard Mayer-Vorfelder: »Alles, was jetzt noch kommt, ist Zugabe. Aber an den Titel denke ich noch nicht.«

Pressestimmen

»Deutschland in italienischer Sauce. Matchwinner Oliver Neuville mit italienischer Mutter. Hartnäckigkeit und Charakter machen die Völler-Elf zum heißen Titelfavoriten. Maldini wird beschuldigt, Paraguays Mannschaft vernichtet zu haben.«

GAZZETTA DELLO SPORT (ITALIEN)

»Ein Italiener vernichtet Maldini. Neuville schickt Paraguay mit einem außergewöhnlichen Tor nach Hause. Ein Italiener wird von einem Landsmann gedemütigt.«

CORRIERE DELLO SPORT (ITALIEN)

»Deutschland, Du Langweiler. Aber so sind sie nun einmal. Die deutschen Panzer kamen diesmal kaum am paraguayischen Bus vorbei.«

AS (SPANIEN)

»Man weiß es schon: Im Fußball gewinnt fast immer Deutschland.«

MARCA (SPANIEN)

»Jeder hätte auf ein Elfmeterschießen gewettet, bevor Neuville das schwache Völler-Team in einer niveaulosen Partie erlöste.«

SUNDAY MIRROR (GROSSBRITANNIEN)

»Typisch deutsch. Eine mäßige Vorstellung, aber ein Tor zur rechten Zeit.«

SUNDAY TELEGRAPH (GROSSBRITANNIEN)

»Ein armseliges Spiel, in dem Deutschland eine Spur frischer wirkte. Diese Begegnung gehört zu den größten Nullnummern unter den Achtelfinalspielen der WM-Geschichte.«

L'EQUIPE (FRANKREICH)

Schuss ins Glück: Nach Pass seines Leverkusener Vereinskameraden Bernd Schneider erzielte Oliver Neuville das Goldene Tor gegen Paraguay, Gamarra (links) und Ayala kamen zu spät.

Nicht alle, die Völler für die Gesperrten ins Rennen schickte, konnten das mit Recht von sich behaupten. Marco Bode hatte er gebracht, der gegen Kamerun das so wichtige 1:0 erzielt hatte, Jens Jeremies, den Münchner, und Marko Rehmer, den Herthaner. Für Rehmer war es das erste Spiel überhaupt nach dreimonatiger Verletzungspause. Und die war ihm anzumerken. Der Berliner tat sich schwer, Bindung zu finden, hatte noch keine Sicherheit im Pass-spiel. Die Deutschen wurden aber auch Opfer ihres eigenen Systems. Denn Rudi Völler hatte im Deckungsverband auf eine nagelneu formierte Viererkette mit Frings, Rehmer, Metzelder und Linke gesetzt, die selbst gegen die oft hausbacken wirkenden Paraguayer nicht immer Sicherheit ausstrahlte.
Zwar zeigte sich Geburtstagskind Oliver Kahn – er wurde am Spieltag 33 – bei den Chancen der Südamerikaner, vor allem beim Schuss von Campos (37.) immer auf dem Posten, doch die Deutschen hatten im Spiel nach vorn zeitweise große Probleme. Es fehlte am freien Mann, an der Anspielstation. Auch Michael Ballack, um den die deutsche Equipe wegen einer Wadenverletzung bis zum Anpfiff gebangt hatte, konnte das oft zu statische, unbewegliche Spiel nicht ankurbeln, im Mittelfeld konnte nur selten eine Überzahlsituation erzeugt werden.
Die Kurskorrektur nahm Rudi Völler in der Halbzeitpause vor. »Wir haben die Bälle viel zu oft planlos nach vorne geschlagen, das kann ja nicht unser Ziel sein«, erklärte der Teamchef nach den 90 Minuten. Er nahm Marko Rehmer heraus, stellte auf eine Dreier-Abwehrformation mit Metzelder, Linke und dem Einwechselspieler Sebastian Kehl um. Noch ein Reservist im ersten WM-Spiel, der aber machte seine Sache sehr gut, schob sich weit vor, unterstützte so das Mittelfeld. »In der Halbzeit haben wir uns vorgenommen, endlich Fußball zu spielen«, meinte Völler.
Und das verstand die deutsche Mannschaft besser als der Gegner, hatte am Ende den längeren Atem. Auch wenn Völler mit dem Bremer Baumann für den verletzten Metzelder einen weiteren Debütanten einbauen musste. Eine Tugend der deutschen Elf: Geduld. Sie war wesentlich präsenter als die Paraguayer, bei denen Torwart-Unikum José Luis Chilavert nur wenige Gelegenheiten hatte, sich in die Offensive seiner Truppe einzuschalten. Ein Freistoß, der hoch übers Tor ging, war noch seine auffälligste Aktion. Pech für die Paraguayer, dass sich Stürmer Roque Santa Cruz vom FC Bayern München bereits nach 29 Minuten verletzt verabschieden musste. Der Rest war gegen die deutsche Reserve, in die sich auch noch Gerald Asamoah einfügte, chancenlos.

Gut gemacht, Junge: Die nach der Pause neu formierte deutsche Dreierkette mit Sebastian Kehl (links) und Christoph Metzelder bestand ihre Feuertaufe.

Klare Sache: Unerwartet deutlich besiegten die Engländer die Dänen. Michael Owen und Nicky Butt ließen Niclas Jensen keine Chance, Keeper David Seaman durfte jubeln.

Dänemark – England 0:3

Warmschießen für die Brasilianer

Auf einen Tag wie diesen hatten sie gewartet, jahre-, vielleicht jahrzehntelang. Im Stadion »Big Swan« von Niigata starteten die Engländer unter den Zuschauern schon eine halbe Stunde vor dem Abpfiff zu einer Polonaise durch die gesamte Arena. Die ganz große Sause begann dann nach Ende des Spiels. Rund um den »großen Schwan« selbst, wo Zehntausend freudetaumelnder Briten

die Nacht zum Tag machten. Vor allem aber drüben, auf der britischen Insel. Sofort nach Schlusspfiff stürmten die Massen durch die zuvor wie leergefegten Straßen und Gassen, in den Pubs flossen 20 Millionen Liter Ale, Lager und Guinness durch die siegestrunkenen Kehlen, und der Kondomverkauf stieg im Vergleich zu »normalen« Wochenenden um 15 Prozent an.
Eine Nation in Ekstase. Nur, was war eigentlich passiert an jenem Samstagabend? Hatten die Engländer etwa den zweiten WM-Titel nach dem von 1966 im eigenen Land eingefahren? Nein, »nur« ein mit 3:0 gewonnenes Achtelfinale gegen Dänemark war es, das die Stimmung überschwappen ließ. Ein »Doppelfehler« des in den Gruppenspielen noch so starken dänischen Torhüters Thomas Sörensen stellte schon in der fünften Minute die Weichen auf Sieg für England.
Vom Schock des frühen Rückstands erholten sich die Dänen nicht mehr. Patzer von Thomas Gravesen und erneut Sörensen ermöglichten zwei weitere Treffer durch Michael Owen und Emile Heskey; die Partie war entschieden, noch ehe sie richtig begonnen hatte. Obschon die Elf von Trainer Morten Olsen niemals aufsteckte, schaukelten die Engländer den Sieg sicher nach Hause.
»Mannschaften wie England haben halt die Klasse, unsere Fehler eiskalt auszunutzen«, meinte Olsen hinterher. Das Gefühl, bei diesem WM-Turnier etwas verschenkt zu haben, wollte den 52-Jährigen aber so schnell nicht loslassen. »Wir hätten hier mehr erreichen können«, sagte Olsen. »Der Unterschied zu den Top-Teams war nicht sehr groß.« Traurig, aber erhobenen Hauptes kletterten Ebbe Sand und Co. tags darauf in den Flieger Richtung Heimat. »Bei uns gibt es keinen großen Umbruch«, erklärte der Schalker Torjäger, dem bei dieser WM kein einziger Treffer gelungen war. »Wir können in den nächsten Jahren noch sehr viel erreichen.«
Sehr viel erreichen – ein gutes Stichwort. Bei den siegreichen Briten wuchs das traditionell stark ausgeprägte Selbstbewusstein nach dem Einzug ins Viertelfinale ins Unermessliche. »Es sind noch zwei Spiele zum Finale«, meinte David Beckham, »und drei bis zum Titel ...« So und nicht anders, ergänzte der Superstar, »sollten wir von nun an denken, denn wir haben eine junge, hungrige Mannschaft, die sich vor nichts fürchtet«. Die Aussicht auf das Viertelfinalduell gegen den viermaligen Weltmeister Brasilien konnte Beckham ebensowenig schrecken wie Stürmer Michael Owen. »Wir wollen die WM gewinnen«, bekundete der, »also müssen wir jeden schlagen.«
Sven-Göran Eriksson, der schwedische Trainer der Engländer, ging auf das verbale Vorpreschen seiner beiden jungen Stars nicht weiter ein. Doch auch ein 54-Jähriger hat so seine Träume. »Natürlich denke auch ich ab und zu schon ans Finale«, räumte Eriksson ein. »Aber ich rede nicht darüber.«
Doch vornehme Zurückhaltung ist nun mal nicht die Sache der britischen Boulevardpresse. Nach dem großen Thronjubiläum von Königin Elizabeth II. und dem Sieg von Box-Weltmeister Lennox Lewis über Mike Tyson könne es »ein historischer Sommer für England« werden, schrieb »Sunday People« – und der »Sunday Mirror« setzte der neuen englischen Fußball-Euphorie einmal mehr die Krone auf. Dessen Schlagzeile lautete: »Jetzt steht England an der Schwelle, den historischen Triumph von 1966 zu wiederholen.«
Noch einmal: Beckham und Co. hatten gerade mal ein Achtelfinale gewonnen.

Mission possible: Sven-Göran Eriksson, erster ausländischer Trainer der englischen Nationalmannschaft, beklatschte den zumindest 45 Minuten lang gelungenen Auftritt seiner Akteure.

15. Juni 2002 in Niigata
Dänemark - England 0:3 (0:3)

DÄNEMARK: Sörensen – Helveg (7. Bögelund), Laursen, Henriksen, N. Jensen – Töfting (58. C. Jensen), Tomasson, Gravesen – Rommedahl, Sand, Grönkjaer
ENGLAND: Seaman – Mills, Ferdinand, Campbell, A. Cole – Beckham, Butt, Scholes (49. Dyer), Sinclair – Owen (46. Fowler), Heskey (69. Sheringham)
Tore: 0:1 Ferdinand (5.), 0:2 Owen (22.), 0:3 Heskey (44.)
Gelbe Karten: Töfting – Mills
Schiedsrichter: Dr. Merk (Deutschland)
Zuschauer: 40 582

16. Juni in Oita (Japan)
Schweden – Senegal 1:2 i. V. (1:1, 1:1)

SCHWEDEN: Hedman – Mellberg, Jakobsson, Mjällby, Lucic – Linderoth – Alexandersson (76. Ibrahimovic), A. Svensson, Ma. Svensson (99. Jonson) – Allbäck (65. A. Andersson), Larsson
SENEGAL: Sylva – Coly, Diatta, P.M. Diop (66. Beye), Daf – P.B. Diop, Cissé, Thiaw, Faye – Henri Camara, Diouf
Tore: 1:0 Larsson (11.), 1:1 Henri Camara (37.), 1:2 Henri Camara (104., Golden Goal)
Gelbe Karten: Coly, Thiaw
Schiedsrichter: Aquino (Paraguay)
Zuschauer: 39 747

Schweden – Senegal 1:2 i. V.

Warum Svensson den Pfosten traf

Oliver Bierhoff hat's schon getan. Als Erster sogar. Es folgten solche Größen wie Laurent Blanc und David Trezeguet. Und nun Henri Camara. Als vierter Spieler erzielte er bei einer Welt- oder Europameisterschaft ein Golden Goal. In der 14. Minute der Verlängerung traf er den Ball noch nicht einmal richtig. Aber die Schweden tief ins Mark. Innenpfosten, Tor, 2:1 für Senegal, Ende, Aus, Finito. Kollektive Tanz-Ekstase bei den Senegalesen, die gelb-blauen Skandinavier fallen Sekundenbruchteile nach dem Tor wie vom Blitz getroffen zu Boden. Eine noch bitterere Art, eine Partie per Sudden Death zu verlieren als die Tschechen 1996 gegen Deutschland, die Paraguayer 1998 und die Italiener 2000 gegen Frankreich und nun eben Schweden, war bisher wohl nur CD Alaves vergönnt. Per Eigentor als Golden Goal stürzte Delfi Geli im historischen UEFA-Pokal-Finale von Dortmund gegen den FC Liverpool (4:5) anno 2001 seine Farben ins Tal der Tränen.

Doch aus Westfalen zurück nach Fernost, nach Japan, nach Oita: Innenpfosten? Da war doch was? Nein, nicht ganz. Spulen wir den Film ein wenig zurück: Es war eben der Außenbereich des Aluminiumgestänges. Und auf der anderen Seite. Zwei kleine, aber Spiel entscheidende Unterschiede, als es darum ging, den dritten Viertelfinalisten der globalen Titelkämpfe zu ermitteln. Außenpfosten. Klatsch. Dieses Geräusch wird Anders Svensson wohl nie mehr vergessen. Die 95. Minute lief im Stadion »Big Eye«. Vor fast 40 000 Augenpaaren. Millionen an den TV-Schirmen verfolgen den Ball. Und Svenssons rechten Fuß. Der, mit dem er Argentinien frühzeitig auf die Heimreise geschickt hatte. Diesmal zieht er den Ball mit der Sohle zurück. Ein Genuss für Fußball-Ästheten. Er dreht sich dabei und lässt zwei Senegalesen aussteigen. Elf Meter Torentfernung, dann der Schuss. Außenpfosten. Klatsch. Ein Trick, dessen Kopie vom Original Zinedine Zidanes nicht zu unterscheiden war, wurde nicht belohnt. Keine zehn Minuten später legt Pape Thiaw den Ball mit der Hacke zu Henri Camara. Er tanzt Schwedens Kapitän Johan Mjällby aus und zieht ab. Der Rest ist Fußball-Geschichte.

Trotz des großen Pechs des Vorrundensiegers der Gruppe F (Trainer Lars Lagerbäck: »Dieses Erlebnis kann uns keiner mehr nehmen«) – die Legende vom unglücklichen Ausscheiden soll hier nicht gestrickt oder überstrapaziert werden. Denn es waren die Afrikaner, die schon in der regulären Spielzeit beweglicher, agiler und erfolgsorientierter auftraten als die unterkühlt wirkenden Nordeuropäer. Bei denen verkündete Henrik Larsson nach dem Match seinen Rücktritt aus der Nationalmannschaft. Mit

Seht her, ich war's: Senegals neuer Nationalheld Henri Camara ließ sich nach seinem Golden Goal gegen die favorisierten Schweden von Mitspielern und Betreuern ausreichend feiern.

Plötzliches Ende: Schweden kassierte das Tor in der ersten Halbzeit der Verlängerung, Teddy Lucic (Nummer 16) und Anders Svensson (am Boden) konnten's Minuten danach immer noch nicht fassen.

dem Stürmer von Celtic Glasgow trat ein großer Spieler von der Weltbühne ab. Sein Treffer zum 1:0 hatte die schwedischen Träume genährt.
Zu diesem Zeitpunkt lag der Stofftier-Löwe, das Maskottchen der Afrikaner, unbeteiligt und verachtet in der Fan-Kurve der Senegalesen. Doch die Trommeln klangen weiter. Und die Mannschaft, die bereits den Anfang vom Ende von Weltmeister Frankreich eingeläutet hatte, wachte auf. Der verdiente Lohn der Mühen war Henri Camaras erster Streich. Der Ausgleich. 1:1. Und der Stofftier-Löwe wurde wieder ehrwürdig aufgerichtet, verfolgte aufmerksam das Geschehen auf dem Platz. Natürlich immer begleitet von den Trommeln.
Bis zur 104. Minute. Als Henri Camara zum zweiten Male in dieser Partie traf und hinterher folgende Begründung für diesen bedeutungsschwangeren Schuss parat hatte: »Wir wollten einfach noch nicht nach Hause fahren.« Na, also. Jetzt wissen wir, warum Svenssons Ball an den Pfosten ging. Die Schweden wollten zurück in die Heimat. Der Außenpfosten. Klatsch. Fußball kann so einfach sein.

Spanien – Irland 1:1, 3:2 i. E.

Casillas rettet Camachos Kopf

16. 6. 2002 in Suwon

Spanien – Irland 1:1 (1:1, 1:0), 3:2 i. E.

SPANIEN: Casillas – Puyol, Hierro, Helguera, Juanfran – Baraja, Valeron – Luis Enrique, De Pedro (65. Mendieta) – Raul (80. Luque), Morientes (72. Albelda)
IRLAND: Given – Finnan, Breen, Staunton (50. Cunningham), Harte (82. Connolly) – Gary Kelly (55. Quinn), Kinsella, Holland, Kilbane – Robbie Keane, Duff
Tore: 1:0 Morientes (8.), 1:1 Robbie Keane (90., Foulelfmeter)
Elfmeterschießen: 0:1 Robbie Keane, 1:1 Hierro, Holland verschießt, 2:1 Baraja, Connolly scheitert an Casillas, Juanfran verschießt, Kilbane scheitert an Casillas, Valeron verschießt, 2:2 Finnan, 3:2 Mendieta
Gelbe Karten: Juanfran, Baraja, Hierro
Besonderes Vorkommnis: Casillas hält Foulelfmeter von Harte (63.)
Schiedsrichter: Frisk (Schweden)
Zuschauer: 38 926

Gut, Gaizka Mendieta gehörten die ersten Glückwünsche. Klar, hatte dieser doch den entscheidenden Elfer im irischen Kasten versenkt. Als aber sämtliche Körperteile des blonden Basken im spanischen Team geherzt waren, Trainer José Antonio Camacho zudem dank gut funktionierender Transpiration einige Kilo Körpergewicht ausgeschwitzt hatte, da gab es kein Halten mehr. Ein gutes Dutzend Iberer stürmte auf seinen Keeper zu, begrub ihn unter sich. Da war er, der Stolz Spaniens, der Held des Krimis von Suwon. Fast erdrückt haben sie ihn, den 21-Jährigen. Doch halt, Vorsicht, Verletzungsgefahr. Schließlich würde Iker Casillas noch gebraucht, machte er doch innerhalb weniger Wochen die Wandlung vom Komparsen zum Hoffnungsträger und Stammspieler durch. Auf Grund von Verletzungen, seiner Konkurrenten wohlgemerkt.
Zuerst, die Ballack, Ramelow und Co. mögen sich schmerzhaft daran erinnern, stoppte Casillas den Siegeszug Bayer Leverkusens in der Champions League. Im großen Finale, als sich Dominguez Cesar, der erste Mann Real Madrids, im Laufe der Partie verletzte und in der 68. Minute ausgewechselt wurde, schlug des Youngsters große Stunde. Mehrere Hochkaräter machte Casillas zunichte, bewies, warum er 1998 als damals 17-Jähriger Bodo Illgner aus dem Kasten der Madrilenen verdrängt hatte.
Nun, bei der Weltmeisterschaft, stieß der Keeper die Iren ins Tal der Tränen. Dabei war Casillas auch in Japan und Korea lediglich als Ersatz vorgesehen. Santiago Canizares, Rückhalt von Meister FC Valencia, galt als gesetzt – setzte sich dann aber selbst außer Gefecht. Eine Parfümflasche rutschte dem Keeper nach schwerem Torwartfehler aus der Hand, sorgte für einen Sehnenriss am rechten Fuß – das Badezimmer wurde zum Strafraum.
Und wieder war Casillas da, als er gebraucht wurde. Und dieses zuhauf gegen die wackeren Iren, die in der Vorrunde schon die DFB-Auswahl an den Rand einer Niederlage gebracht hatten. Die Deutschen rettete schließlich Oliver Kahn, die Spanier eben jener Iker Casillas. Mit drei gehaltenen Elfmetern, davon einem bereits in »regulärer« Spielzeit.
120 Minuten wurde gefightet, die letzten 30 davon musste Spanien mit zehn Spielern auskommen. Albelda war spät gekommen – und verletzungsbedingt zu früh wieder gegangen. Da Camacho bereits drei Mal gewechselt hatte, kam's zur Unterzahl. Und da der spanische Coach bereits vor Entstehen dieses Umstandes die Stürmer für defensivere Akteure ausgetauscht hatte, agierte nur noch eine Mannschaft, die der Iren. Angriff auf Angriff rollte, doch Casillas blieb bis zur 90. Minute ohne Gegentreffer. »Normalerweie habe ich keinen Schutzengel, aber heute hat mich das Glück angelächelt«, bekannte dieser im Bewusstsein, bei insgesamt sieben Elfmetern nur drei Mal bezwungen worden zu sein. Da Hierro, Baraja und Mendieta im finalen Akt trafen, rückte Spanien ins Viertelfinale und beendete somit das Trauma von Mexiko 1986. Im bisher einzigen Elfmeterschießen bei einer WM unterlagen damals Butragueno und Co. Belgien mit 4:5 – Camacho war übrigens als beinharter Manndecker dabei.
Umgekehrt verhielt es sich bei den Iren. Ebenso ein Mal mussten sie beim World-Cup ins Duell »Mann gegen Mann«. 1990 in Italien, ebenfalls im Achtelfinale, gegen Rumänien obsiegten sie mit 5:4. Keinesfalls ein gutes Omen, wie der Verlauf 2002 bestätigte. Unentschlossen, geradezu fahrlässig vergaben die Mannen von Mick McCarthy das mögliche Weiterkommen und die Wiederholung des größten Erfolgs in der Verbandshistorie. Dennoch erarbeiteten sich die Außenseiter ohne ihren suspendierten Superstar Roy Keane weltweite Anerkennung. Und auch McCarthy sah »die gesamte WM als Riesenerfolg«. Die Glückwünsche allerdings holten sich andere ab.

Trost: Gary Kelly (rechts) musste die Niederlage im Elfmeterschießen verarbeiten, Ian Harte war bereits in der regulären Spielzeit vom Strafstoßpunkt an Casillas gescheitert (Foto oben).

Mexiko – USA 0:2

Der Schiedsrichter als Feindbild

Der Schiedsrichter dient in der Fußballwelt gerne als Feindbild. Bei der Weltmeisterschaft im Besonderen. Wie ein gewisser Herr Melo Pereira aus Portugal. Der hatte die Mexikaner bereits im Achtelfinale der WM 1998 gepfiffen – ohne Erfolg für die Mittelamerikaner, gegen Deutschland kam damals das Aus (1:2). Und wie vier Jahre zuvor und 1994 war auch 2002 im Achtelfinale Schluss für Mexiko. Wegen Pereira, der wieder kein Glück gebracht hatte. So die Meinung der Mexikaner, klar. Denn in der zweiten Halbzeit sah eben jener Pfeifenmann beim Stand von 0:1 ein klares Handspiel des Amerikaners John O'Brien im Strafraum nicht. »Der Schiedsrichter war gegen uns. Das, was alle Zuschauer gesehen haben, bemerkte er nicht«, zürnte Trainer Javier Aguirre nach der letztlich verlorenen Partie.

Ja, es war das ewig junge Duell zwischen den beiden Nachbarstaaten Mexiko und USA. Zahlreiche Freundschafts- und die Qualifikationsspiele – immer wieder kreuzten beide Teams die Klingen. Nun aber zum ersten Mal bei einer Weltmeisterschaft. »Das ist kein Spiel wie jedes andere. Es wird eine Schlacht«, prophezeite US-Mittelfeldspieler Landon Donovan, an dem immer noch Bayer Leverkusen die Transferrechte besitzt. Zahlreiche »Chicanos«, also Amerikaner mexikanischer Abstammung, wussten nicht, wem sie Daumen drücken sollen, schließlich begeisterten beide Teams in der Vorrunde gleichermaßen. Am Ende stand es 2:0 für die USA, die den »Grenzkrieg« gewonnen hatten, wie eine US-amerikanische Nachrichtenagentur untreffend schrieb.

Vollversammlung: Hoch her ging's im Strafraum der US-Amerikaner, am Ende durften Keeper Brad Friedel, Landon Donovan und Eddie Lewis über den Überraschungssieg gegen Mexiko jubeln.

Das alles andere als unverdient. Denn McBrides Führungstor schockte die als Favorit in die Partie gegangenen Mexikaner dermaßen, dass bis zum Spielende gar nichts bei ihnen ging. Wie schon in der Vorrunde glänzten die US-Boys mit schnellen Kontern und konzentrierter Abwehrarbeit. Nach dem 1:0 zogen sie sich immer weiter in die eigene Hälfte zurück und warteten geduldig, bis sie Mexiko kurz nach einer Stunde den vorzeitigen K. o. versetzten. Der Kontrahent fand 90 Minuten lang kein Mittel gegen die USA. Akteure wie Cuauhtemoc Blanco oder Jared Borgetti enttäuschten auf der ganzen Linie. Luis Hernandez, WM-Star 1998, lieferte nach seiner Einwechslung eine indiskutable Leistung ab. Für sie alle war die Partie in Jeonju wohl der letzte Auftritt bei einer Weltmeisterschaft. Eine große Spielergeneration tritt ab, doch die neue Garde steht längst bereit. Rafael Marquez oder Gerardo Torrado, beide erst 23 Jahre alt, gehören zu den großen Gewinnern. Sie sollen die »Tri« in vier Jahren bei der WM in Deutschland endlich mal (mindestens) in das Viertelfinale führen.

Beim Sieger überzeugte die ganze Mannschaft. »Es ist ein großer Tag für den amerikanischen Fußball«, so Coach Bruce Arena. »Ich bin stolz auf meine Jungs, sie waren super.« Herausheben konnte er niemanden, denn die Mannschaft als Ganzes bestach. Ein Kollektiv ohne die ganz großen Stars, ein Team mit einer guten Mischung aus Routiniers und jungen Talenten – wie Landon Donovan, Josh Wolff oder Pablo Mastroeni. Sie schafften, was einer US-Mannschaft seit über 70 Jahren nicht mehr gelungen war: Den Einzug in den Kreis der besten acht Mannschaften der Welt. 1930, bei der ersten WM in Uruguay, erreichte man sogar das Halbfinale.

Die von Landon Donovon vorausgesagte Schlacht wurde es im Übrigen doch noch. Allerdings ging die Aggressivität von den Mexikanern aus. Je näher der Schlusspfiff kam, desto ruppiger wurde das Spiel. Schiedsrichter Pereira zeigte insgesamt zehn Gelbe Karten, und Mexikos Abwehrchef Marquez sah nach brutalem Frust-Foul noch Rot.

17. Juni 2002 in Jeonju

Mexiko – USA 0:2 (0:1)

MEXIKO: Perez – Vidrio (46. Mercado), Marquez, Carmona – Torrado (78. Garcia Aspe) – Arellano, Rodriguez, Luna, Morales (28. Hernandez) – Borgetti, Blanco
USA: Friedel – Sanneh, Pope, Berhalter – Reyna, Mastroeni (90./+2 Llamosa), O'Brien, Lewis – Donovan – Wolff (59. Stewart), McBride (79. Jones)
Tore: 0:1 McBride (8.), 0:2 Donovan (65.)
Gelbe Karten: Vidrio, Hernandez, Blanco, Garcia Aspe, Carmona – Pope, Mastroeni, Wolff, Berhalter, Friedel
Rote Karte: Marquez (88., grobes Foulspiel)
Schiedsrichter: Melo Pereira (Portugal)
Zuschauer: 36 380

Brasilien – Belgien 2:0

Bitteres Ende für Marc Wilmots

Von Peter Prendergast hatte die Welt wenig gehört vor diesem 17. Juni, an dem der WM-Spielplan der großen Fußballnation Brasilien im Achtelfinale den krassen Außenseiter Belgien bescherte. Und vermutlich wird dieser Peter Prendergast auch nicht mehr groß in Erscheinung treten in seinem weiteren Leben. Ganz sicher aber ist Herr Prendergast froh, dass bei ihm daheim in Jamaika oft die Sonne scheint und ihn deshalb nichts treibt, einmal im eher verregneten Belgien Urlaub zu machen. Spaßig würde das nämlich nicht.

Denn Peter Prendergast ist nicht nur Jamaikaner, sondern auch noch Schiedsrichter. In dieser Funktion pustete er nach 35 Spielminuten in seine Pfeife, als Marc Wilmots gerade höher gesprungen war als Roque Junior und den Ball ins Tor geköpft hatte. Ein Foulspiel wollte Peter Prendergast erkannt haben – zur Überraschung aller auf dem Feld, im Stadion und vor den Bildschirmen. Eine Fehlentscheidung, wie der Jamaikaner später eingestehen musste. Was Belgiens Nationaltrainer Robert Waseige aber auch nicht beruhigte: »Es ist unfassbar. Hätte dieses korrekte Tor gezählt, wäre das Spiel mit einer Riesenüberraschung geendet.« Was man durchaus glauben kann, weil der Riese Brasilien an jenem Abend bedenklich wankte und von den tapfer kämpfenden Belgiern sogar dominiert wurde, ehe Rivaldo mit einem abgefälschten Schuss und später Ronaldo nach einem Konter für den 2:0-Endstand sorgten. Allein der überragende Wilmots scheiterte zwei Mal an Torwart Marcos. Der Kapitän der »Roten Teufel« trug das Aus dennoch mit Fassung: »Wir waren ja nicht angetreten, um Weltmeister zu werden. Dass der Schiri mein Tor nicht gegeben hat, ist bitter – aber so ist halt das Leben.«

Der Unterschied zwischen Fußballriese und Fußballzwerg ließ sich an diesem Abend an zwei Namen festmachen: Rivaldo und Ronaldo. »Wir haben eben diese Spieler, die immer ein Tor machen«, sagte Roberto Carlos und übertrieb damit nicht: In allen drei Vorrundenspielen und eben in diesem Achtelfinale trafen Rivaldo und Ronaldo im Doppelpack. Samba-Fußball zelebrierte der viermalige Weltmeister bis dahin freilich nicht, auch wenn die Statistik beeindruckte vor dem Viertelfinal-Duell mit England: Vier Siege und 13 Tore – »und das«,

wie Trainer Felipe Scolari erklärte, »obwohl wir auch auf Sicherheit gespielt haben«.

Gegen die Belgier war von einer solchen Sicherheit jedoch nicht viel zu sehen, wobei vor allem die Innenverteidiger Lucio und Roque Junior bei hohen Bällen Schwächen offenbarten und so den Gegner ermutigten, mit Flanken ein beachtliches Durcheinander zu inszenieren. Vor allem der Leverkusener Lucio, von Scolari bei dieser WM zu Disziplin verdonnert, wirkte gehemmt, überschritt nur ein Mal die Mittellinie.

Die Belgier, die schon 1990 und 1994 im Achtelfinale gescheitert waren, mussten derweil den Abschied ihres besten Spielers feiern: Kapitän Marc Wilmots, der schon vor seiner vierten WM seinen Rücktritt angekündigt hatte, spielte gegen Brasilien zum letzten Mal für die »Roten Teufel«. In 70 Länderspielen schoss das »Kampfschwein« 28 Tore, das 29. verweigerte ihm besagter Peter Prendergast zum Abschied. »Wir hatten nie einen Ronaldo oder Rivaldo«, sagte Trainer Waseige, »aber wir hatten diesen Wilmots. Ein echter Kerl, der Großes für Belgien geleistet hat.« Aber der eben auch schon 33 Jahre ist und elf Mal operiert wurde und »deshalb das Buch zuschlagen will«, wie er es formuliert. »Die Nationalmannschaft hat mir viel bedeutet«, sagte Wilmots, »aber jetzt müssen andere die Knochen hinhalten.« Neben Wilmots beendete auch Gert Verheyen (50 Länderspiele) seine Karriere, Trainer Waseige hatte schon vor der WM seine Rückkehr zu Standard Lüttich verkündet.

Entscheidung gegen Belgien: Ronaldo auf dem Weg zum 2:0 für Brasilien (oben), Marc Wilmots (links gegen Cafu) beendete nach dem Achtelfinal-Aus seine Karriere in der Nationalmannschaft.

17. Juni 2002 in Kobe

Brasilien - Belgien 2:0 (0:0)

BRASILIEN: Marcos – Cafu, Lucio, Roque Junior, Roberto Carlos – Edmilson, Gilberto Silva – Juninho (57. Denilson), Rivaldo (90. Ricardinho) – Ronaldinho (81. Kleberson), Ronaldo
BELGIEN: de Vlieger – Peeters (72. Sonck), van Buyten, Simons, van Kerckhoven – Vanderhaeghe, Walem – Mbo Mpenza, Wilmots, Goor – Verheyen
Tore: 1:0 Rivaldo (67.), 2:0 Ronaldo (87.)
Gelbe Karten: Roberto Carlos – Vanderhaeghe
Schiedsrichter: Prendergast (Jamaika)
Zuschauer: 40 440

Früher Schock: Japans Keeper Seigo Narazaki schaute wie versteinert dem Kopfball hinterher, den Ümit Davala (links) bereits in der 12. Minute im Kasten des Gastgebers versenkte.

Japan – Türkei 0:1

Mit Troussier weint ein ganzes Volk

Sie haben geweint. Klar haben sie geweint. Aber irgendwie waren sie gar nicht richtig traurig, diese Japaner. Spontan, nur wenige Sekunden nach dem Schlusspfiff, klatschten 45 666 Fußballfans in Miyagi ihren Helden Beifall. Und die klatschten zurück. Voller Anerkennung. Voller Sympathie. Voller Stolz.

Philippe Troussier hat auch geweint. Weil er sich freute, einen Fußballzwerg unter die 16 besten Nationen der Welt gebracht zu haben. Wer hätte das Wochen zuvor für möglich gehalten? Primär kullerten Japans französischem Trainer aber Tränen die Wange herunter, weil sein Team eine Riesenchance verpasst hatte. Die Euphorie nach dem Gruppensieg war groß im Land der aufgehenden Sonne – und der Plan für das weitere Turnier klar: Ein Sieg über die Türkei, logisch, der sollte machbar sein. Im Viertelfinale wartet dann der Senegel, hey, die sind auch nicht besser. Und ab dem Halbfinale, da ist sowieso alles möglich. Klang nett. Kam aber anders.

Die Japaner enttäuschten an diesem Dienstagnachmittag in Miyagi. Von der Dynamik, dem Spielwitz und der Begeisterung, mit der der WM-Gastgeber zuvor Russland und Tunesien besiegt hatte, war nichts zu sehen. Sie hatten mehr vom Spiel, 58 Prozent Ballbesitz, 8:4 Ecken, und doch waren sie am Ende ohne Chance. Als wäre den Nakatas und Inamotos über Nacht der Glaube verloren gegangen, bei diesem Weltturnier wirklich Großes leisten zu können. Und so fehlten ihm, dem sonst so sprachgewandten, dem von allen Landsleuten vergötterten Hidetoshi Nakata im Moment der Ernüchterung die Worte. Mehr als ein wenig inspiriertes »Das Glück hat gefehlt« brachte Japans Superstar nicht heraus. Wo Verlierer sind, richtig, da muss es auch Gewinner geben. Und das waren die Türken. Ecke, Kopfball, Tor – dieses auf jedem Bolzplatz bekannte Ritual wandten Ergün und Ümit Davala in der zwölften Minute an. 1:0, viel mehr mussten sie gar nicht machen, außer hinten dicht, versteht sich. Dass Sturmidol Hakan Sükür auch in seinem vierten Weltmeisterschaftsspiel über den Rasen stolperte wie ein Kind, das gerade laufen lernt, und dass Kreativchef Yildiray Bastürk eher neben sich statt auf dem Platz stand, war am Ende egal. Das Viertelfinale war erreicht, die Türkei feierte den größten Erfolg seiner Fußballgeschichte. Und wie. Eine ganze Nation fiel in einen Freudentaumel. Ach was, länderübergreifend waren die Jubelorgien. Wie sagte doch ein Polizeisprecher aus Köln: »Es hupt in allen Stadtteilen.«

3000 Türken verwandelten in Berlin den Potsdamer Platz in ein rot-weißes Fahnenmeer, in Hamburgs Zentrum mussten Straßenzüge gesperrt werden. In Ankara verteilte Bürgermeister Melih Gokcek vom Dach eines Busses aus Fußbälle unter den völlig durchdrehenden Fans.

Und was machten die Japaner in diesen Minuten? Sie gingen friedlich nach Hause. Minute für Minute verschwand das Tor von Ümit Davala von den Fernsehschirmen und wurde durch die fünf Treffer ersetzt, die die Asiaten in ihren drei Vorrundenpartien erzielt hatten. Und auch Philippe Troussiers Trauer war längst der Zuversicht gewichen. »Wir haben gezeigt, dass wir mit den Besten auf dieser Welt mithalten können«, sagte er, »das ist doch das Wichtigste.«

Der Fußball in Japan, er hat mit dieser Weltmeisterschaft ein Ausrufezeichen gesetzt, viele Sympathien gewonnen. Das Bild der Tribüne, auf der fast keine Menschen zu sehen sind, sondern nur Hunderte dieser weißen Flaggen mit dem roten Punkt in der Mitte, es ist um die Welt gegangen, es bleibt unvergesslich. Und wie sagte doch niemand geringeres als David Beckham über die Nippons: »Die Art und Weise, wie die Menschen hinter uns stehen – so etwas habe ich noch nie erlebt.«

18. Juni 2002 in Miyagi
Japan – Türkei
0:1 (0:1)

JAPAN: Narazaki – Matsuda, Miyamoto, K. Nakata – Myojin, Toda, Inamoto (46. Suzuki), Ono – H. Nakata, Alex (46. Ichikawa; 86. Morishima) – Nishizawa
TÜRKEI: Rüstü – Fatih, Alpay, Bülent, Hakan Ünsal – Ümit Davala (74. Nihat), Tugay, Ergün – Bastürk (90. Ilhan), Hasan Sas (85. Tayfur) – Hakan Sükür
Tor: 0:1 Ümit Davala (12.)
Gelbe Karten: Toda – Alpay , Ergün, Hakan Sükür
Schiedsrichter: Collina (Italien)
Zuschauer: 45 666

Durchschnittsleistung: Der Leverkusener Yildiray Bastürk konnte dem Spiel der Türken trotz aller Bemühungen nicht wie gewohnt seinen Stempel aufdrücken.

Tränen zum Abschied: Für Japan kam gegen die Türkei das Aus, dennoch konnten Daisuke Ichikawa (Nummer 22) und Kazuyuki Toda mit dem Auftritt der »Blauen« und dem Einzug ins Achtelfinale mehr als zufrieden sein.

Schreck lass nach: Italiens Routiniers Angelo di Livio (Nummer 16) und Christian Panucci (liegend) stand das Entsetzen ins Gesicht geschrieben, nachdem Südkoreas Seol (Nummer 9) kurz vor Schluss den Ausgleich erzielte.

18. Juni 2002 in Daejeon
Südkorea – Italien i. V. 2:1 (0:1, 1:1)

SÜDKOREA: Lee W. J. – Choi J. C., Hong (83. Cha), Kim T. Y. (63. Hwang) – Song, Kim N. I. (68. Lee C. S.), Yoo, Lee Y. P. – Park, Ahn, Seol
ITALIEN: Buffon – Panucci, Iuliano, Maldini, Coco – Zambrotta (72. di Livio), Zanetti, Tommasi – Totti – Vieri, del Piero (61. Gattuso)
Tore: 0:1 Vieri (18.), 1:1 Seol (88.), 2:1 Ahn (117., Golden Goal)
Gelbe Karten: Kim T. Y., Song, Lee C. S., Choi J. C. – Coco, Tommasi, Zanetti
Gelb-Rote Karte: Totti (103.)
Besonderes Vorkommnis: Buffon hält Foulelfmeter von Ahn (5.)
Schiedsrichter: Moreno (Ecuador)
Zuschauer: 38 588

Südkorea – Italien 2:1 i. V.

Trapattoni fühlt sich verschaukelt

Guus Hiddink saß nur da und schaute, als wolle er das irre Treiben um sich herum inhalieren. Die tobenden Massen auf den Rängen, die Tränen seiner Spieler auf dem Rasen von Daejeon. Dann ging Hiddink gemächlichen Schrittes in die Katakomben, zog dabei sein Sakko aus und blickte sich nicht mehr um. Ein wenig wirkte Südkoreas holländischer Trainer wie weiland Franz Beckenbauer nach dem Gewinn der Weltmeisterschaft 1990 im Olympiastadion zu Rom. Später, als er seine Fassung wieder errungen hatte, sagte Hiddink: »Wir haben nach zögerlichem Beginn gegen eine Supermacht des Weltfußballs sehr gut gespielt.«

Eigentlich stimmte das nicht. Der Beginn des Spiels war gewiss nicht zögerlich, denn in der 5. Minute vergab Hiddinks Stürmer Ahn einen Foulelfmeter. Und Italien eine Supermacht des Weltfußballs? Na ja, nicht bei diesem Turnier. Natürlich war diese Mannschaft derart exzellent bestückt, dass nur der Himmel als Limit in Frage zu kommen schien. Aber durch das Championat in Fernost wälzte sich das Star-Ensemble von Giovanni Trapattoni eher träge. Dank der von ihnen zur Perfektion gebrachten Kunst des Durchmogelns überstanden die Italiener die Vorrunde. Als sie aber im Achtelfinale gegen Südkorea ihre Kraft kalkulierten wie ein Formel-1-Pilot seinen Benzinvorrat, kam das Aus. Und Trapattoni, dem sie in der Heimat das Halbfinale als Minimalziel angetragen hatten, verzog das Gesicht, als würde die Wut von innen an seine Stirn pochen. »Es war ein phantastisches Match voller Emotionen. Nur der Richtige hat leider nicht gewonnen«, meckerte Trapattoni. »Wir sind benachteiligt worden.«

Aus Analyse wurde Lamento. Die Gelb-Rote Karte für Totti und ein zu Unrecht nicht gegebenes Tor von Tommasi – nach mehreren Fehlentscheidungen in der Vorrunde war das zu viel für Trapattoni. Auch Kapitän Paolo Maldini verlor die Contenance und brachte seine Worte wie Geschütze in Stellung:

»Das war ein echter Skandal.« Maldini verpasste durch das Ausscheiden den Rekord von Lothar Matthäus, der 25 Einsätze bei WM-Endrunden vorweisen kann. Maldini steht bei 23 und wird dort auch bleiben, vielleicht war er deshalb besonders verärgert.

Dass das Turnier für sie den Geruch eines Begräbnisses annahm, konnten die Italiener freilich nicht allein den Referees anlasten. Als es galt, rief das Team seine Qualität nicht ab, weder in der Defensive noch in der Offensive. Panucci führte bei Seols Ausgleichstreffer allenfalls die Parodie eines Abwehrversuchs auf. Vieri traf unmittelbar nach besagtem 1:1 aus vier Metern das südkoreanische Tor nicht. Selbst Maldini, diese Ikone des italienischen Fußballs, trug zum eigenen Untergang bei. Er störte Ahn bei dessen Kopfball zum 2:1 nur sehr dezent. Und Trapattonis Einwechsel-Philosophie erschloss sich nicht jedem. Als er gegen die Südkoreaner Stürmer Del Piero herunternahm, brachte er mit Gattuso einen Mittelfeldspieler. Später kam noch Trapattonis Lieblingsschüler, der gealterte Di Livio. Die Vollblut-Stürmer Inzaghi, Montella und Delvecchio verfolgten den schleichenden Tod von der Bank aus. Einen Vorsprung nur zu verwalten, wäre Trapattonis Pendant Hiddink vermutlich nicht eingefallen. Seine Mannschaft verzichtete auch in diesem Spiel auf taktische Schnörkel, sie gab Gas. Weil sie lange einem Rückstand hinterherlief, klar, aber auch, weil sie dem Publikum Spektakel bieten wollte. Als Hiddink im Januar 2001 sein Amt antrat, hatte Südkorea Routine im Nicht-Gewinnen. Eineinhalb Jahre später zog das Team ins WM-Viertelfinale ein. Das war zuvor erst einem asiatischen Vertreter gelungen – dem kommunistischen Nordkorea, bei der WM 1966. Nordkorea musste damals in der Vorrunde das entscheidende Spiel gewinnen. Das gelang, mit 1:0. Gegen Italien.

Freude und Frust: Während die Südkoreaner ausgelassen den sensationellen Einzug ins Viertelfinale feierten, war Francesco Coco nicht nur wegen seiner früh erlittenen Kopfverletzung völlig am Boden.

Rainer Holzschuh:
»Deutschland baut seinen Rekord aus«

Die Großmächte England, Spanien und Brasilien hielten sich schadlos. Die Underdogs Senegal, Türkei und USA sorgten für Überraschungen – und es erwischte beide Maldinis: Papa Cesare flog mit Paraguay gegen Deutschland raus, Sohn Paolo (ganz rechts) mit Italien gegen Südkorea.

Wie bei jeder Weltmeisterschaft haben sich manche Teams das Achtelfinale durch überzeugende Leistungen vollauf verdient, manche allerdings eher durch eine fast zufällige Konstellation, durch eine gehörige Portion Glück oder des Schiedsrichters kaum nachvollziehbaren Pfiff. Die Türkei sicherte sich lediglich durch das Torverhältnis das Weiterkommen gegenüber Costa Rica, ebenso wie Paraguay gegenüber Südafrika.

Doch häufig bei großen Turnieren wächst ein Team auch erst im Laufe der Wochen zusammen, werden Vorrunden abgeschüttelt und neue Stärken gewonnen. Während auf der anderen Seite vermeintliche Helden urplötzlich abtauchen in eine kurzzeitige Schwächephase, die ab dem Achtelfinale nicht revidierbar ist.

Vier Mannschaften haben sich in diesem Achtelfinale durchgesetzt, die auch in den Punktspielen ihre Gruppen dominierten – und somit ihre zuvor gezeigten Leistungen unterstrichen. Vier Gruppenzweite dagegen bewiesen mit dem Vorstoß ins Viertelfinale, dass sie steigerungsfähig sind: England, Senegal, die USA und die Türkei.

Besonders die Engländer zeigten eine Leistung gegen Dänemark, die sie urplötzlich zu einem der großen Favoriten stempelte. Natürlich benötigten sie trotz aller Deutlichkeit des Ergebnisses auch ein wenig Glück zum Erfolg, just in Gestalt des im englischen Sunderland spielenden dänischen Torwarts Sörensen, der in entscheidenden Phasen zwei haltbare Bälle passieren ließ. Doch des Gegners Schwäche wirkte befreiend, und Englands Fans fühlten sich nach dem 3:0, dem deutlichsten aller Achtelfinal-Ergebnisse, bereits im Fußball-Olymp.

Schweden dagegen, vor England Gruppensieger, fand gegen die spielerische Klasse der Senegalesen, die wiederum hinter den Dänen nur auf Platz zwei gelandet waren, trotz der taktischen Reife kein Mittel und musste enttäuscht die Heimreise antreten. Die Afrikaner, überraschend einziger verbliebener Vertreter eines viel höher eingeschätzten aufstrebenden Kontinents, offenbarten neben dem zuvor gezeigten Team-Geist auch spielerisch überraschende Fertigkeiten, die man Profis aus den französischen Klubs in dieser brillanten Form nicht zugetraut hatte.

Die größte Überraschung bildete hingegen der Auftritt der US-Amerikaner: Ein Land, das den Fußball eher belächelt als hofiert, dessen Profi-Strukturen trotz aller finanzstarker Versuche kaum greifen, hat sich überzeugend bis unter die besten Acht der Welt durchgesetzt.

Eine Mischung aus europäisch geschulten und amerikanisch unkompliziert Fußballern schickt sich an, auch die einheimischen Kritiker endlich zu überzeugen.

Dass nicht nur europäische Erfahrung Voraussetzung für eine erfolgreiche Mannschaft sein muss, bewiesen die Südkoreaner. Natürlich verhilft der Heimvorteil zu einigen Prozent Willenssteigerung, natürlich vermag auch ein anerkannt guter Trainer europäischer Herkunft wie der Holländer Guus Hiddink taktische Defizite mindern. Doch der Erfolg Südkoreas über spielerisch, kämpferisch und konditionell enttäuschende Italiener zeigt einmal mehr, wie schnell sich die Distanz zwischen den etablierten Fußball-Nationen und den aufstrebenden außer-europäischen Teams verringert hat. Fünf der sechs FIFA-Konföderationen waren im Achtelfinale vertreten, alle fünf auch noch im Viertelfinale. Nur Ozeanien bleibt vorerst von einer höheren Leistungsstufe entfernt.

Wie knapp es in den meisten Achtelfinals zuging, unterstreichen die drei Verlängerungen, das Spanien-Spiel gegen Irland ging gar ins Elfmeterschießen. Insgesamt vier verschossene Elfer der ansonsten bärenstarken Iren halfen den glücksverwöhnten Spaniern, die am Ende kaum noch Kraft zum Laufen besaßen.

Auch Brasilien benötigte gegen Belgien reichlich Fortune und den Blackout eines jamaikanischen Schiedsrichters bei einem regelgerechten Tor von Wilmots, um sich in der Schlussphase durchzusetzen. Erfahrungen bei allen Wettbewerben der Welt zeigen, dass Fehlentscheidungen zugunsten der Favoriten viel häufiger auftreten als zu ihrem Nachteil. Ein menschliches Irren, welches sicherlich auch mit unterbewussten Reflexen der Unparteiischen zusammenhängt.

Deutschland konnte an die Erfolge der letzten Jahrzehnte anknüpfen und erreichte zum 13. Mal in Folge die Runde der letzten Acht – was einen kaum aufholbaren Weltrekord darstellt. Die Kritiken, die nach dem knappen Sieg über die unbedarften Paraguayer auf Rudi Völlers Mannschaft niederprasselten, mögen im einen oder anderen Falle überzogen gewesen sein – denn schließlich vermochte eine deutsche Mannschaft spielerisch nur selten bei den Turnieren der letzten Jahrzehnte zu begeistern. Doch mehr als ein Freundschaftsspiel bot sich den Zuschauern nicht im halbleeren Stadion zu Seogwipo.

Übrigens: Wer die Statistik bemüht, wird die Dominanz der beiden Gruppen C und D bemerken, beider Teilnehmer marschierten weiter – ob durch eine günstige Konstellation, Glück oder überzeugende Leistung.

Wenn der Vater mit dem Sohne ...

Die Familie Maldini ist groß, keine Frage. Sechs Kinder bekamen Cesare und seine Frau. Das berühmteste: Paolo, Verteidiger von Weltklasse in Diensten des AC Mailand und der italienischen Squadra Azzurra, geboren 1968. Damals, als Papa seine besten Zeiten als Aktiver schon hinter sich hatte. 1962 trat er ebenfalls bei einer Weltmeisterschaft an, in Chile. Mit ebenso mäßigem Erfolg wie Paolo 2002. Doch die Maldinis sind nicht die einzigen, die den WM-Generationswechsel in Fernost vollzogen: Für Frankreich war Youri Djorkaeff am Start, dessen Vater Jean 1966 in England in der französischen Auswahl spielte, im Team der Südkoreaner durfte sich Du Ri Cha bewähren. Vater Bum Kun, aus Frankfurter und Leverkusener Zeiten auch in Deutschland bestens bekannt und beliebt, mühte sich 1986 in Mexiko vergeblich um den ersten WM-Sieg des Landes. Dieser gelang Du Ri 16 Jahre später.
Sieggessicher zeigten sich auch die Maldinis. Und waren - wie schon in Frankreich 1998 - wieder einmal beide bei der WM dabei. Paolo als »Nummer 3« der Italiener, Papa Cesare als Nationaltrainer Paraguays. Und für beide kam das Aus bereits im Achtelfinale. Familie schweißt halt zusammen.

Das Achtelfinale in Zahlen

Deutschland – Paraguay	1:0
Dänemark – England	0:3
Schweden – Senegal	1:2 i. V. durch »Golden Goal«
Spanien – Irland	1:1 n. V. (3:2 im Elfm.)
Mexiko – USA	0:2
Brasilien – Belgien	2:0
Japan – Türkei	0:1
Südkorea – Italien	2:1 i. V. durch »Golden Goal«

Das Lachen der Sieger: Eingehüllt in die Flagge Südkoreas feierten Lee Young Pyo (links) und Seol Ki Hyeon den sensationellen Einzug in das Halbfinale, nachdem sie Spanien im Elfmeterschießen bezwungen hatten.

Viertel-finale

Als erstes asiatisches Team spielte sich Südkorea ins Halbfinale einer WM, schickte nach Portugal und Italien nun auch die Spanier nach Hause. Der Gastgeber siegte im Elfmeterschießen, die Türkei gewann durch Golden Goal gegen Senegal. Ebenso in der Runde der letzten vier: Brasilien, das sich gegen England schadlos hielt – und Deutschland, besser gesagt Oliver Kahn, der die US-Amerikaner entnervte.

3

WORLD CUP KOREA
adidas

3
11

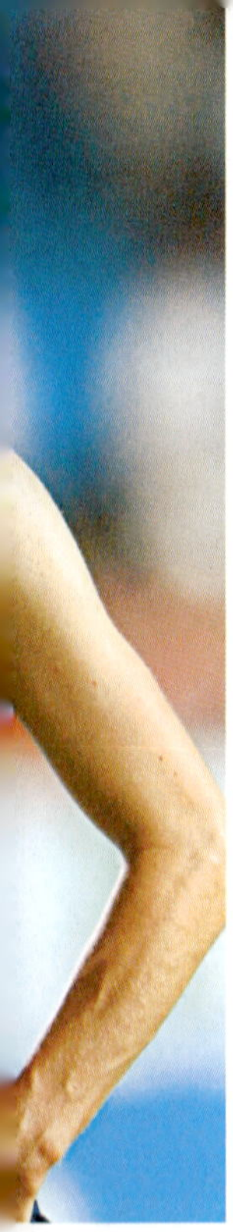

Gefühlswelten: Leidenschaft spricht aus den Gesichtern der Spieler, Anspannung und Ärgernis. Die Achtelfinalbegegnungen brachten die ganze Palette der Emotionen zum Vorschein – bei Siegern und Besiegten.

SEAMAN
1
FIFAworldcup.com

England – Brasilien 1:2

Ronaldinho trifft, siegt und fliegt

Der erste Punkt ging an die Engländer. Weil die Briten »Heimrecht« genossen, durften sie die Farbe ihrer Trikots bestimmen und traten, klarer Fall, in Weiß an. Was zur Folge hatte, dass die Brasilianer auf ihr traditionelles Gelb verzichten und auf ein blaues Dress umsteigen mussten. »In Blau erscheinen die Brasilianer weniger einschüchternd«, befand der »Daily Telegraph« trocken. England gegen Brasilien, das Duell der Giganten, das bis dahin größte Spiel der WM 2002. Zuletzt waren beide Nationen bei einer WM 1970 in Mexiko aufeinandergetroffen; Brasilien gewann das Vorrundenspiel mit 1:0 durch ein Tor von Jairzinho, am Ende holten sich die Brasilianer den WM-Titel.

An diesem Freitagmorgen fiel in England die gefürchtete Rush Hour aus. Fünf Millionen Briten strömten schon am frühen Vormittag in die Pubs, zu Breakfast, Bier und Beckham. In Asien berappten die Fans auf dem Schwarzmarkt bis zu 1650 Euro für eine Eintrittskarte ins »Stadium Ecopa«, für das von vielen als »vorweg genommenes Endspiel« bezeichnete Viertelfinale. »Wer gewinnt, holt den Pokal«, erklärte auch Brasiliens Offensivverteidiger Roberto Carlos.

Anpfiff. Nach zwanzig ereignislosen Minuten des Abtastens fiel aus heiterem Himmel das erste Tor. Heskeys weite Flanke ließ der Leverkusener Lucio genau vor die Füße Owens prallen, der allein auf Marcos zulaufen und zum 1:0 verwandeln konnte. »Ich hätte mich im Rasen vergraben, wenn wir wegen dieses Fehlers verloren hätten«, meinte Lucio später.

Die Engländer, die bis dahin nicht ein einziges Mal im gegnerischen Strafraum aufgetaucht waren, zogen sich nun noch weiter zurück, zielten ausschließlich auf tumbes Zerstören der brasilianischen Aktionen. Kurz vor und kurz nach der Pause wurden sie bestraft für diese Spielweise. Zunächst gelang Rivaldo in der Nachspielzeit der ersten Hälfte nach überragender Vorarbeit von Ronaldinho mit seinem fünften Tor im fünften WM-Spiel der Ausgleich. In der 50. Minute dann zirkelte Ronaldinho selbst einen herrlichen 35-Meter-Freistoß in den Winkel; der knapp 39-jährige Torhüter David Seaman, der mit einer Flanke gerechnet hatte und viel zu weit vor seinem Kasten stand, sah dabei uralt aus.

2:1, schon das Endergebnis. Auch eine überaus harte Rote Karte für Ronaldinho nach einem Foul an Mills in der 57. Minute half den Engländern nicht. In Überzahl zeigte die Eriksson-Elf zwar erstmals so etwas wie Initiative, schaffte es aber nicht, auch nur eine einzige Torchance herauszuspielen. Gerade David Beckham enttäuschte maßlos.

Der große Traum der Brasilianer vom fünften WM-Titel also ging weiter. »Ich habe noch nie ein brasilianisches Team gesehen, das mit einem solchen Kampfgeist sein Land vertreten hat«, erklärte Trainer Luis Felipe Scolari. Und weiter: »An das brasilianische Volk möchte ich sagen: Glaubt an uns, wir können noch sehr viel mehr erreichen.«

Der englische Traum hingegen war geplatzt. Sven-Göran Eriksson machte sich sofort nach dem Abpfiff daran, die dürftige Leistung seiner Mannschaft schönzureden. »Wir haben uns gut geschlagen«, behauptete der Schwede. Seine Elf habe »viel gelernt« bei dieser WM. »Viele junge Spieler werden sich noch verbessern.« Erikssons Spieler hingegen konnten ihre Enttäuschung nicht verbergen. David Seaman etwa verlor nach dem Spiel auch den Kampf mit den Tränen und trat hemmungslos schluchzend vor die wartenden Journalisten. »Die Schuld liegt bei mir«, sagte der Schlussmann.

»Nur als Weltmeister bist du wirklich ein ganz Großer«, hatte David Beckham vor dem Spiel erklärt. »Ich gäbe alles dafür her, diesen Pokal in den Händen zu halten.« Nun, Beckham und seine Jungs werden einen neuen Anlauf nehmen müssen. In vier Jahren, in Deutschland.

Ballzauderer: Da Englands Keeper beim Siegtreffer von Ronaldinho mehr als alt aussah (großes Foto), nützte selbst der Treffer von Michael Owen (oben) den Engländern nicht. Am Ende gab's wieder einmal Ernüchterung.

21. Juni 2002 in Shizuoka

England – Brasilien 1:2 (1:1)

ENGLAND: Seaman – Mills, Ferdinand, Campbell, A. Cole (79. Sheringham) – Beckham, Butt, Scholes, Sinclair (56. Dyer) – Heskey, Owen (79. Vassell)
BRASILIEN: Marcos – Lucio, Edmilson, Roque Junior – Cafu, Kleberson, Gilberto Silva, Roberto Carlos – Ronaldinho, Rivaldo – Ronaldo (70. Edilson)
Tore: 1:0 Owen (23.), 1:1 Rivaldo (45.), 1:2 Ronaldinho (50.)
Gelbe Karten: Scholes, Ferdinand
Rote Karte: Ronaldinho (57., grobes Foulspiel)
Schiedsrichter: Rizo (Mexiko)
Zuschauer: 47 436

adidas
DEUTSCHER FUSSBALL-BUND
1

Deutschland – USA 1:0

Kahn, Kahn – und noch einmal Kahn

Nein, Marcel Reif genießt gewiss nicht den Ruf, ein Miesmacher zu sein. Doch der Deutschen liebster und fachlich anerkanntester Fernsehkommentator in Sachen Fußball hatte genug. Genug vom Auftreten der deutschen Mannschaft im Viertelfinalspiel in Ulsan. Zuerst nach einer halben Stunde: »Indiskutabel.« Dann nach gut 65 Minuten: »Ich weiß nicht, was ich Ihnen zu diesem Spiel der Deutschen noch sagen soll.« Und endgültig kurz vor dem Ende der 90 Minuten: »Im Sinne der Menschlichkeit, bitte keine Verlängerung.«

Was war geschehen? Hatte die Auswahl des Deutschen Fußball-Bundes gegen die US-Amerikaner, den krassen Außenseiter, etwa verloren? Hatte gar Oliver Kahn sich die Bälle reihenweise selbst reingeworfen? Oder traten die Spieler das Fair Play mit Füßen?

Nein, nichts von alledem. Die Deutschen hatten gewonnen gegen die Vereinigten Staaten. 1:0, knapp, gewiss, aber wen sollte das scheren. Immerhin wurde das Halbfinale der Weltmeisterschafts-Endrunde erreicht. In einem Turnier, dass bisher die Favoriten sterben ließ wie ... Na, egal!

Unerwartet zudem, da angesichts der zahlreichen Ausfälle vornehmlich in der Defensivabteilung wohl kaum einer dieser jungen Mannschaft ein eben solches Vorpreschen in die Top vier zugetraut hatte. Doch freuen konnte sich trotz des Erfolges keiner so richtig. Gut, Oliver Kahn steht außen vor, aber das ist eine eigene Geschichte. Kein Franz Beckenbauer (»Alle in einen Sack und mit dem Knüppel drauf – man trifft immer den richtigen«), kein Teamchef Völler. Aus Rudi Riese wurde Rudi Ratlos. 45, 60, 90 Minuten lang, die 39. mal ausgenommen. Und hätte er nicht längst eine graue Kopfbedeckung lockiger Art, nach diesem Spiel wäre sie fast logische Folge gewesen.

So einig, wie sich die Expertenschar in der Negativbewertung der dargebrachten deutschen Leistungen war, so wenig Unstimmigkeit gab's auch bei der Antwort auf die Frage, wem es denn zu verdanken sei, dass der GAU doch ausblieb. Kahn, Oliver, sicher. Jenem Münchner Toreverhinderer, der wohl weltbester Keeper ist. Und der Landon Donovan noch einige Zeit in dessen Träumen verfolgen wird. Drei Mal tauchte der US-Youngster frei vor Kahn auf, drei Mal blieb der 33-jährige Routinier Sieger. Ob rechts unten in der Ecke, ob beim Herauslaufen

King Kahn: Gegen die Fang- und Abwehrkünste des deutschen Torhüters hatte Landon Donovan (linkes Bild), ab Herbst wieder bei Bayer Leverkusen, mehrmals keine Chance. Neben Kahn prägte US-Regisseur Claudio Reyna (grätschend gegen Hamann) die Partie.

Siegerpose: In seinem ersten großen Turnier als verantwortlicher DFB-Teamchef konnte Rudi Völler gleich den Halbfinal-Einzug feiern.

21. Juni 2002 in Ulsan
Deutschland – USA 1:0 (1:0)

DEUTSCHLAND: Kahn – Linke, Kehl, Metzelder – Frings, Hamann, Ziege – Schneider (60. Jeremies), Ballack – Neuville (69. Bode), Klose (88. Bierhoff)
USA: Friedel – Sanneh, Pope, Berhalter – Hejduk (65. Jones), O'Brien, Mastroeni (80. Stewart), Lewis – Reyna – McBride (58. Mathis), Donovan
Gelbe Karten: Kehl, Neuville – Lewis, Pope, Reyna, Mastroeni, Berhalter
Schiedsrichter: Dallas (Schottland)
Zuschauer: 37 337

am Fünfmeterraum. Egal. So stand weiterhin in der Statistik: Deutschland, sprich Oliver Kahn – ein Gegentor. Nicht im Viertel-, nicht im Achtelfinale. Nein, im gesamten Turnier. Trotz einer wenig sattelfesten Defensivabteilung.
Ein ums andere Mal ließen sich die Linke, Metzelder und Kehl düpieren. Ängstlich, emotionslos spielten sie ihren Stiefel herunter und standen damit den anderen Mannschaftsteilen in nichts nach. Impulse aus dem Mittelfeld – Fehlanzeige. Gefährliche Aktionen der Abteilung Attacke – Mangelware.
Und dennoch: Das deutsche Team ging noch vor dem Seitenwechsel in Führung. Standardsituation, Flanke Ziege, Kopfball Ballack. Tausend Mal probiert, bei der Weltmeisterschaft perfektioniert. In der Luft schien die Völler-Truppe dem Gegner überlegen zu sein, erzielte mit Ballacks Treffer bereits das achte Kopfballtor. »Dabei hatten wir uns vor der Partie genau darauf eingestellt«, sagte ein sichtlich gefrusteter US-Keeper Brad Friedel nach der verloren gegangenen Partie. Doch das kollektive Wundenlecken dauerte nicht lange. Zu gut hatte sich die Elf von Bruce Arena präsentiert, zu oft hatte sie den haushohen Favoriten in Verlegenheiten gestürzt. Nur, am Ende stand die Null. Auf der falschen Seite allerdings aus Sicht der Amerikaner. Immerhin hatten es die US-Boys geschafft, den Fußball in

Stimmen zum Spiel

Oliver Kahn: »Die Amerikaner haben uns mehr als alles abverlangt. Die hatten eine unglaubliche Power und Kondition, obwohl sie zwei Tage weniger Pause hatten.«

DFB-Teamchef Rudi Völler: »Wir sind natürlich glücklich, dass wir im Halbfinale stehen. Das ist sensationell für diese junge Mannschaft. Aber mit der Art und Weise bin ich nicht hundertprozentig zufrieden.«

US-Coach Bruce Arena: »Wir waren schneller, beweglicher, einfach besser. Deutschland hatte nur zwei Chancen, hat aber das entscheidende Tor gemacht, das war heute der Unterschied.«

DFB-Präsident Gerhard Mayer-Vorfelder: »Wir brauchen uns nicht zu entschuldigen, dass wir im Halbfinale sind, aber mit der Leistung kann man gar nicht zufrieden sein.«

Franz Beckenbauer: »Auf Dauer können wir uns nicht nur auf Oliver Kahn verlassen. Die Passivität gegen die USA war unerklärbar, keiner ist gelaufen, man spielte viel zu ängstlich, man wollte das 1:0 nur über die Zeit bringen.«

Michael Ballack: »Wir wussten, dass die Standards unsere Stärken sind. Aber wir mussten ein hartes Stück Arbeit verrichten. Am Schluss hatten wir auch Glück.«

US-Keeper Brad Friedel: »Jeder hat gesehen, dass wir die bessere Mannschaft waren. Wir sind ziemlich enttäuscht, können aber erhobenen Hauptes nach Hause fahren. Wir haben den US-Fußball würdig vertreten.«

Reiner Calmund (Manager Bayer Leverkusen): »Bei Deutschland hat Kahn und vielleicht hat auch der Papst mitgespielt. Reyna war der beste Spieler auf dem Platz. Auch Landon Donovan hat bewiesen, warum wir ihn im Herbst nach Leverkusen zurückholen wollen.«

Formel-1-Weltmeister Michael Schumacher: »Ich bin glücklich. Ich habe mitgezittert. Von jetzt an ist alles möglich.«

Timo Boll (Tischtennis-Europameister): »Manchmal kommt eben nicht das Team weiter, das am schönsten spielt, sondern die Mannschaft mit den größten Arbeitern.«

Karl-Heinz Rummenigge (DFB-Delegationsmitglied): «Wir können uns beim lieben Gott und Oliver Kahn bedanken.«

Pressestimmen

»Die Deutschen spielen weder gut noch schlecht. Sie spielen eigentlich etwas anderes als Fußball, aber am Ende gewinnen sie.«

EL PAIS (SPANIEN)

»Das Team von Rudi Völler ist eine geklonte Ausgabe jener tristen, grauen und steinernen Mannschaft, die 1990 in Italien Weltmeister geworden war.«

EL MUNDO (SPANIEN)

»Ein schottischer Schiedsrichter und ein bayerischer Koloss standen zwischen den USA und einer weiteren WM-Überraschung.«

THE INDEPENDENT (GROSSBRITANNIEN)

»Deutschland hat seinen Mythos wach gehalten und gegen Spielverlauf und Moral ein Match nach Hause gebracht, das mitunter episch war.
Man muss schon Deutscher sein, um das zu schätzen.«

L'EQUIPE (FRANKREICH)

»Licht und Schatten, aber Deutschland ist da – Super-Kahn schenkt Deutschland das Semifinale.«

LA REPUBBLICA (ITALIEN)

»Ballack ist der Topf, Kahn der Deckel.«

LA STAMPA (ITALIEN)

»Schamlos unter die besten Vier – Deutschland kümmerlich aber erfolgreich gegen die USA.«

ALGEMEEN DAGBLAD (HOLLAND)

»Dusel-Deutsche müssen Kahn ein Denkmal setzen.«

KRONENZEITUNG (ÖSTERREICH)

»Eigentlich ist nicht Deutschland im Halbfinale dieser WM, sondern Kahn.«

TAGESANZEIGER (SCHWEIZ)

»Kahn, der Schutzgott-Gorilla, hat die neue deutsche Mannschaft ins Halbfinale gebracht.«

NIKKAN SPORTS (JAPAN)

»Der reinste Kahnsinn.«

HAMBURGER MORGENPOST

»Kahn hält den Traum vom WM-Titel wach.«

BERLINER MORGENPOST

»Amerikas Fußballträume enden.«

NEW YORK TIMES (USA)

»Die US-Spieler erarbeiteten sich allerhöchsten Respekt.«

CHICAGO TRIBUNE (USA)

den Vereinigten Staaten ein bisschen populärer zu machen. Aufmacher auf den Sportseiten, die waren für Soccer doch immer noch etwas besonderes. Dass nebenan Wrestler Hulk Hogan ebenso groß abgefeiert wurde – who cares.
Wen interessiert's? Das konnten sich auch die Deutschen denken, dafür hatten sie es endlich wieder einmal geschafft. Egal wie. Nach dem Ausscheiden jeweils im Viertelfinale 1994 (1:2 gegen Bulgarien) und 1998 (0:3 gegen Kroatien) gelang der Einzug ins Halbfinale und angesichts der noch verbliebenen Teams die Chance auf den ganz großen Wurf. So wie Franz Beckenbauer, der 1974 als Spieler und 1990 als Teamchef den Titel holte, durfte sich Rudi Völler Hoffnungen auf das Double machen. Weltmeister unter Beckenbauer 1990 – und 2002?
Das Tor stand weit offen. Gerade weil sich die DFB-Auswahl, sagen wir einmal, durchgekämpft hatte. Andere Kritiker sprachen von peinlichem Auftritt nicht erst gegen die USA, von Durchmogeln.
Egal, Deutschland stand in der Vorschlussrunde, damit mussten sich alle abfinden. Oder sich eben freuen. Und wenn es im weiteren Turnierverlauf noch eine gewiss mögliche Steigerung geben sollte, dann wäre auch Marcel Reif besänftigt. Denn der Premiere-Mann mag eigentlich nur eins: wirklich guten Fußball.

Revanche: Am letzten Spieltag vermasselte der Amerikaner Tony Sanneh (links) mit dem 1. FC Nürnberg Michael Ballack und Bayer Leverkusen die Meisterschaft. Im Viertelfinale der WM hatte der Deutsche letztlich die Nase vorn.

Geschafft: Glücklich, aber erschöpft lassen sich die deutschen Spieler nach 90-minütigem Kampf von den wenigen mitgereisten Anhängern feiern, der eingewechselte Jens Jeremies (unten links) beglückwünscht Christian Ziege.

Gesamtbilanz

Deutschland		USA
1	Tore	0
14	Torschüsse	18
14	begangene Fouls	23
476	Pässe	592
218	zum Mitspieler	339
46	Passbilanz in %	57
50%	Zweikampfbilanz	50%
43%	Ballbesitz	57%
2	Gelbe Karten	5
0	Rote Karten	0
2	Abseits	4
6	Ecken	6
27	Freistöße	18
0	Strafstöße	0

Deutschland – USA, 21. 6. 2002, 1:0 (1:0)

Nr.	Name	Pässe	zum Mitspieler	in %	Ballgewinne	Torschüsse	Fouls
2	Linke	46	21	46	24	2	1
21	Metzelder	39	28	72	14		2
15	Kehl	34	25	74	14		2
11	Schneider (bis 60.)	33	15	45	7		
22	Frings	55	22	40	19		
6	Ziege	45	16	36	12	1	2
8	Hamann	58	33	57	20		1
13	Ballack	39	16	41	14	5	2
9	Klose (bis 87.)	25	12	48	4	3	1
7	Neuville (bis 79.)	35	17	49	3	2	2
16	Jeremies (ab 60.)	12	7	58	4		
17	Bode (ab 79.)	6	1	17	1	1	
20	Bierhoff (ab 87.)	3	2	67			1

In den Zweikämpfen konnte das DFB-Team die Bilanz noch ausgeglichen gestalten, in puncto Ballbesitz, Passgenauigkeit und Torschüssen hatten die US-Amerikaner allerdings klar die Nase vorn.

KOREA

Seht her, jetzt sind wir wer: Südkorea mit Song Chong Gug (unten links) und Ahn Jung Hwan (großes Bild) schaltete auch die höher gewetteten Spanier aus, Keeper Lee Woon Jae war der Held im Elfmeterschießen, als er Joaquins Strafstoß abwehrte.

Spanien – Südkorea 0:0, 3:5 i. E.

Morientes' Golden Goal aberkannt

Es muss Spaniens Mittelfeldspieler Joaquin wie ein gewaltiger Albtraum vorgekommen sein. Da stand er nun mitten im World Cup Stadium von Gwangju und blickte ungläubig in das mit jubelnden Koreanern gefüllte Rund. Soeben hatte Kapitän Hong Myung-Bo den fünften Elfmeter für die Gastgeber verwandelt und damit Joaquin das Etikett »Versager« angeheftet. Dem 20-jährigen Flügelspieler von Betis Sevilla war es als einzigem Schützen dieses Viertelfinals nicht gelungen, seinen Versuch aus elf Metern zu nutzen. Und das, nachdem ihn Trainer Camacho trotz in der Verlängerung erlittener Leistenverletzung dazu gedrängt hatte. Südkoreas Keeper Lee Wong-Jae hatte pariert. Südkorea stand als erstes asiatisches Team der Fußballgeschichte in einem WM-Halbfinale. Joaquin traf sein eigener Fehlschuss besonders hart. Der Offensivspieler war zum einen einer der Besten in einer niveauarmen Partie gewesen, zum anderen hatte er nach torlosen 90 Minuten in der Verlängerung einen Treffer von Morientes glänzend vorbereitet, dem Schiedsrichter Gamal Ghandour allerdings die Anerkennung verweigert hatte. Dessen Assistent hatte den Ball in der 92. Minute bei Joaquins Flanke im Aus gewähnt. Nicht nur für den deutschen Ex-Nationalspieler und früheren Spanien-Legionär Bernd Schuster »eine krasse Fehlentscheidung«. So hatten die Iberer allerhand Grund, mit dem Unparteiischen zu hadern. Bereits in der zweiten Halbzeit hatte der Ägypter ein Eigentor der Gastgeber wegen einer zuvor vom Assistenten gesehenen Abseitsstellung nicht erkannt. Doch die Mannschaft von Trainer José Antonio Camacho, die durch Morientes' Pfostentreffer nach 100 Minuten dem Golden Goal noch ein Mal sehr nahe war, hatte auch einen großen Eigenanteil am Ausscheiden. Camacho vertraute nämlich nicht auf die Offensivstärke seines Teams. So ließ er den nach einer Oberschenkelverletzung leidlich genesenen Stürmerstar Raul auf der Bank, agierte mit nur einer Spitze. Auch Mendieta und Luis Enrique, für den Pechvogel Joaquin in die Startformation ruschte, fanden zu Beginn keine Berücksichtigung. Camachos taktische Marschroute ging nur in der Defensive auf. Die Mannschaft des niederländischen Trainers Guus Hiddink erarbeitete sich zwar eine optische Überlegenheit, doch die wenigen besseren Chancen in diesem Spiel ergaben sich für Spanien. Allerdings meist aus Standardsituationen.

Für den Gastgeber war der Erfolg die Fortsetzung einer unglaublichen WM-Geschichte. Bereits in der Vorrunde hatte man den Geheimfavoriten Portugal nach Hause geschickt, im Achtelfinale war mit den Italienern der nächste potenzielle Titelanwärter besiegt worden. Nach den Spaniern, denen ebenfalls gute Chancen auf den Turniersieg zugestanden worden waren, sahen sich die Südkoreaner nun der – zumindest vom Namen her – nächsten Fußball-Großmacht gegenüber, dem deutschen Team.

Die Begeisterung in dem geteilten Land erreichte mit dem Einzug ins Halbfinale ungeahnte Dimensionen. Allein mehr als fünf Millionen der 48 Millionen Südkoreaner erlebten den historischen Erfolg vor Großbildleinwänden im Freien. Die öffentlichen Plätze in den Städten verwandelten sich in ein rotes Farbenmeer. Während der Partie waren in der Hauptstadt Seoul die meisten Verkehrsadern zur Rushhour verwaist oder dienten wie eine Stadtautobahn als Stehplätze für die Fans, um einen Blick auf die Leinwände zu erhaschen.

Die Rolle des krassen Außenseiters war Südkorea, vor dem Turnier von den Buchmachern auf Rang 25 gesetzt, spätestens zu diesem Zeitpunkt los. Der Tipp »Südkorea wird Weltmeister« brachte nun nur noch eine Quote von 3,4 für 1. Und für die friedlich-fanatischen Anhänger der »Red Devils« war das Ziel ohnehin klar formuliert. »Let's go to Yokohama«, skandierten sie. Dort sollte acht Tage später das WM-Finale steigen.

22. Juni 2002 in Gwangju

Spanien – Südkorea 0:0, 3:5 i. E.

SPANIEN: Casillas – Puyol, Hierro, Nadal, Romero – Helguera (93. Xavi), Baraja – Joaquin, Valeron (80. Luis Enrique), De Pedro (70. Mendieta) – Morientes
SÜDKOREA: Lee W. J. – Choi J. C., Hong, Kim T. Y. (90. Hwang), Song, Kin N. I. (32. Lee E. Y.), Yoo (60. Lee C. S.), Lee Y. P., Park, Ahn, Seol
Elfmeterschießen: 0:1 Hwang, 1:1 Hierro, 1:2 Park, 2:2 Baraja, 2:3 Seol, 3:3 Xavi, 3:4 Ahn, Joaquin scheitert an Lee W. J., 3:5 Hong
Gelbe Karten: De Pedro, Morientes – Yoo
Schiedsrichter: Ghandour (Ägypten)
Zuschauer: 42 114

Unbändige Freude: Im Duell der Überraschungsmannschaften gewann die Türkei durch das Golden Goal von Ilhan (Mitte). Mit dem eingewechselten Torschützenkönig der türkischen Liga freuten sich Leverkusens Yildiray Bastürk (links) und Arif.

22. Juni 2002 in Osaka
Senegal – Türkei 0:1 i.V. (0:0)

SENEGAL: Sylva – Coly, P. M. Diop,, Diatta, Daf – P. B. Diop, Cissé, Diao – H. Camara, Diouf, Fadiga
TÜRKEI: Rüstü – Fatih, Alpay, Bülemt, Ergün – Ümit Davala, Tugay, Emre Belözoglu (91. Arif) – Bastürk, Hakan Sükür (67. Ilhan), Hasan Sas
Tor: 0:1 Ilhan (94., Golden Goal)
Gelbe Karten: Daf, Cissé – Emre Belözoglu, Ilhan
Schiedsrichter: Ruiz (Kolumbien)
Zuschauer: 44 233

Senegal – Türkei 0:1 i. V.

Ilhan, der Star aus dem Allgäu

Der Mann hat den UEFA-Pokal gewonnen, war mit Galatasaray Istanbul sechs Mal türkischer Meister, vier Mal Pokalsieger, wurde drei Mal Torschützenkönig. In den 74 Länderspielen, die er bis zum Beginn dieser Weltmeisterschaft absolviert hatte, erzielte er 37 Tore. Gibt es einen Fußballhelden in der Türkei, dann ist es Hakan Sükür. Dachten alle.

Das Bild des großen Stars, es änderte sich schlagartig während der Tage in Japan und Südkorea. Null Tore, null Assists – so lautete Sükürs Bilanz nach der Vorrunde. Das Achtelfinale verbesserte sie nicht. Und das Viertelfinale gegen Senegal? Erst recht nicht. Bei seiner ersten Aktion verstolperte Hakan Sükür den Ball (27.), dann traf er ihn nicht (29.), kam nicht zum Abschluss (39.), segelte vorbei (57.) und verlor schließlich erneut den entscheidenden Zweikampf gegen einen Senegalesen (62.). Fünf Torchancen für die Nummer neun der Türkei, fünf Mal sah er viel älter aus als die 30 Jahre, die er auf dem Buckel hat.

Dann kam das, was viele Fans, Zeitungsredakteure und Fernsehreporter in der Türkei schon seit Tagen gefordert hatten: Trainer Senol Günes nahm Hakan Sükür vom Feld. Ein tragisches Bild – wie ein ausgeknockter Boxer verließ der einstige Torjäger den Platz. Was folgte, war eine dieser Geschichten, von denen man später sagt, dass sie nur der Fußball schreibt. Ilhan Mansiz kam herein, spielte frech auf – und erzielte in der Verlängerung das goldene Tor, das die Männer vom Bosporus ins Halbfinale brachte. Das Tor, das die Türkei und Deutschland in den Ausnahmezustand versetzte.

Plötzlich interessierte sich keiner mehr für Hakan Sükür, plötzlich war Ilhan Mansiz der gefeierte Mann. Jener im Allgäu, genauer gesagt in Kempten geborene Ilhan, der beim dortigen FC mit dem Fußball begann, bei Türkücü München und dem FC Augsburg spielte und 1996 vom 1. FC Köln bei einem Probetraining für zu schlecht befunden wurde. Ist er aber nicht, wie schon die 21 Treffer bewiesen haben, mit denen der Besiktas-Stürmer im WM-Jahr Torschützenkönig in seiner Heimat wurde. »Überglücklich« war der neue Volksheld, klar, was auch sonst. Und Mittelfeldchef Yildiray Bastürk sprach nun sogar vom WM-Titel, »ab jetzt darf man drüber nachdenken«. Für die Menschen auf den Straßen Istanbuls, Berlins, Ankaras, Nürnbergs und wo auch immer stand der Gewinn der Weltmeisterschaft nach diesem Sieg ohnehin fest.

Schluss mit der Träumerei hieß es hingegen für die Senegalesen. Ihnen blieb das, was Kamerun 1990 geblieben war: viel Applaus nach dem Aus im Viertel-

finale, viel Anerkennung, eine triumphale Rückkehr in die Heimat. Papa Bouba Diop, der Mann, der das westafrikanische Fußballwunder mit dem 1:0 über Frankreich eingeleitet hatte, El-Hadji Diouf, Henri Camara, Aliou Cissé – Namen, die plötzlich jedem Fußballfan geläufig waren. Ja, sogar Tony Sylva, sonst Reservetorwart des Reservetorwarts beim AS Monaco, wurde zum WM-Star. Verrückte, schöne Fußballwelt.

Sie hatten auch gegen die Türkei nicht schlecht gespielt, aber irgendwie war ihnen die Puste ausgegangen. »Es fehlte die Kraft«, erklärte denn auch Bruno Metsu, der 48 Jahre alte französische Trainer mit der Lockenmähne. Seine Spieler verhielten sich nach ein paar Tränen so abgekühlt, dass sie gleich wieder nach vorn blickten, wie Papa Bouba Diop: »Wir sind alle entwicklungsfähig und sehr jung. Ich glaube, wir haben noch einiges vor uns.« Stimmt, den Afrika-Cup 2004 in Tunesien. Und die WM 2006 in Deutschland. Auf die freut sich auch Senol Günes. Er sagte: »Hier sind wir die Gäste, aber in Deutschland werden wir einer der Gastgeber sein.« Dann kann die nächste Fete steigen.

Überflieger: Hasan Sas gehörte im Turnierverlauf zu den herausragenden türkischen Akteuren, gegen Senegal blieb er allerdings ohne zählbaren Erfolg, wurde hier von Diao (am Boden) und Papa Bouba Diop gestoppt.

Ein Traum in Rot: Bei ihrer zweiten Endrunden-Teilnahme konnten die Türken gleich ins Halbfinale einziehen – trotz der unerklärlichen Formschwäche von Stürmerstar Hakan Sükür.

Rainer Holzschuh:
»Die Koreaner sind bereits unsterblich«

Fast hätte man meinen können, Europa habe den Wettlauf mit der Zeit verloren und den Vorsprung im Fußball auf den Rest der Welt viel früher eingebüßt als von Fachleuten befürchtet. Natürlich stellen sich Afrikaner, Amerikaner und Asiaten längst nicht mehr als das willfährige Schlachtopfer früherer Generationen dar. Doch das Ausscheiden aller Europäer bereits vor dem Halbfinale, durchaus möglich nach den zuvor gebotenen Leistungen und Überraschungen, wurde noch einmal abgewendet. Deutschland und die Türkei haben sich durchgesetzt, nur England musste sich den übermächtigen Brasilianern geschlagen geben.

Die Mannschaft des Viertelfinals

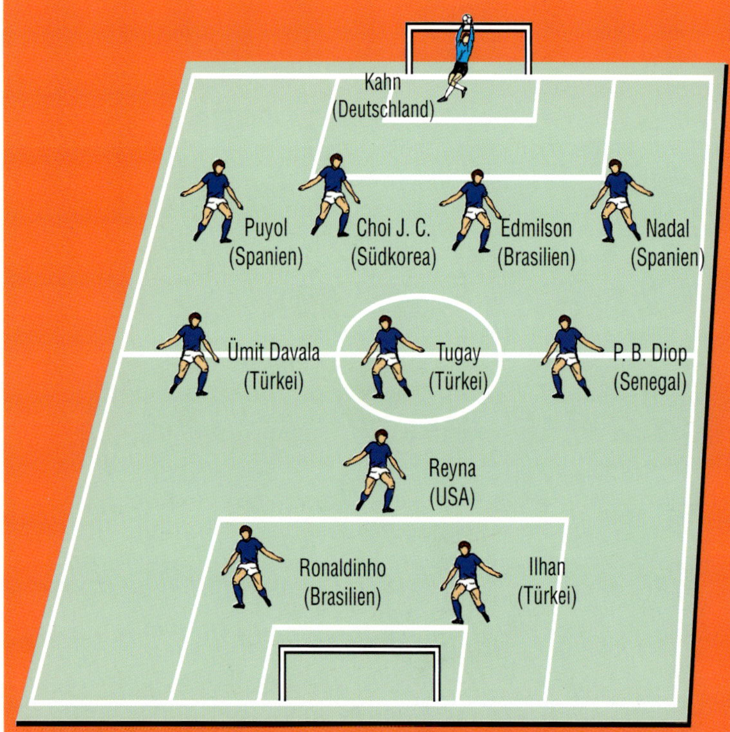

Ja, diese Brasilianer, dieser Jahrzehnte alte Traum von vollendeter Fußball-Kunst! In der Qualifikation schwer angeschlagen, niedergeschrien im eigenen Land und ohne allzu große Hoffnungen nach Ostasien aufgebrochen, zeigen sie nun, dass individuelle Klasse immer noch ihren fundamentalen Bestand hat. England schien die Wahrheit des zweckmäßigen, temporeichen, modernen Fußballs gepachtet zu haben, seitdem Sven-Göran Eriksson vor gut einem Jahr als erster (umstrittener) Ausländer die Cheftrainer-Rolle übernahm und mit dem 5:1-Sieg gegen Deutschland im Qualifikationsspiel von München eine ganze Nation in Ekstase versetzte. Doch Brasilien zeigte mit diesem Duell, dass individuelle Genialität immer noch das Maß aller Dinge sein kann – wenn denn der Teamgeist nicht völlig außen vor bleibt.

Mit dem Senegal und den USA verabschiedeten sich zwei Mannschaften aus dem Turnier, die das Viertelfinale als niemals erwarteten größten Erfolg in ihrer Geschichte verbuchen können. Auch wenn die USA 1930 einen dritten Platz erreichten – bei allerdings nur 13 Teams, darunter vier europäischen. Beide präsentierten sich nicht schlechter als ihre Gegner, sondern lediglich weniger kaltschnäuzig bei ihren Chancen und ohne das bei einem K.-o.-Spiel notwendige Glück.

Dass Deutschland diese Vokabel einmal mehr strapazieren durfte, passt in die lange Erfolgstradition. Unter den besten Vier zu erscheinen, muss als ehrenvoll und erfreulich gelten; die hämischen Kritiken aus dem Ausland nach der dürftigen Leistung mag auch ein wenig der Begriff »Neidfaktor« abdecken. Doch die Art und Weise des Auftretens, die spielerische Mittelmäßigkeit im Achtel- und Viertelfinale, sollten nicht vergessen werden. Kahn, Kahn, und immer wieder Kahn – reduziert auf einen einzigen Namen lässt sich das Erfolgsgeheimnis nennen. Auch wenn der zweifelsfrei weltbeste Torwart immer wieder auf die guten Leistungen seiner Vorderleute verweist. Was soll er auch anderes in die Welt blasen?

Zum echten Überraschungsteam entwickelte sich die Türkei, die bei ihrer erst zweiten WM-Teilnahme gleich bis ins Halbfinale vorstieß. Eine Mannschaft, die sich nach ihren bescheidenen Leistungen in der Gruppenphase ständig zu steigern wusste und längst nicht am Ende ihrer Möglichkeiten angekommen zu sein scheint. Dieses fußballverrückte Land, mit den immens reichen Sponsoren, mit einer emotionalen, teils hysterischen Anhängerschaft, greift urplötzlich auf ein Team zurück, das klüger, ja ruhiger aufspielt als manche erfolgsverwöhnte Mannschaft. Hier macht sich die Weitsicht bezahlt, auch über Nationalstolz hinwegzusehen und Talente bei Gastarbeiter-Familien aufzuspüren. Siehe Regisseur Bastürk, siehe

Ilhan, der Schütze des Golden Goals gegen Senegal.
Und schließlich die Koreaner! Eine faszinierende Begeisterung auf den Rängen zwingt das Team zu fast übermenschlicher Kraftanstrengung. Ein Land feiert sich und seine neuen Helden. Ein Land taucht ein in ein rotes Farbenmeer. Der Jubel um die Mannschaft, um ihren Trainer Guus Hiddink, nahm bereits nach dem Achtelfinale kaum zu überbietende Dimensionen an. Der Sieg über Spanien hebt sie auf den Olymp der Unsterblichkeit.
Keiner in Korea will davon wissen, dass gnädig gesonnene Schiedsrichter es nicht so ganz gut meinten mit den frustrierten Italienern und Spaniern. Keiner, dass entscheidende Tore kurz vor dem Ende der 90, der 120 Minuten, im Elfmeterschießen, ein außergewöhnliches Göttergeschenk darstellen. Die Koreaner zeigen Jubel in seiner schönsten Form und sonnen sich im Stolz auf Können und Leistung – Spieler und Fans verschmelzen zu einer großen Einheit von enthusiastischer Glückseligkeit.
Von Neid mag da selbst im Ausland kaum die Rede sein – es sei denn, man kommt aus Italien oder Spanien!

Das Viertelfinale in Zahlen

England – Brasilien	1:2
Deutschland – USA	1:0
Spanien – Südkorea	0:0 n. V. (3:5 im Elfm.)
Senegal – Türkei	0:1 i. V., „Golden Goal"

Purer Frust: Spanien scheiterte sensationell an Südkorea, Luis Enrique, Mendieta, Baraja, Xavi, Joaquin und Morientes (von links) konnten es nicht fassen.

Extravagant: Die Türken boten ebenso modische Feinheiten wie die Fans der brasilianischen Selecao – feiern durften am Ende jedoch nur die Anhänger des Rekordweltmeisters, der die Partie knapp für sich entschied.

Halbfinale

Establishment gegen Underdogs, oder eben Deutschland und Brasilien gegen Südkorea und die Türkei. Die Vorschlussrunde versprach unendliche Spannung, beide Partien wurden mit dem knappsten aller Ergebnisse gewonnen – 1:0 hieß es jeweils für die »großen« Teams. Vier Mal war Brasilien Weltmeister, drei Mal Deutschland. Nun sollten sie zum ersten Mal bei einer Endrunde aufeinandertreffen, 1974 war es die DDR, die die Selecao forderte. Auf der Strecke blieben die nach zuvor zwei Verlängerungen geschlauchten Südkoreaner sowie die Türken, die beide erstmalig bis ins Halbfinale vorgestoßen waren.

ALLACK
13

Tragischer Held: Der Leverkusener Regisseur Michael Ballack traf für Deutschland zum knappen 1:0-Erfolg im Halbfinale gegen Südkorea, sah aber seine zweite Gelbe Karte – und war somit fürs Endspiel gesperrt.

Zu Null: Die deutsche Defensive stand gegen die Gastgeber vorzüglich. So scheiterte Hwang an Frings (oben) – und kam dann doch einmal ein Ball aufs deutsche Tor, war er leichte Beute für Keeper Oliver Kahn.

Deutschland – Südkorea 1:0

Ballack wurde zum tragischen Helden

Die Hände sind in den beiden Hosentaschen der schwarzen Trainingshose verstaut. Sie müssen zur Faust geballt sein. Eine gute Stunde vorher hat sie Michael Ballack, auf den Knien über den Rasen des »World Cup Stadium« zu Seoul dahin rutschend, in den Himmel gestreckt, zur Pose des Triumphators. Und sogleich verhüllte er das Gesicht mit dem hochgezogenen weißen Nationaldress. Es wird die 75. Minute geschrieben im Halbfinale Südkorea gegen Deutschland, soeben hat die Nummer 13 der deutschen Mannschaft eine flache Hereingabe des Kollegen Oliver Neuville mit dem linken Fuß im Nachschuss ins Tor befördert. Lee Woon Jae, der gelbgewandete Torhüter der Asiaten, konnte den Ball nicht mehr aufhalten, 1:0, das Tor, das die deutsche Auswahl ins Finale 2002 nach Yokohama senden wird.

Doch ihn nicht. Nicht Michael Ballack. »Das war der erste Gedanke«, der nach vollführter Glanztat seine persönlichen Glücksgefühle eisig gefrieren ließ. »Ich wusste«, erzählt Ballack später, »es würden meine letzten Minuten bei dieser WM sein.« Und deshalb konnte er nach dem Schlusspfiff in der Kabine die Gefühle der Enttäuschung nicht mehr stoppen. Deshalb nahm Teamchef Rudi Völler zuallererst und höchstselbst die psychologische Erstversorgung bei Ballack vor. Welch eine Tragik – in diesem Fall ist großes Pathos treffend – um diesen noch jungen, erst 25-jährigen Fußballspieler! Ballack ist der tragische Held dieses Spiels, der tragische Held des gesamten Turniers, des gesamten Fußballjahres 2001/02.

Schon in der Bundesliga hatte er in der vorausgegangenen Saison 15 bewunderungswürdige Tore geschossen, als Mann aus der zweiten Reihe, der sich wie kein anderer in den Strafraum mogelt und per Kopf oder Abstauber trifft. Deutscher Meister wurde er dennoch nicht, sondern nur Zweiter mit Bayer Leverkusen. Dann das nationale Pokalfinale zu Berlin, 2:4 gegen Schalke, wieder nur Vize. Schließlich, in der Champions League, machte er große Spiele und inszenierte tolle Tore, jedoch das Endspiel gegen Real Madrid verlor er, 1:2. Und nun dieser erneute Tiefschlag für den besten deutschen Feldspieler des zurückliegenden Fußballjahres 2001/2002. Denn wieder war es dieser Ballack gewesen, der den entscheidenden Torschuss ausgeführt hatte; wie bereits vier Tage zuvor, als er im ebenfalls koreanischen Ulsan das deutsche Team ins Halbfinale gehievt hatte, 1:0 gegen die USA, Kopfball Ballack. Drei Treffer sind für ihn bei diesem Weltturnier notiert – einmal hatte er noch beim 8:0-Freudenfest gegen die Saudis eingeköpfelt –, dazu vier Assists, jedes Mal per Flanke, jedes Mal auf Miroslav Klose.

Glücklich müsste dieser Michael Ballack an diesem Abend in der südkoreanischen Capitale aussehen, doch zu seinem angeschlagenen Seelenzustand passt das Veilchen, das sein rechtes Auge blau unterlegt. »Mein Traum vom WM-Finale ist geplatzt«, flüstert Michael Ballack, »das ist das Bitterste für einen Fußballer.« Fürwahr. Vier Minuten vor seinem Einschuss in den südkoreanischen Kasten hatte der in der Offensive so effektive Mittelfeldspieler einen nicht minder wichtigen Defensivauftrag erfüllen müssen: Nachdem Torsten Frings im Mittelfeld sein Gegenspieler entwischt war, startete Lee Chun Soo, die Nummer 14 im Dress der »Reds«, entschlossen in Richtung Oliver Kahn, eskortiert

25. Juni 2002 in Seoul
Deutschland – Südkorea 1:0 (0:0)

DEUTSCHLAND: Kahn – Frings, Linke, Ramelow, Metzelder – Schneider (85. Jeremies), Hamann, Ballack, Bode – Klose (70. Bierhoff), Neuville (88. Asamoah)
SÜDKOREA: Lee W. J. – Choi J.C. (56. Lee M.S.), Hong (80. Seol), Kim T.Y. – Song, Yoo, Lee Y.P. – Park – Cha, Hwang (54. Ahn), Lee C.S.
Tor: 1:0 Ballack (75.)
Gelbe Karten: Ballack, Neuville – Lee M. S.
Schiedsrichter: Meier (Schweiz)
Zuschauer: 65 625

Stimmen zum Spiel

Südkoreas Trainer Guus Hiddink: »Wir sind natürlich enttäuscht, aber Deutschland ist in einigen Situationen eben erfahrener. In der zweiten Halbzeit hatten wir zu viel Respekt vor den Deutschen. Ich bin trotzdem sehr stolz auf das, was wir erreicht haben. Vielleicht war meine Mannschaft müde, aber ich will nicht nach Entschuldigungen suchen. Wir waren gut, hatten aber keine echte Torchance.«

DFB-Teamchef Rudi Völler: »Wir sind natürlich alle sehr glücklich, das Endspiel erreicht zu haben. Ich war mir schon in der Halbzeit sicher, dass wir heute den Gnadenstoß für die Südkoreaner setzen, weil wir ganz einfach die bessere Mannschaft waren. Dass Ballack ausfällt, ist eine Tragik. Er sitzt in der Kabine und weint.«

FIFA-Präsident Joseph Blatter: »Deutschland hat verdient gewonnen, während Südkorea meinen Respekt verdient, dass es so weit gekommen ist. Das deutsche Team hat sich einmal mehr als absolute Turnier-Mannschaft erwiesen.«

UEFA-Präsident Lennart Johansson: »Für die Zukunft des Fußballs und die WM 2006 ist es gut, dass Deutschland ins Finale gekommen ist. Ich bin sehr beeindruckt von der deutschen Mannschaft. Schließlich hat sie zuvor recht lausige Spiele gezeigt.«

Uwe Seeler (Ehrenspielführer der Nationalmannschaft): »Unsere Mannschaft hat verdient gewonnen. Ich hatte ein 2:1 vorhergesagt, nun ist es ein 1:0 geworden. Unsere Jungs haben taktisch gut gespielt, standen in der Abwehr sicher.«

Ausgeschieden: Guus Hiddink, holländischer Trainer der Südkoreaner, beklagte, dass sein Team zu viel Respekt vor dem Gegner gezeigt hätte.

Pressestimmen

»Gibt es denn keine Gerechtigkeit mehr? Kahn man es denn glauben? Köpft das Pils, holt Sauerkraut und Schnitzel, es ist Party-Time«
THE SUN (GROSSBRITANNIEN)

»Deutschland beendet Südkoreas unmöglichen Traum. Es war Deutschland beste Vorstellung in diesem Turnier, jetzt steht nur noch ein Gegner zwischen ihnen und einem Sieg, der noch vor zehn Monaten unmöglich schien, als England ihnen fünf reingehauen hat.«
DAILY MIRROR (GROSSBRITANNIEN)

»Die deutschen Roboter marschieren weiter.«
DAILY TELEGRAPH (GROSSBRITANNIEN)

»Deutschland ist zurück. Der dreimalige Weltmeister hat seine Werte im richtigen Moment wiedergefunden. Wie gewohnt. Ballack hat sich geopfert. Mit seinen 25 Jahren ist Michael Ballack zweifellos der künftige Chef der deutschen Mannschaft.«
L'EQUIPE (FRANKREICH)

»Wir lieben das südkoreanische Kämpferherz. Jetzt haben wir Zeit, darüber nachzudenken, wie wir so wunderbar Geschichte schreiben konnten. Die Begeisterung der Jugend kann die ganze Gesellschaft verändern und die Zukunft beeinflussen.«
CHOSUN ILBO (KOREA)

»Der Zug, der die Welt überrascht hat, ist vor der Endhaltestelle gestoppt worden.«
HANKYOREH (KOREA)

»Deutschland jubelt – Ballack weint.«
BLICK (SCHWEIZ)

Geschafft: Michael Ballack und Torsten Frings feiern den Finaleinzug des deutschen Teams. Zum ersten Mal bei einer Weltmeisterschaft sollte es nun gegen Brasilien gehen.

Und dann die Hände zum Himmel: Teamchef Rudi Völler, die deutschen Ersatzspieler und der ausgewechselte Oliver Neuville (ganz links) bejubeln nach dem Schlusspfiff von Schiedsrichter Urs Meier die Sensation – die DFB-Auswahl steht im Finale.

von drei Mitspielern und getrieben von dem Vorhaben, den Führungstreffer für seine Mannschaft anzufertigen.
Den sich 18 Meter vor dem deutschen Kasten entgegenstellenden Carsten Ramelow umkurvte der koreanische Linksaußen und hatte freien Lauf: Nun aber kommt Ballack aus dem defensiven Mittelfeldbereich angehetzt, macht ein langes Bein, rutscht, grätscht und mäht den torwilligen Gegenspieler von hinten um. Foul, Freistoß – Finale futsch. Denn es folgt die Gelbe Karte für Ballack. Es ist seine zweite nach der Vorrunde, die erste hatte er gegen Paraguay im Achtelfinale verbrochen, bedeutet gemäß der FIFA-Gerichtsbarkeit ein Spiel Sperre – selbst wenn es das Endspiel ist, Recht geht vor Gnade. Den so fatal patzenden Kollegen Frings hatte Ballack

Deutschland – Südkorea, 25. 6. 2002, 1:0 (0:0)

Nr.	Name	Pässe	zum Mitspieler	in %	Ballgewinne	Torschüsse	Fouls
2	Linke	72	47	65	12		1
21	Metzelder	40	21	53	11		1
5	Ramelow	74	49	66	17	1	
19	Schneider (bis 85.)	48	22	46	11		1
22	Frings	58	23	40	20	3	2
8	Hamann	72	48	67	19	1	
13	Ballack	26	15	58	5	2	1
9	Klose (bis 70.)	19	6	32	3	4	2
7	Neuville (bis 88.)	27	11	41	2	4	3
17	Bode	41	14	34	2	3	1
20	Bierhoff (ab 70.)	9	3	33	1		
16	Jeremies (ab 85.)	3	1	33	2		
14	Asamoah (ab 88.)	1					

noch auf dem Platz unmittelbar nach der gelben Sanktion angebrüllt, sei's drum, es hilft ja nichts. »Das ist ausgeräumt«, erzählt Ballack, frisch geduscht und das schwarze Haar gegelt, »Fehler passieren«, Schwamm drüber, »ist kein Thema mehr, es hätte jeden treffen können«, das Ungemach mit der Gelben Karte. »Es tut mir so Leid, dass ich den Ball verloren habe«, beteuerte Torsten Frings, aber solche Ballverluste ließen sich im Fußball halt nicht auf Null reduzieren. Schlimm nimmt es sich aber aus, dass es einen Mitspieler das womöglich größte Spiel seines Lebens kostet. Auch Frings sah den heulenden Ballack, ein Bild des Jammers, einfach nur »traurig«. Und einfach unglaublich, dass es gerade ihn traf, Michael Ballack. Denn er hatte doch dafür gesorgt, mit seinen drei Treffern in den Playoffs gegen die Ukraine, dass die Nationalelf bei diesem globalen Fußball-Showdown überhaupt mitmachen durfte.

Dieser Fußballspieler versucht sich stets um eine sehr gelassene Sichtweise der nicht immer sympathischen Dinge. Auch in dieser milden asiatischen Juni-Nacht müht er sich darum; allein, es mag ihm nicht gelingen, Phrasen helfen nicht. »Man kann es sich nicht aussuchen im Fußball«, sagt er, »das ist nun einmal Fußball.« Aber was hätte er anderes tun sollen? »Die waren in Überzahl«, erklärt Ballack, »es hätte ein Tor geben können.« Und dann wäre es aller Wahrscheinlichkeit vorbei gewesen mit dem Traum vom Endspiel, für Ballack wie für das gesamte Team. Entsprechend dankbar verneigen sich die anderen Spieler vor dem Kollegen. Ballack habe sich, so formulierte es Oliver Bierhoff, »für die Mannschaft geopfert«. Oliver Kahn, seit Jahresbeginn 2002 Würdenträger als Kapitän, hob die menschlichen Qualitäten der Teammitglieder hervor, als er sagte: »Daran sieht man, welchen Charakter diese Mannschaft hat.« Gewiss, für Ballack persönlich sei diese Finalstrafe »sicherlich tragisch«, so Kahn, doch »er musste dieses Foul für die Truppe machen«; und weil er dies so selbstlos zum Wohle des Gesamten getan hatte, »muss man den Hut vor ihm ziehen«.

Ein großes, allseits ehrliches Danke sollte Michael Ballacks Tränen trocknen. Doch es wirkte nicht. Obzwar Ballack erst gegen 1.30 Uhr das gemeinsame Mannschaftsessen verließ, todmüde von 90 Minuten Schwerstarbeit, schlief er in den folgenden Nachtstunden keine Sekunde. Tags darauf quälte er sich zwar schon wieder ein Lächeln aus den Mundwinkeln, »noch immer leer im Kopf«, in dem nonstop der Gedanke ans Finale hämmerte. »Vielleicht«, mühte sich Ballack zu witzeln, »ist es ja besser, wenn ich nicht spiele« – er, der Abo-Zweite. Ein schlechter Scherz, von ihm, dem Zuarbeiter und Vollender. Gleichwohl schätzte Käpt'n Kahn die Chancen auf den Welttitel auf »fünfzig zu fünfzig«, weil die Seinen »phasenweise über sich hinaus gewachsen« seien. Also fasste Kahn in selbstgewisser Zuversicht zusammen: »Jetzt können wir Weltmeister werden.« Sowieso logisch, dass sie es wollten. Auch für Michael Ballack.

Trophäe: Defensivallrounder Jens Jeremies von Rekordmeister Bayern München sicherte sich nach dem Erfolg das Trikot von Südkoreas Legende Hong Myung Bo.

Gesamtbilanz

Deutschland		Südkorea
1	Tore	0
18	Torschüsse	8
12	begangene Fouls	18
519	Pässe	501
251	zum Mitspieler	260
49	Passbilanz in %	52
49%	Zweikampfbilanz	51%
50%	Ballbesitz	50%
2	Gelbe Karten	1
0	Rote Karten	0
0	Abseits	2
9	Ecken	5
20	Freistöße	12
0	Strafstöße	0

Brasilien – Türkei 1:0

Ronaldo mit dem sechsten Streich

Gemeinhin genießt der Fußballer vom Zuckerhut den Ruf, etwas Besonderes zu sein. Geniale Spielzüge, Hackentricks am Fließband und grandiose Finten führten in der Historie der Weltmeisterschaften dazu, dass sich die Pelé, Garrincha, Vava und Jairzinho, die Romario und Bebeto gleich vier Mal in der Siegerliste verewigen konnten: 1958, 1962, 1970 und 1994. Nur den Zico und Socrates, den Stars der 80er Jahre war der große Wurf verwehrt geblieben. Trotz ebenso gezeigter Kabinettstückchen am laufenden Band, am Ende siegten immer die anderen.

Die Generation 2002 hingegen verkörpert ein anderes Brasilien. Klar, der Zauber wird nie verfliegen, der Glanz nie verblassen. Doch wo es früher am Ende nach tollem Spiel eine unglückliche Niederlage zu beklagen gab, wird jetzt gejubelt. In Gelb und Blau. Spiel für Spiel, ob in der Vorrunde oder den darauf folgenden K.-o.-Partien. Egal, ob die Anzeigetafel lediglich ein 1:0 vermeldet. Der Erfolg ist der Star. Und der Stern glüht weiter – bis zum Finale. Sechs Partien absolvierten die Brasilianer bis dato, und ebenso oft gingen sie als Gewinner vom Platz, gleich zwei Mal gegen die Türken. 2:1 hieß es in der Gruppenphase, nun 1:0 im Halbfinale. Knapp, gewiss, aber dennoch verdient ob der gezeigten Leistungen. Und das ohne Ronaldinho, den kleinen Ronaldo. Gesperrt wegen einer im Viertelfinale gegen England erhaltenen Roten Karte. Ungerecht? Egal! Der Kleine nicht dabei, dann muss halt der Große ran. Wieder einmal, in unnachahmlicher Art, Ronaldo, das Phänomen. Nicht per Fallrückzieher, nicht mit dem Außenrist, nicht in den Winkel. Aus halblinker Position, mit der rechten Fußspitze, flach über der Grasnarbe, zudem wie an der Schnur gezogen zischte des Stürmers Spielgerät gen türkischen Kasten und ließ Keeper Rüstü alt aussehen. Ohne Zauber ging's allerdings auch beim entscheidenden Treffer nicht, hatte der brasilianische Superstar doch gleich fünf Defensivleute des Gegners düpiert, bevor es zum finalen Akt der 49. Minute kam.

So zeigte die Bilanz für Ronaldo: sechs Spiele, sechs Treffer, die alleinige Führung in der Torschützenliste. Vor Teamkamerad Rivaldo und dem Deutschen Miroslav Klose. Erwartet werden durfte der Showdown der Traditionsteams im Finale. Und prompt erinnerte sich Luiz Felipe Scolari, der Übungsleiter der Selecao, an den 1. Dezember 2001, den Tag der WM-Auslosung. Auf Kollege Rudi Völler war Scolari da getroffen und hatte »festgestellt, dass sich beide Teams mit Hängen und Würgen qualifiziert hatten«.

»Wer weiß«, so flachsten die Trainer damals, »vielleicht sehen wir uns im Finale wieder.«

Sieh an, aus Fantasien wurden Fakten. Nicht zuletzt dank Ronaldo. Einen Meilenstein könnte jedoch Kapitän Cafu setzen, der bereits in den Endspielen 1994 (eingewechselt, Sieg gegen Italien) und 1998 (Niederlage gegen Frankreich) im Finale dabei war. Drei Endspiele in Folge bestritten, das war bisher keinem Akteur bei einem Weltturnier vergönnt gewesen. Und so träumten sie weiter – von Rekorden und dem fünften WM-Titel.

Ausgeträumt hatten dafür die Türken, doch die Tränen trockneten schnell. Zu weit waren sie gekommen, um wirklich gefrustet zu sein. Klar, den letzten Schritt hätten die Männer vom Bosporus liebend gern gemacht, doch bereits jetzt waren sie Volkshelden in Istanbul, Ankara und Izmir. Nicht zu vergessen in Berlin, vornehmlich Kreuzberg, und all jenen deutschen Städten, in denen Türken während der WM-Tage ihre fröhlichen Feste feierten.

48 Jahre nach dem ersten Auftritt beim Welt-Cham-

Sicherer Rückhalt: Keeper Marcos, vor der Weltmeisterschaft als Schwachpunkt der Brasilianer ausgemacht, überzeugte durch solide Vorstellungen und musste auch gegen die Türkei nicht hinter sich greifen.

Sturmtank: Superstar Ronaldo, der hier Ümit Davala (rechts) aussteigen ließ, erzielte gegen die Türkei seinen sechsten Treffer im sechsten Spiel, Brasilien durfte über den sechsten Finaleinzug jubeln.

pionat, dem zweiten Erreichen einer Endrunde überhaupt, war es den Türken gelungen, mehr als ein Achtungszeichen zu setzen. »Sicher«, sagte Ilhan Mansiz, Schütze des Golden Goal gegen den Senegal, »wir sind nicht auf die wirklichen Kracher getroffen. Aber wir haben gezeigt, dass man mit uns in den nächsten Jahren rechnen muss.« Stimmt, angesichts des enormen Potenzials an jungen Himmelsstürmern. Ob Ilhan, dem flugs ein Angebot von Chievo Verona aus der italienischen Serie A auf den Tisch flatterte, ob Hasan Sas. Der 25-Jährige von Galatasaray Istanbul bestach im gesamten Turnierverlauf durch Übersicht, glänzende Pässe und Torgefährlichkeit. Und durfte sich hernach über Offerten des AC Mailand, von Real Madrid und Aston Villa freuen.

Selbst Senol Günes hatten sie plötzlich alle lieb. Dem Trainer, scharf kritisiert, ja angefeindet von der türkischen Presse vor dem Turnier, wurde die sofortige Vertragsverlängerung angeboten, galt er doch jetzt als Volksheld. Mehr noch, in seiner Heimatstadt Trabzon trieb die Verehrung seltsame Blüten: Gut, eine Straße wird den Namen »Senol Günes Caddessi« tragen, ein Stadion nach ihm benannt werden. Aber dass sie dem ehemals Ungeliebten ein Denkmal im Stadtzentrum errichten? Schließlich hatte die Türkei ja »nur« das Halbfinale erreicht.

Sei's drum. Die Brasilianer durften sich der Verehrung ihrer Fans ebenso gewiss sein. Denn nicht umsonst genießen Rivaldo, Ronaldo und Ronaldinho den Ruf, etwas Besonderes zu sein.

Auf der Suche nach dem Tor: Hakan Sükür (im Flug) blieb auch in seinem sechsten WM-Einsatz ohne Erfolgserlebnis, obwohl er sich gegen Edmilson durchsetzte.

26. Juni 2002 in Saitama
Brasilien – Türkei 1:0 (0:0)

BRASILIEN: Marcos – Lucio, Edmilson, Roque Junior – Cafu, Gilberto Silva, Roberto Carlos – Kleberson (85. Beletti), Rivaldo – Edilson (75. Denilson), Ronaldo (68. Luizao)
TÜRKEI: Rüstü – Fatih, Alpay, Bülent, Ergün – Ümit Davala (74. Mustafa Izzet), Tugay, Emre Belözoglu (62. Ilhan) – Bastürk (88. Arif), Hasan Sas – Hakan Sükür
Tor: 1:0 Ronaldo (49.)
Gelbe Karten: Gilberto Silva – Tugay, Hasan Sas
Schiedsrichter: Nielsen (Dänemark)
Zuschauer: 61 058

Rainer Holzschuh: »DFB-Team endlich konzentriert, strategisch, kraftvoll«

Mit wenigen Ausnahmen lieferten Halbfinals, seit die FIFA sie mit der WM 1982 wieder neu einführte, nur knappe Ergebnisse. Deutschland (1982 über Frankreich) und Brasilien (1998 über Holland) benötigten jeweils gar ein Elfmeterschießen, um das Finale zu erreichen. Das zeigt, wie ausgeglichen eine Weltmeisterschaft verläuft, je näher sie dem Ende entgegen rückt. Die WM 2002 belegt diesen Trend mit den vier hauchdünnen Viertelfinal-Siegen und den zwei 1:0-Erfolgen im Halbfinale.

Je mehr das Endspiel in Sichtweite kommt, umso stärker rücken Spieler mit dem absoluten Siegeswillen in den Vordergrund. Sich hängen zu lassen, vorzeitig aufzugeben, widerspricht der Mentalität aller, die bereits derart weit in einem Turnier vorgedrungen sind. Und in der Regel stehen unter den Besten der Welt auch die Mannschaften, die auf eine grundsolide Abwehrarbeit vertrauen können.

Die beiden Halbfinals in Korea und Japan setzten diese Tradition unverändert fort. Dabei offenbarten die beiden Spiele erfreulicherweise ein hohes Maß an Spielkultur. Besonders die Partie in Saitama riss mit ihrer Dynamik die Zuschauer im Stadion und in aller Welt zu Begeisterungsstürmen hin. Solch ein Feuerwerk, wie es die Brasilianer mit ihren blitzschnellen Sturm-Rochaden, mit ihrem traumwandlerisch sicheren Passspiel bei höchstem Tempo und über weiteste Distanz abspulten, hat man in einem solch bedeutenden Spiel lange nicht mehr gesehen. So bravourös, wie die Türken jedoch gegenhielten, wie sie feine Kombinationen oder – manchmal etwas übertriebene – elegante Dribblings demonstrierten, überraschten sie alle, auch wenn Fachleuten das hohe Maß an technischen Fertigkeiten der Türken längst bekannt ist. Diese 90 Minuten von Saitama bewiesen, dass auch der moderne Fußball höchsten Unterhaltungswert besitzen kann trotz der Intensität, mit der Trainer heutzutage Wert auf taktische Vollkommenheit und Disziplin setzen. Dieses 1:0 spiegelt längst nicht die Dynamik wider, mit der beide Mannschaften sich Torchancen in Hülle und Fülle erarbeiteten, ja erspielten und – man verzeihe – erzauberten. So muss man sich ein Spiel vorstellen wenn man von absolutem Weltklasse-Fußball schwärmt!

Leverkusener unter sich: Im Halbfinale trafen der Türke Yildiray Bastürk und Lucio aufeinander, letztlich hatte der Brasilianer mit dem knappen 1:0 die Nase vorn und zog ins Endspiel gegen Deutschland ein.

Den Türken ist mit dieser Partie endgültig der Sprung auf ein Niveau gelungen, dem sie bisher nur in Ansätzen folgen konnten. Eine solche Leistung gibt Selbstvertrauen und lässt – sofern der aktuelle Glanz nicht zu übermäßigen Fehlern verleitet – für die Zukunft auf weitere Höhepunkte hoffen.

Verglichen mit Brasilianern und Türken lieferten Deutsche und Südkoreaner tags zuvor in Seoul nur handwerkliche Arbeit ab. Die jedoch war sauber und aller Ehren wert. Vor allem das DFB-Team steigerte sich endlich und zeigte Fußball, wie er Deutschland im Ausland nachgesagt wird: Höchst konzentriert, strategisch gereift, kraftvoll, mit der Tugend der mannschaftlichen Geschlossenheit ausgezeichnet – ein Wort, das von Trainern und Spielern vielfach überstrapaziert wird, aber auf diesen 25. Juni zutraf. Teamwork war den Deutschen zu eigen, durch nichts besser zu belegen als durch Ballacks notwendiges taktisches Foul, durch das er sich – gelbgesperrt – aus dem Finale selber ausschloss, der Mannschaft aber das endgültige Weiterkommen sicherte.

Das Halbfinale in Zahlen

Deutschland – Südkorea	1:0
Brasilien – Türkei	1:0

Drei Mal hintereinander genügte Deutschland also ein 1:0-Erfolg, um nach den Gruppenspielen bis ins Finale durchzustarten. Das letzte 1:0 jedoch bewies, dass diese Mannschaft ansehnlicher aufzutrumpfen versteht als in den bescheidenen Begegnungen gegen Paraguay und die USA. Sogar spielerisch durchaus sehenswerte Passagen überraschten die vielen ausländischen Kritiker. In den wenigen gefährlichen Situationen genügte das Vertrauen in Oliver Kahn, um zweifelnde Gedanken an das Finale kaum aufkommen zu lassen.

Die Südkoreaner nahmen mit diesem Spiel Abschied von ihren Ambitionen. Ein Abschied, der nicht allzu schwer fiel bei dieser an Überraschungen strotzenden WM. Keiner hatte der Mannschaft das Vordringen bis ins Halbfinale zugetraut. Jedem musste andererseits klar sein, dass nach den kräftezehrenden Verlängerungen der vorherigen Spiele ein nochmaliges Bündeln des Willens kaum möglich schien. Spritzigkeit und Temperament fehlten trotz der nie enden wollenden Begeisterung auf den Rängen.

Mit Südkorea und der Türkei verabschiedeten sich die beiden letzten Emporkömmlinge des internationalen Fußballs aus diesem denkwürdigen Turnier und machten Platz für ein Finale der Tradition.

59 Bundesliga-Stars in 19 Teams

Klar, das deutsche Team setzte sich hauptsächlich aus Bundesliga-Profis zusammen, lediglich Oliver Bierhoff (AS Monaco), Dietmar Hamann (FC Liverpool) und Christian Ziege (Tottenham Hotspur) verdienen ihr Geld im Ausland. Insgesamt bauten neben der DFB-Auswahl (20 Spieler) 18 Teams auf »deutsche Hilfe« und beriefen 39 Spieler aus Bundesliga und Zweiter Liga in ihre WM-Kader. Mit jeweils sechs die stellten hierbei Bayer Leverkusen, Bayern München und Schalke 04 die meisten Akteure.

Hier eine Übersicht aller in deutschen Ligen aktiven ausländischen WM-Akteure:

Argentinien (1): Diego Placente (Bayer Leverkusen)
Belgien (4): Bart Goor (Hertha BSC Berlin), Nico van Kerckhoven (Schalke 04), Sven Vermant (Schalke 04), Marc Wilmots (Schalke 04)
Brasilien (1): Lucio (Bayer Leverkusen)
China (1): Chen Yang (Eintracht Frankfurt)
Dänemark (1): Ebbe Sand (Schalke 04)
England (1): Owen Hargreaves (Bayern München)
Frankreich (2): Bixente Lizarazu (Bayern München), Willy Sagnol (Bayern München)
Kamerun (1): Rigobert Song (1. FC Köln)
Kroatien (7): Niko Kovac (Bayern München), Robert Kovac (Bayern München), Josip Simunic (Hertha BSC Berlin), Zvonimir Soldo (VfB Stuttgart), Davor Suker (1860 München), Jurica Vranjes (Bayer Leverkusen), Boris Zivkovic (Bayer Leverkusen)
Nigeria (1): Taribo West (1. FC Kaiserslautern)
Paraguay (1): Roque Santa Cruz (Bayern München)
Polen (6): Tomasz Hajto (Schalke 04), Radoslaw Kaluzny (Energie Cottbus), Tomasz Klos (1. FC Kaiserslautern), Pawel Kryszalowicz (Eintracht Frankfurt), Jacek Krzynowek (1. FC Nürnberg), Tomasz Waldoch (Schalke 04)
Schweden (1): Andreas Jakobsson (Hansa Rostock)
Slowenien (4): Spasoje Bulajic (1. FC Köln), Aleksander Knavs (1. FC Kaiserslautern), Dzoni Novak (SpVgg Unterhaching), Rajko Tavcar (1. FC Nürnberg)
Südafrika (2): Delron Buckley (VfL Bochum), Bradley Carnell (VfB Stuttgart)
Türkei (1): Yildiray Bastürk (Bayer Leverkusen)
Tunesien (1): Adel Sellimi (SC Freiburg)
USA (3): Steve Cherundolo (Hannover 96), Frankie Hejduk (Bayer Leverkusen), Anthony Sanneh (1. FC Nürnberg)

Stand der Angaben: WM-Beginn

Duell der Außenseiter: Die Türkei mit dem zweimaligen Torschützen Ilhan Mansiz (links) und Tugay erwies sich für Südkorea und Lee Young Pyo (Nummer 10) als eine Nummer zu groß. Trotzdem feierten beide Teams den größten Erfolg der Verbandsgeschichte.

Spiel um Platz 3

Die Tränen nach den verlorenen Halbfinals waren getrocknet. Jetzt galt es, zum letzten Mal die Kräfte zu mobilisieren, alles aus sich heraus zu holen. Und so boten die Überraschungsteams aus Südkorea und der Türkei den Fans, wonach diese gierten: Offensivfußball von der ersten Sekunde an. Am Ende siegten die Türken, sorgten mit Hakan Sükürs Treffer nach bereits elf Sekunden zudem für einen WM-Rekord.

Vom "Esel" zum Helden: Fans und Medien sahen den türkischen Trainer Senol Günes bereits vor dem Turnier auf der Abschussliste, am Ende ließen ihn nicht nur die Spieler hochleben.

Südkorea – Türkei 2:3

Hakan Sükür trifft, die Türken feiern

Da soll noch einer sagen, dieses Spiel gehöre abgeschafft – so, wie es die Herren FIFA-Funktionäre 1998 einmal andachten. Nein, sei hiermit gesagt, bitte nicht! Wann denn bei einem WM-Turnier sieht man solch offensiven Fußball. Frei von taktischen Zwängen, einfach munter drauf los. So munter, dass in Daegu gar ein Stückchen Fußballgeschichte geschrieben wurde: Fehler Hong, Ilhan als Spitzel, Hakan Sükür der Vollstrecker, bereits nach 11 Sekunden. Und somit der schnellste Torerfolg der 72-jährigen Weltmeisterschafts-Historie. Erzielt von dem Mann, dem der türkische Trainer Senol Günes sieben Spiele lang die Treue hielt. Von jenem Hakan Sükür, der zuvor mehr neben sich als auf dem Platz stand. Nun, endlich, hatte er getroffen – und war so befreit von einer Zentnerlast, dass er, als sei's ein Kinderspiel, die Treffer zwei und drei der türkischen Auswahl von Ilhan gleich mit vorbereitete. Respekt.

So blieb es lange Zeit ruhig im weiten Rund und unter den geschätzten 4,3 Millionen Koreanern, die, Rot gewandet wie immer, die Partie auf Großleinwänden verfolgten. Oder das, was man angesichts der sonstigen Ekstase ruhig nennen kann. Nur einmal, beim 1:1, da brach der Vulkan aus. Ansonsten: Den Fans schien die Kraft genauso auszugehen wie den verehrten Akteuren auf dem Platz. Gerannt waren diese von der ersten Minute des Spiels gegen Polen am 4. Juni an, knapp vier Wochen später war der Akku leer. Und so musste Guus Hiddink, der überaus erfolgreiche holländische Coach Südkoreas, zum zweiten Mal in Folge einen vierten Platz beim Weltturnier hinnehmen. 1998, in Frankreich, hatte er mit den Niederlanden gegen Kroatien den Kürzeren gezogen. Vier Jahre später auch deshalb, weil mit Choi Jin Cheul und Kim Tae Young die etablierte Manndeckung verletzungsbedingt fehlte, Routinier Hong Myung Bo zudem mehrfach in der Zentrale patzte. Dabei war es gerade die Verteidigung, die den Gastgeber so lange im Turnier gehalten hatte. Nun, im kleinen Finale, war alles Makulatur. Erstmals kassierten die »roten Teufel« drei Gegentore – so viele wie im gesamten Turnier davor zusammen.

Für die Türkei jedoch hatte das Märchen in Fernost ein zauberhaftes Ende genommen. Zum zweiten Mal überhaupt bei einer Weltmeisterschaft dabei, sicherten sich die Männer vom Bosporus den dritten Rang. Und sie werden heilfroh gewesen sein, dass die Herren von der FIFA ihre Gedanken von 1998 nicht in Taten umgesetzt hatten.

Traumstart: Hakan Sükür traf bereits nach elf Sekunden zur Führung, Youngster Ilhan (links) düpierte noch vor der Halbzeitpause gleich zwei Mal Südkoreas Keeper Lee Woon Jae.

29. Juni 2002 in Daegu

Südkorea – Türkei 2:3 (1:3)

SÜDKOREA: Lee W. J. – Yoo, Hong (46. Kim T. Y.), Lee M. S. – Song, Lee Y. P., Lee E. Y (65. Cha) – Park – Seol (79. Choi T.U.), Ahn, Lee C. S.
TÜRKEI: Rüstü – Fatih, Alpay, Bülent, Ergün – Ümit Davala (76. Okan), Tugay, Emre Belözoglu (41. Hakan Ünsal) – Baştürk (86. Tayfur) – Ilhan, Hakan Sükür
Tore: 0:1 Hakan Sükür (1.), 1:1 Lee E. Y. (9.), 1:2 Ilhan (13.), 1:3 Ilhan (32.), 2:3 Song (90./+3)
Gelbe Karten: Lee E. Y. – Tugay, Rüstü
Schiedsrichter: Mane (Kuwait)
Zuschauer: 63 483

Nur einer kann gewinnen: In den nationalen Ligen reichte es für Cafu (links) mit dem AS Rom und Oliver Neuville mit Bayer Leverkusen nur zum zweiten Rang. Der Brasilianer schließlich rettete seine Saison mit dem WM-Titel, dem deutschen Stürmer blieb wieder nur das Nachsehen.

Finale

Es war das Duell der Traditionsteams. Hier Brasilien mit vier WM-Titeln, da Deutschland mit deren drei – im Vorfeld reduziert auf den Zweikampf Ronaldo gegen Kahn. Bester Stürmer gegen besten Torhüter. Kreativität gegen Sicherheit. Nach 90 Minuten sahen sich die Auguren bestätigt: Ronaldo hatte zwei Mal getroffen, Kahn ein Mal gepatzt. Und die Selecao feierte ihren fünften Triumph bei einer WM.

Duell der Topstars: Vor dem Endspiel begrüßten sich Ronaldo und Oliver Kahn, in der 67. Minute dann schoss der Stürmer zur brasilianischen Führung ein.

Nicht zu stoppen: Ronaldo sicherte sich mit acht Treffern den Titel des erfolgreichsten Goalgetters und schloss mit nun insgesamt zwölf WM-Toren zu seinem Idol Pelé auf.

Deutschland – Brasilien 0:2

Kahn-Patzer ließ Ronaldo jubeln

Der Pfosten musste als Stütze herhalten. Der linke, vom Keeper aus gesehen. An jenem Torgestänge aus Aluminium lehnte Oliver Kahn nach der Partie. Die Beine verschränkt, das Kaugummi im Schleudergang. Abwesend, obwohl das Stadion feierte. In Gedanken, obwohl um ihn herum Trubel herrschte. Nacheinander, ausnahmslos, kondolierten die deutschen Akteure ihrem Kapitän. Ebenso Teamchef Rudi Völler. Und, welch große Geste, Schiedsrichter Pierluigi Collina. Alle waren sie da für den Mann, der Großes vollbracht hatte im Laufe des Turniers. Sechs Spiele lang, und 66 Minuten. Im Finale, dem Showdown.

Dann kam sie, die ominöse 67. Minute im International Stadium zu Yokohama: Eindeutig war die Situation, gefahrlos, dachten die deutschen Akteure und befanden sich allesamt in der Vorwärtsbewegung. Doch plötzlich ging's blitzschnell. Dietmar Hamann verlor gegen Ronaldo den Ball, die Abwehr befand sich in Unterzahl. Rivaldo schoss, Kahn versuchte statt zu fausten den Ball aufzunehmen. Kein Problem. Dachte er höchstselbst, hatte er doch erst einen Treffer in sechs absolvierten Spielen kassiert. Und dachte die deutsche Defensivabteilung, die dem Schuss nicht nachging. Dann das schier Unfassbare: Kahn patzte, Ronaldo stand, wo ein Torjäger seines Kalibers stehen muss – und traf zum 1:0 für Brasilien. Gegen Kahn, den Titanen, den bis dato alles überragenden Schlussmann dieser Weltmeisterschaft. Tor, Aus und vorbei, spätestens zwölf Minuten später, als erneut Ronaldo einnetzte. Das »Phänomen« hatte zugeschlagen, gnadenlos, unerbittlich, ohne Skrupel. Zum achten Mal in sieben Spielen, zum zwölften Mal bei einem Welt-Championat insgesamt. Ronaldo schloss auf zu Pelè, dem großen. Ach was, dem größten aller brasilianischen Kicker. Und die Selecao, das Erfolgsteam, das Land, feierte einen weiteren Meilenstein: den fünften Erfolg bei einer Weltmeisterschaft. 14 Endspiele hatte es nach dem Zweiten Weltkrieg gegeben, bis auf 1978 hatten entweder Deutschland (drei Titel) oder Brasilien (vier Erfolge) im Finale gestanden. Nun waren die Traditionsteams erstmals aufeinandergetroffen bei einer Endrunde. Auf der einen Seite die DFB-Auswahl, die sich zuvor mehr schlecht als recht durch den globalen Wettbewerb gekämpft hatte. Die sich, Klose, Ballack und Hamann mögen's verzeihen, lediglich auf einen Akteur hundertprozentig verlassen konnte – Oliver Kahn.

Auf der anderen Seite die Zauberer vom Zuckerhut. Rivaldo, Ronaldo und Ronaldinho, die gemeinsam 15 der 18 brasilianischen Treffer erzielten. Keine Teamspieler, zugegeben, aber eben jederzeit in der Lage, mit einem einzigen, winzigen Pass des Gegners Formation ins Leere laufen zu lassen. Hacke, Spitze, eins, zwei drei. Und trotz aller Kabinettstücken immer so effektiv, dass ein weiterer Rekord heraussprang. Noch nie zuvor hatte es bei einer Weltmeisterschaft eine Mannschaft gegeben, die sämtliche ihr gestellten Aufgaben ohne Makel löste: Sieben Spiele, sieben Siege. Respekt.

Besonders für zwei Akteure: Da ist natürlich Cafu zu nennen, jener ursprünglich defensiv ausgerichtete Flügelmann auf der rechten Seite, der den eigenen Strafraum allerdings nur vom Hörensagen kennt. Jenem Cafu, 32 Jahre alt, der seit Jahren beim AS Rom in der italienischen Serie A seine Lira, jetzt Euro verdient, wurde die Ehre zuteil, als erster Spieler bei drei aufeinander folgenden Finalbegegnungen eingesetzt zu werden. Diesmal gar als Kapitän. Zwei davon, nicht ganz unwichtig, beendete Cafu erfolgreich.

Der zweite Held, kein Frage: Ronaldo. Ein Lausbub mit schier unglaublicher Geschichte, die in den vergangenen Jahren geprägt war von Selbstzweifeln, Verletzungen, eben der gesamten Palette, die das Fußball-Geschäft an Nebenwirkungen aufzubieten hat. 1994 in den USA schmorte das Wunderkind mit der überdimensionalen Zahnlücke als 17-Jähriger 90 finale Minuten auf der harten Auswechselbank. Verschmäht von Carlos Alberto Parreira – der Titel, im Elfmeterschießen über Italiens Squadra Azzurra

Kunst und Kampf: Während Brasiliens Ronaldinho (Nummer 11) im gesamten Turnier für technische Feinheiten stand, repräsentierte Jens Jeremies (Mitte) den Arbeiterstil.

Abschied: Nach dem Weltmeisterschafts-Finale und 40 Länderspielen erklärte der Bremer Marco Bode (Mitte), hier beobachtet von Neuville (links) und bedrängt von Ronaldinho, seinen Rücktritt aus der Nationalmannschaft.

Pressestimmen

»Die Deutschen haben sich dem Spiel nicht verweigert, mussten sich aber von den individuellen Glanzlichtern der Brasilianer geschlagen geben.«
L'EQUIPE (FRANKREICH)

»Brasilien, auferstanden nach seinem Albtraum 1998, lässt seine Legende wieder aufleben.«
LIBERATION (FRANKREICH)

»Nun kennen auch die Deutschen das Gefühl: Du glaubst, die Brasilianer schon fast am Boden zu haben – und dann zieht es dir plötzlich selber die Beine weg.«
NEUE ZÜRCHER ZEITUNG (SCHWEIZ)

»Brasilien ist groß, Ronaldo sein Prophet.«
CORRIERE DELLA SERA (ITALIEN)

»Der König der Welt – Deutschland spielt besser, aber Brasilien behält dank seiner Champions die Oberhand.«
GAZZETTA DELLO SPORT (ITALIEN)

»Brasilien dank Ronaldos Toren im Himmel.«
LA REPUBBLICA (ITALIEN)

»Trainer Scolari hat das stärkste Königreich wieder aufgebaut. Kahn hat verloren. Dem besten Torwart der Welt ist leider ein schmerzhafter Fehler unterlaufen. 2006 wird Deutschland ganz oben stehen.«
SPORTS HOCHI (JAPAN)

Stimmen zum Spiel

DFB-Teamchef Rudi Völler: »Wenn man ein Endspiel verliert, ist die Enttäuschung natürlich immer groß. Auch wenn man gegen so eine Klasse-Mannschaft wie Brasilien verliert, was sicher keine Schande ist, ist es bitter. Die Brasilianer waren bei dieser WM sicher die beste Mannschaft, auch wenn sie immer mal wieder kleinere Schwierigkeiten gehabt haben.«

Brasiliens Trainer Luiz Felipe Scolari: »Brasilien ist wieder zurück an der Spitze. Das ist das Resultat harter Arbeit. Die Leute daheim wissen, dass wir großartige Arbeit geleistet haben. In diesem Spiel haben wir uns den zwischenzeitlich verloren gegangenen Respekt zurückgeholt. Wir hatten die positive Energie und den Siegeswillen, den man in einem Finale braucht.«

Jürgen Klinsmann (Weltmeister 1990): »Es tut natürlich weh, gerade für Olli Kahn, der uns mit seinen überragenden Leistungen erst ins Endspiel gebracht hat. Aber: Das Ergebnis geht natürlich in Ordnung. Die Brasilianer waren einfach abgezockter. Vizeweltmeister – das ist doch auch toll.«

Bundeskanzler Gerhard Schröder: »Ich bin nicht enttäuscht. Es war ein großes Spiel einer fantastischen Mannschaft. Natürlich ist auch ein bisschen Wehmut dabei, es hätte auch klappen können. Bei der WM 2006 können wir uns noch steigern.«

30. Juni 2002 in Yokohama
Deutschland – Brasilien 0:2 (0:0)

DEUTSCHLAND: Kahn – Linke, Ramelow, Metzelder – Frings, Hamann, Jeremies (77. Asamoah), Bode (84. Ziege) – Schneider – Klose (74. Bierhoff), Neuville
BRASILIEN: Marcos – Lucio, Edmilson, Roque Junior – Cafu, Gilberto Silva, Roberto Carlos – Kleberson – Ronaldinho (85. Juninho), Ronaldo (90. Denilson), Rivaldo
Tore: 0:1 Ronaldo (67.), 0:2 Ronaldo (79.)
Gelbe Karten: Klose – Roque Junior
Schiedsrichter: Collina (Italien)
Zuschauer: 69 029

Flagge zeigen: Ronaldinho (Foto oben) und Ronaldo gehörten zu den herausragenden Spielerpersönlichkeiten der WM – nicht nur im Team des neuen Weltmeisters.

Die ewige WM-Tabelle

	Spiele	Tore	Punkte
1. BRASILIEN	87	191:82	194
2. DEUTSCHLAND	85	176:106	168
3. ITALIEN	70	110:67	134
4. ARGENTINIEN	60	102:71	101
5. ENGLAND	50	68:45	81
6. FRANKREICH	44	86:61	70
7. SPANIEN	45	71:53	69
8. UdSSR/RUSSL.	37	64:44	57
9. Jugoslawien	37	60:46	56
10. SCHWEDEN	42	71:65	56
11. URUGUAY	40	65:57	55
12. Holland	32	56:36	51
13. Ungarn	32	87:57	48
14. POLEN	28	42:36	47
15. MEXIKO	41	43:79	41
16. Österreich	29	43:47	40
17. BELGIEN	36	46:63	39
18. CSSR/CSFR	30	44:45	38
19. Rumänien	21	30:32	29
20. Chile	25	31:40	27
21. DÄNEMARK	13	24:18	23
22. PARAGUAY	19	25:34	22
23. PORTUGAL	12	25:16	21
24. Schweiz	22	33:51	21
25. USA	22	25:45	20
26. KAMERUN	17	15:29	19
27. Schottland	23	25:41	19
28. KROATIEN	10	13:8	18
29. Bulgarien	26	22:53	17
30. TÜRKEI	10	20:17	16
31. Peru	15	19:31	15
32. SÜDKOREA	21	19:49	15
33. IRLAND	13	10:10	14
34. Nordirland	13	13:23	14
35. NIGERIA	11	14:16	13
36. Kolumbien	13	14:23	11
37. COSTA RICA	7	9:12	10
38. Marokko	13	12:18	10
39. Norwegen	8	7:8	9
40. SENEGAL	5	7:6	8
41. DDR	6	5:5	8
42. JAPAN	7	6:7	7
43. Algerien	6	6:10	7
44. SAUDI-ARABIEN	10	7:25	7
45. Wales	5	4:4	6
46. SÜDAFRIKA	6	8:11	6
47. TUNESIEN	9	5:11	6
48. Nordkorea	4	5:9	4
49. Kuba	3	5:12	4
50. Iran	6	4:12	4
51. ECUADOR	3	2:4	3
52. Jamaika	3	3:9	3
53. Honduras	3	2:3	2
54. Israel	3	1:3	2
55. Ägypten	4	3:6	2
56. Kuwait	3	2:6	1
57. Australien	3	0:5	1
58. Bolivien	6	1:20	1
59. Irak	3	1:4	0
60. SLOWENIEN	3	2:7	0
61. Kanada	3	0:5	0
62. Nl. Antillen	1	0:6	0
63. VA Emirate	3	2:11	0
64. CHINA	3	0:9	0
65. Neuseeland	3	2:12	0
66. Griechenland	3	0:10	0
67. Haiti	3	2:14	0
68. Zaire	3	0:14	0
69. El Salvador	6	1:22	0

WM-Teilnehmer 2002 in Großbuchstaben

Gesamtbilanz

Deutschland		Brasilien
0	Tore	2
17	Torschüsse	13
22	begangene Fouls	19
511	Pässe	417
264	zum Mitspieler	187
52	Passbilanz in %	45
51%	Zweikampfbilanz	49%
56%	Ballbesitz	44%
1	Gelbe Karten	1
0	Rote Karten	0
2	Abseits	1
13	Ecken	3
20	Freistöße	23
0	Strafstöße	0

Seht her, ich hab's geschafft: Kapitän Cafu auf dem Höhepunkt seiner Karriere. Nach dem WM-Titel 1994 und dem zweiten Platz 1998 durfte der 32-Jährige erneut über einen Triumph beim Welt-Championat jubeln.

Deutschland – Brasilien, 30. 6. 2002, 0:2 (0:0)

Nr.	Name	Pässe	zum Mitspieler	in %	Ballgewinne	Torschüsse	Fouls
2	Linke	34	22	65	12	1	2
21	Metzelder	39	30	77	13	2	3
5	Ramelow	62	38	61	19		2
19	Schneider	45	21	47	4		3
22	Frings	59	23	39	14	3	
16	Jeremies (bis 77.)	43	27	63	11	4	1
8	Hamann	43	30	70	12	3	4
9	Klose (bis 74.)	26	9	35	2	1	2
7	Neuville	32	17	53	5	1	1
17	Bode (bis 84.)	37	15	41	9		2
20	Bierhoff (ab 74.)	6	4	67		1	1
14	Asamoah (ab 77.)	9	2	22	2		1
6	Ziege (ab 84.)	5	2	40	1	1	

Am Boden: Völlig ausgepumpt verfolgten Oliver Neuville, der mit einem Freistoß am Pfosten gescheitert war, und Jens Jeremies die Zeremonie für den Sieger.

errungen, gab dem Coach jedoch recht. Danach, in der frühen Glanzzeit Ronaldos, sicherte sich dieser zwei Mal in Folge den Titel »Weltfußballer des Jahres«. 1996 und 1997. Als jüngster Spieler aller Zeiten und einziger, dem dieses zwei Mal in Folge gelang. Die WM 1998 in Frankreich sollte Höhepunkt der Ronaldo-Mania werden, ihn unsterblich machen. Doch das »Phänomen« blieb blass, der Körper rebellierte gegen die ihm zugedachten Aufgaben. Gerüchte besagen, dass lediglich der Sponsor Ronaldo zur Teilnahme gedrängt hatte. Doch der Tiefpunkt war die WM immer noch nicht. Den Stürmer, mittlerweile in Diensten Inter Mailands, setzten zwei langwierige Knieverletzungen außer Gefecht. Wochen-, monate-, ja jahrelang. Die weitere Karriere stand in den Sternen, hinter der Fitness bei den Spielen in Japan und Korea ein großen Fragezeichen.

Doch im Finale, da machte es »Boom« – zwei Mal, so wie es die US-Sängerin Anastacia im offiziellen WM-Song versprach. Allerdings zwei Mal zuviel aus deutscher Sicht. Aus Kahns Sicht allemal. Der Kapitän aber fand schnell seine Fassung wieder, analysierte die Begegnung erstaunlich sachlich. Klar, »es ist mein Fehler«, bemühte er sich sofort,

sämtliche Ausreden auszuschließen, »den muss ich haben.«

Schuldzuweisungen der Kollegen Nationalspieler gab es nicht. Zu sehr war jeder mit sich selbst beschäftigt. Jeder musste verkraften, dass man zwar innerhalb von vier Wochen Unerwartetes, Großes geleistet hatte, dass es aber zum Happyend, dem vierten Titelgewinn für ein deutsches Team, nicht reichte.

Weil die Truppe von Teamchef Rudi Völler sich mit 56 Prozent Ballbesitz und 13 zu 3 Ecken zwar feldüberlegen zeigte, die Konsequenz im Abschluss hingegen vermissen ließ. Chancen, die waren an einer Hand abzuzählen, zumeist Folge von Standardsituationen. Die beste vergab Oliver Neuville, dessen Freistoß Brasiliens Keeper Marcos an den Pfosten lenken konnte. Doch ansonsten – wenig Gefahr für des Gegners Gehäuse, auch da Mittelfeldstratege Michael Ballack auf Grund seiner im Halbfinale gegen Südkorea erhaltenen zweiten Gelben Karte vom Mitwirken ausgeschlossen war. Jener Leverkusener Ballack, der wie Jörg Butt, Oliver Neuville, Carsten Ramelow und Bernd Schneider zum vierten Mal in einer Spielzeit »nur« den zweiten Platz belegte. Dafür durfte sich Bayer-Mannschaftskollege Lucio im Team der Brasilianer als Weltmeister feiern lassen. Wie die anderen Gelb-Blau-gewandeten, wie auch Ronaldo. Dieser wurde nach exakt 89 Minuten und 37 Sekunden von Trainer Luiz Felipe Scolari vom Platz geholt, gefeiert – und weinte hemmungslos. Vor Freude, eingehüllt in eine brasilianische Flagge, noch Minuten nach dem Abpfiff.

Zu dem Zeitpunkt, als Oliver Kahn schließlich den Pfosten Pfosten sein ließ, nur vom Fotografen 1123 beachtet, an den Objektiven vorbeimarschierte, während alle anderen nur die Sieger im Blick hatten. Das Kaugummi immer noch im Schleudergang. So grausam kann Fußball sein, mag sich Kahn gedacht haben. The winner takes it all. Sein Blick jedoch wies gleich wieder dieses gewisse Funkeln auf. Auf ein Neues, 2006, bei der Weltmeisterschaft im eigenen Land.

Ausblick: Die Weltmeisterschaft in Korea und Japan ist bereits Geschichte, nicht nur die DFB-Akteure freuen sich auf die Spiele in vier Jahren. Dann wird Deutschland Gastgeber sein.

Auf Wiedersehen Japan: Es verabschiedeten sich Trainer Michael Skibbe, Jens Jeremies, Trainer Erich Rutemöller, Michael Ballack, Jörg Butt, Teamchef Rudi Völler, Sebastian Kehl, Oliver Bierhoff, Christoph Metzelder, Marco Bode, Gerald Asamoah, Carsten Jancker, Miroslav Klose, Frank Baumann, Marko Rehmer, Oliver Neuville, Dietmar Hamann, Lars Ricken (stehend von links), Christian Ziege, Bernd Schneider, Oliver Kahn, Thomas Linke, Torsten Frings, Carsten Ramelow und Jens Lehmann.

E14
ORLD CUP
APAN

Rainer Holzschuh: »Die Weltspitze ist noch enger zusammengerückt«

Es hat nicht ganz gereicht: Nicht Deutschland, Brasilien ist der Weltmeister 2002! In einem ansehnlichen Finale gewannen die Südamerikaner mit 2:0 und holten sich damit zum fünften Male die wertvollste Trophäe des Fußballs – während Deutschland bei seiner siebten Endspiel-Teilnahme zum vierten Mal das Nachsehen hatte.

Brasilien erwies sich als die konstanteste Mannschaft des Turniers, gewann alle sieben Spiele und stellte damit einen neuen WM-Rekord auf. Dazu erzielte die Truppe von Trainer Luiz Felipe Scolari mit 18 die meisten Treffer und mit stellte mit Ronaldo, der acht Mal traf, auch den unangefochtenen Torjäger.

Die Brasilianer sind derzeit das Maß aller Dinge. Lediglich in einem einzigen Spiel wurden sie von den Belgiern auf's Äußerste gefordert, ansonsten dominierten die neuen Weltmeister jede Aufgabe, brillierten durch Torgefährlichkeit ihrer phantastischen Einzelkönner Ronaldo, Ronaldinho, Kleberson und Rivaldo und zeigten auch in der Defensive, vor allem im Kopfballspiel, nur marginale Schwächen. Man kann sich im Nachhinein kaum noch vorstellen, dass diese Nationalmannschaft die Südamerika-Qualifikation nur mit Mühe und erst am letzten Spieltag als enttäuschender Vierter bewältigte, dass die meisten Experten und ebenso Heerscharen von Fans immer wieder die Ablösung des ungeliebten Trainers Scolari gefordert hatten. Mit diesem Team hat sich die Sehnsucht nach attraktivem Offensiv-Fußball durchgesetzt, Brasilien ist auch deshalb ein würdiger Nachfolger Frankreichs. Und die Selecao setzte eine erstaunliche Tradition fort: Noch nie gewann bei einem Weltmeisterschafts-Turnier außerhalb Europas eine europäische Mannschaft!

Lob dennoch auch für den Zweiten: Die deutschen Spieler haben sich bravourös in diesem Turnier geschlagen, sich nach starkem Auftakt und einer schwächeren Phase am Ende enorm gesteigert und sich damit nach dem Debakel bei der EURO 2000 und den beiden mehr oder minder missglückten Weltmeisterschaften 1994 und 1998 voll und ganz rehabilitiert. Zudem unterstrich der Einzug ins Finale den Status der zweiterfolgreichsten Nation aller Zeiten – hinter Brasilien.

Verantwortlich für diesen großartigen Erfolg zeichnen Rudi Völler und sein Kompagnon Michael Skibbe! So schnell eine Mannschaft mit Versager-Image in die Weltklasse zurück zu führen braucht unglaubliches Geschick und festen Glauben an die Qualität der Spieler. Dieser zweite Platz wiegt umso schwerer angesichts der Handicaps, die das Team nach Verletzungen von Scholl, Deisler, Nowotny und Wörns und der Form-Einbußen von Rehmer, Ballack, Ziege durch ihre kaum ausgeheilten langfristigen Blessuren hinnehmen musste.

Mögen Kritiker im Ausland jetzt noch so murren über den deutschen »Panzer«-Fußball, mögen sie – vielleicht aus Neid – noch so sehr die Tugenden des deutschen Spiels negieren: Die deutsche Mannschaft hat mit dem Titel des Vizeweltmeisters unterstrichen, dass nicht nur eine gewisse Perfektion am Ball Voraussetzung für Erfolg ist, sondern auch geistige und körperliche Fitness ebenso wie die Beherrschung des handwerklichen Könnens in puncto Zweikampf, taktischer Variabilität und Übersicht. Diese Komponenten vereinigten die Deutschen von Spiel zu Spiel besser, sie mussten sich erst im Finale einem noch größeren Team beugen.

Viva Brasil: Ganz ohne Fehler blieb im Laufe des WM-Turniers kein Akteur, deshalb schaffte es auch Oliver Kahn trotz seines Patzers im Finale in die Topelf. Als zweiter Deutscher ist Michael Ballack dabei, geprägt ist das Team von der Offensivabteilung des neuen Weltmeisters.

Bitteres Ende: Dem deutsche Trainergespann mit Teamchef Rudi Völler (links) und Michael Skibbe blieb der ganz große Wurf noch verwehrt.

Dass im Verlaufe eines solchen Turniers am Ende auch immer eine gewisse Portion Glück dazugehört, um das Finale zu erreichen, hat jede WM bewiesen. So bleibt unter dem Strich neben Glück, neben einem – ausgerechnet im wichtigsten Spiel patzenden – Oliver Kahn auf dem Höhepunkt seines Schaffens, auch die Erkenntnis, dass deutsche Fußballer unter der Voraussetzung einer total profihaften Einstellung stets zu außergewöhnlichen Leistungen fähig sind. Wie es deutsche Klubmannschaften ständig aufs Neue beweisen.

Das Fazit 2002 wird mitgeprägt durch das erstmalige Co-Hosting. Dieser ostasiatische Worldcup nimmt sicherlich eine außergewöhnliche Stellung in der Geschichte des Fußballs ein. Allein durch die verschiedenartige Mentalität der Koreaner und Japaner bleiben unterschiedliche Eindrücke haften. So vor allem, wie beide Länder die WM »lebten«: Ganz Korea genoss, unabhängig vom sportlichen Erfolg der »Red Devils«, die Gastgeberrolle, in Japan dagegen kam nur bei Spielen der eigenen Mannschaft echte WM-Stimmung auf. Dennoch, beide Länder schufen eine gigantische Maschinerie für die Organisation, die bis auf Ausnahmen reibungslos klappte. Die meisten der 20 Stadien beeindruckten auch erfahrene Fußball-Reisende.

Sportlich hielt die gesamte WM nicht, was die Vorrunde versprach: In den Gruppenspielen dominierte noch der Offensiv-Fußball, der Drang nach vorne setzte sich gegen taktische Über-Pointierung durch. Die Überraschungen häuften sich und belebten das Selbstbewusstsein vieler Außenseiter. Dass Frankreich und Argentinien, die beiden Top-Favoriten, nicht mal das Achtelfinale schafften, stempelt dieses Turnier zur WM der Sensationen! Wenn Amerikaner und Senegalesen ein Viertelfinale erreichen, Koreaner und Türken gar das Halbfinale, mag man den frühzeitigen Abschied vieler Top-Stars wie Zidane, Veron oder Figo bedauern; doch neue Stars wie der Koreaner Ahn, der Japaner Inamoto, der Amerikaner Donovan, der Senegalese Diouf, der Türke Ilhan Mansiz oder der Ire Duff beleben die Szene und der Fußball wird durch die gewaltige Begeisterung in diesen Ländern einen Aufschwung verspüren. Die Weltspitze ist noch enger zusammen gerückt als vorher vielfach prognostiziert wurde.

Mit dem Eintritt in die K.-o.-Spiele sank jedoch bis auf Ausnahmen das Niveau erheblich, bedingt wohl auch durch fehlende Steigerungsmöglichkeiten mancher Außenseiter und den »Verschleiß« etlicher Spieler nach einer brutalen Saison. Erst die Halbfinals zeigten wieder Fußball von seiner schönsten Seite, mit allen Facetten, die dieses Spiel zur bedeutendsten Sportart der Welt machen.

Überdenken muss man die Auswahl der Schiedsrichter und ihrer Assistenten. Krasse Fehlentscheidungen, vor allem bedingt durch die mangelnde Zusammenarbeit der Gespanne, trübten das Bild. Wenn Schiedsrichter die wahre Leistungsskala verfälschen, gerät das Turnier der Weltbesten in eine Schieflage.

Japan und Korea haben nach den USA 1994 erneut bewiesen, dass auch Länder ohne bedeutende Fußball-Tradition eine großartige WM organisieren können. Die Probleme bei der Preisgestaltung, bei der Kartenverteilung und der Transport-Logistik aber muss die FIFA aufarbeiten und möglichst lösen. Vor allem die Ticketpreise sind zu einem echten Ärgernis geworden; bei allem Respekt für den Wunsch höchstmöglicher Einnahmen sollte der Weltverband bedenken, dass Fußball der Volkssport Nummer eins bleiben und nicht einer Elite-Klasse vorbehalten werden sollte. Der verglichen mit den Stadion-Kapazitäten bescheidene Zuschauerschnitt von 42 320, der geringste seit 20 Jahren, spricht Bände. Mit Deutschland als nächstem Ausrichter sollte auch dieses anders werden können.

Dennoch: Herzlichen Dank, Korea und Japan! Wir freuen uns schon jetzt auf die Weltmeisterschaft in Deutschland 2006!

Rekordmann: Brasiliens Cafu durfte als Kapitän der Selecao den Siegerpokal in Empfang nehmen. Für den rechten Flankenläufer war's bereits der zweite Weltmeister-Titel nach 1994.

Afrikameister: Lediglich eine Niederlage musste Kamerun in der Qualifikation hinnehmen. Bei der Weltmeisterschaft allerdings zahlten Winnie Schäfers »unzähmbare Löwen« bitteres Lehrgeld.

Die Spiele der Qualifikation

Afrika

5 Teilnehmer

1. Runde

Gruppe A

7. 4. 00	Mauretanien – Tunesien	1:2
23. 4. 00	Tunesien – Mauretanien	3:0
8. 4. 00	Guinea-Bissau – Togo	0:0
23. 4. 00	Togo – Guinea-Bissau	3:0
9. 4. 00	Benin – Senegal	1:1
22. 4. 00	Senegal – Benin	1:0
9. 4. 00	Gambia – Marokko	0:1
22. 4. 00	Marokko – Gambia	2:0
9. 4. 00	Kap Verde – Algerien	0:0
21. 4. 00	Algerien – Kap Verde	2:0

Gruppe B

8. 4. 00	Botswana – Sambia	0:1
22. 4. 00	Sambia – Botswana	1:0
8. 4. 00	Madagaskar – Gabun	2:0
22. 4. 00	Gabun – Madagaskar	1:0
9. 4. 00	Sudan – Mosambik	1:0
23. 4. 00	Mosambik – Sudan	2:1
9. 4. 00	Lesotho – Südafrika	0:2
22. 4. 00	Südafrika – Lesotho	1:0
9. 4. 00	Swasiland – Angola	0:1
23. 4. 00	Angola – Swasiland	7:1

Gruppe C

8. 4. 00	Sao Tomé – Sierra Leone	2:0
22. 4. 00	Sierra Leone – Sao Tomé	4:0
9. 4. 00	Ruanda – Elfenbeinküste	2:2
23. 4. 00	Elfenbeinküste – Ruanda	2:0
9. 4. 00	Libyen – Mali	3:0
23. 4. 00	Mali – Libyen	3:1
9. 4. 00	Zentralafrikanische Rep. – Simbabwe	0:1
23. 4. 00	Simbabwe – Zentralafrikanische Rep.	3:1
9. 4. 00	Äquatorial-Guinea – Rep. Kongo	1:3
23. 4. 00	Rep. Kongo – Äquatorial-Guinea	2:1

Gruppe D

7. 4. 00	Dschibuti – DR Kongo	1:1
23. 4. 00	DR Kongo – Dschibuti	9:1
8. 4. 00	Seychellen – Namibia	1:1
22. 4. 00	Namibia – Seychellen	3:0
9. 4. 00	Eritrea – Nigeria	0:0
22. 4. 00	Nigeria – Eritrea	4:0
19. 4. 00	Somalia – Kamerun	0:3
23. 4. 00	Kamerun – Somalia	3:0
20. 4. 00	Mauritius – Ägypten	0:2
23. 4. 00	Ägypten – Mauritius	4:2

Gruppe E

8. 4. 00	Malawi – Kenia	2:0
22. 4. 00	Kenia – Malawi	0:0
8. 4. 00	Tansania – Ghana	0:1
23. 4. 00	Ghana – Tansania	3:2
8. 4. 00	Uganda – Guinea	4:4
23. 4. 00	Guinea – Uganda	3:0
9. 4. 00	Tschad – Liberia	0:1
23. 4. 00	Liberia – Tschad	0:0
9. 4. 00	Äthiopien – Burkina Faso	2:1
23. 4. 00	Burkina Faso – Äthiopien	3:0

2. Runde

Die 25 Sieger der 1. Runde ermittelten in fünf Fünfergruppen mit Hin- und Rückspielen die fünf Teilnehmer an der WM 2002.

Gruppe A

18. 6. 00	Angola – Sambia	2:1
18. 6. 00	Libyen – Kamerun	0:3
8. 7. 00	Sambia – Togo	2:0
9. 7. 00	Kamerun – Angola	3:0
28. 1. 01	Angola – Libyen	3:1
28. 1. 01	Togo – Kamerun	0:2
23. 2. 01	Libyen – Togo	3:3
25. 2. 01	Kamerun – Sambia	1:0
10. 3. 01	Sambia – Libyen	2:0
11. 3. 01	Togo – Angola	1:1
21. 4. 01	Sambia – Angola	1:1
22. 4. 01	Kamerun – Libyen	1:0
6. 5. 01	Angola – Kamerun	2:0
6. 5. 01	Togo – Sambia	3:2
29. 6. 01	Libyen – Angola	1:1
1. 7. 01	Kamerun – Togo	2:0
14. 7. 01	Sambia – Kamerun	2:2
15. 7. 01	Togo – Libyen	2:0
27. 7. 01	Libyen – Sambia	2:4
29. 7. 01	Angola – Togo	1:1

1. KAMERUN	**8**	**14:4**	**19**
2. Angola	**8**	**11:9**	**13**
3. Sambia	**8**	**14:11**	**11**
4. Togo	**8**	**10:13**	**9**
5. Libyen	**8**	**7:19**	**2**

Gruppe B

17. 6. 00	Nigeria – Sierra Leone	2:0
18. 6. 00	Sudan – Liberia	2:0
9. 7. 00	Liberia – Nigeria	2:1
9. 7. 00	Ghana – Sierra Leone	5:0
27. 1. 01	Nigeria – Sudan	3:0
28. 1. 01	Ghana – Liberia	1:3
25. 2. 01	Sudan – Ghana	1:0
25. 2. 01	Liberia – Sierra Leone	1:0
10. 3. 01	Sierra Leone – Sudan	0:2
11. 3. 01	Ghana – Nigeria	0:0
21. 4. 01	Sierra Leone – Nigeria	1:0
22. 4. 01	Liberia – Sudan	2:0
5. 5. 01	Nigeria – Liberia	2:0
5. 5. 01	Sierra Leone – Ghana	1:1
1. 7. 01	Liberia – Ghana	1:2
1. 7. 01	Sudan – Nigeria	0:4
14. 7. 01	Sierra Leone – Liberia	0:1
15. 7. 01	Ghana – Sudan	1:0
20. 7. 01	Nigeria – Ghana	3:0
20. 7. 01	Sudan – Sierra Leone	3:0

1. NIGERIA	**8**	**15:3**	**16**
2. Liberia	**8**	**10:8**	**15**
3. Sudan	**8**	**8:10**	**12**
4. Ghana	**8**	**10:9**	**11**
5. Sierra Leone	**8**	**2:15**	**4**

Gruppe C

16. 6. 00	Algerien – Senegal	1:1
17. 6. 00	Namibia – Marokko	0:0
9. 7. 00	Senegal – Ägypten	0:0
9. 7. 00	Marokko – Algerien	2:1
26. 1. 01	Algerien – Namibia	1:0
28. 1. 01	Ägypten – Marokko	0:0
24. 2. 01	Namibia – Ägypten	1:1
24. 2. 01	Marokko – Senegal	0:0
10. 3. 01	Senegal – Namibia	4:0
11. 3. 01	Ägypten – Algerien	5:2
21. 4. 01	Senegal – Algerien	3:0
21. 4. 01	Marokko – Namibia	3:0
4. 5. 01	Algerien – Marokko	1:2
6. 5. 01	Ägypten – Senegal	1:0
30. 6. 01	Namibia – Algerien	0:4
30. 6. 01	Marokko – Ägypten	1:0
13. 7. 01	Ägypten – Namibia	8:2
14. 7. 01	Senegal – Marokko	1:0
21. 7. 01	Algerien – Ägypten	1:1
21. 7. 01	Namibia – Senegal	0:5

1. SENEGAL	**8**	**14:2**	**15**
2. Marokko	**8**	**8:3**	**15**
3. Ägypten	**8**	**16:7**	**13**
4. Algerien	**8**	**11:14**	**8**
5. Namibia	**8**	**3:26**	**2**

Gruppe D

17. 6. 00	Madagaskar – DR Kongo	3:0
18. 6. 00	Elfenbeinküste – Tunesien	2:2
8. 7. 00	Tunesien – Madagaskar	1:0
9. 7. 00	DR Kongo – Rep. Kongo	2:0
27. 1. 01	Madagaskar – Elfenbeinküste	1:3
28. 1. 01	Rep. Kongo – Tunesien	1:2
25. 2. 01	Tunesien – DR Kongo	6:0
10. 3. 01	DR Kongo – Elfenbeinküste	1:2
22. 4. 01	DR Kongo – Madagaskar	1:0
22. 4. 01	Elfenbeinküste – Rep. Kongo	2:0
28. 4. 01	Rep. Kongo – Madagaskar	2:0
5. 5. 01	Madagaskar – Tunesien	0:2
6. 5. 01	Rep. Kongo – DR Kongo	1:1
20. 5. 01	Tunesien – Elfenbeinküste	1:1
1. 7. 01	Elfenbeinküste – Madagaskar	6:0
1. 7. 01	Tunesien – Rep. Kongo	6:0
15. 7. 01	Rep. Kongo – Elfenbeinküste	1:1
15. 7. 01	DR Kongo – Tunesien	0:3
29. 7. 01	Madagaskar – Rep. Kongo	1:0
29. 7. 01	Elfenbeinküste – DR Kongo	1:2

1. TUNESIEN	**8**	**23:4**	**20**
2. Elfenbeinküste	**8**	**18:8**	**15**
3. DR Kongo	**8**	**7:16**	**10**
4. Rep. Kongo	**8**	**5:15**	**6**
5. Madagaskar	**8**	**5:15**	**5**

Gruppe E

17. 6.00	Malawi – Burkina Faso	1:1
9. 7.00	Simbabwe – Südafrika abgebr. (Wertung nach Spielstand 0:2)	
27. 1.01	Südafrika – Burkina Faso	1:0
24. 2.01	Burkina Faso – Simbabwe	1:2
25. 2.01	Malawi – Südafrika	1:2
11. 3.01	Simbabwe – Malawi	2:0
21. 4.01	Burkina Faso – Malawi	4:2
5. 5.01	Südafrika – Simbabwe	2:1
1. 7.01	Burkina Faso – Südafrika	1:1
14. 7.01	Südafrika – Malawi	2:0
15. 7.01	Simbabwe – Burkina Faso	1:0
28. 7.01	Malawi – Simbabwe	0:1

1. SÜDAFRIKA	**6**	**10:3**	**16**
2. Simbabwe	**6**	**7:5**	**12**
3. Burkina Faso	**6**	**7:8**	**5**
4. Malawi	**6**	**4:12**	**1**
5. Guinea ausgeschlossen			

Asien

4 Teilnehmer, davon Japan und Südkorea als Veranstalter direkt qualifiziert

1. Runde

Die zehn Gruppensieger qualifizierten sich für die 2.Runde.

Gruppe 1

30. 4.01	Syrien – Philippinen	12:0
30. 4.01	Oman – Laos	12:0
4. 5.01	Philippinen – Syrien (in Syrien)	1:5
4. 5.01	Laos – Oman (in Oman)	0:7
7. 5.01	Syrien – Laos	11:0
7. 5.01	Oman – Philippinen	7:0
11. 5.01	Laos – Syrien (in Syrien)	0:9
11. 5.01	Philippinen – Oman (in Oman)	0:2
18. 5.01	Syrien – Oman	3:3
19. 5.01	Laos – Philippinen	2:0
25. 5.01	Oman – Syrien	2:0
26. 5.01	Philippinen – Laos	1:1

1. Oman	**6**	**33:3**	**16**
2. Syrien	**6**	**40:6**	**13**
3. Laos	**6**	**3:40**	**4**
4. Philippinen	**6**	**2:29**	**1**

Gruppe 2

Turnier im Iran

24.11.00	Iran – Guam	19:0
26.11.00	Tadschikistan – Guam	16:0
28.11.00	Iran – Tadschikistan	2:0

1. Iran	**2**	**21:0**	**6**
2. Tadschikistan	**2**	**16:2**	**3**
3. Guam	**2**	**0:35**	**0**
4. Myanmar zurückgezogen			

Gruppe 3

Turnier in Hongkong

4. 3.01	Katar – Malaysia	5:1
4. 3.01	Hongkong – Palästina	1:1
8. 3.01	Palästina – Katar	1:2
8. 3.01	Malaysia – Hongkong	2:0
11. 3.01	Palästina – Malaysia	1:0
11. 3.01	Katar – Hongkong	2:0

Turnier in Katar

20. 3.01	Palästina – Hongkong	1:0
20. 3.01	Malaysia – Katar	0:0
23. 3.01	Katar – Palästina	2:1
23. 3.01	Hongkong – Malaysia	2:1
25. 3.01	Hongkong – Katar	0:3
25. 3.01	Malaysia – Palästina	4:3

1. Katar	**6**	**14:3**	**16**
2. Palästina	**6**	**8:9**	**7**
3. Malaysia	**6**	**8:11**	**7**
4. Hongkong	**6**	**3:10**	**4**

Gruppe 4

Turnier in Singapur

3. 2.01	Bahrain – Kuwait	1:2
3. 2.01	Singapur – Kirgistan	0:1
6. 2.01	Bahrain – Kirgistan	1:0
6. 2.01	Kuwait – Singapur	1:1
9. 2.01	Kirgistan – Kuwait	0:3
9. 2.01	Singapur – Bahrain	1:2

Turnier in Kuwait

21. 2.01	Kirgistan – Bahrain	1:2
21. 2.01	Singapur – Kuwait	0:1
24. 2.01	Kuwait – Kirgistan	2:0
24. 2.01	Bahrain – Singapur	2:0
27. 2.01	Kirgistan – Singapur	1:1
27. 2.01	Kuwait – Bahrain	0:1

1. Bahrain	**6**	**9:4**	**15**
2. Kuwait	**6**	**9:3**	**13**
3. Kirgistan	**6**	**3:9**	**4**
4. Singapur	**6**	**3:8**	**2**

Gruppe 5

Turnier im Libanon

13. 5.01	Thailand – Sri Lanka	4:2
13. 5.01	Libanon – Pakistan	6:0
15. 5.01	Thailand – Pakistan	3:0
15. 5.01	Libanon – Sri Lanka	4:0
17. 5.01	Pakistan – Sri Lanka	3:3
17. 5.01	Libanon – Thailand	1:2

Turnier in Thailand

26. 5.01	Pakistan – Libanon	1:8
26. 5.01	Sri Lanka – Thailand	0:3
28. 5.01	Sri Lanka – Libanon	0:5
28. 5.01	Pakistan – Thailand	0:6
30. 5.01	Sri Lanka – Pakistan	3:1
30. 5.01	Thailand – Libanon	2:2

1. Thailand	**6**	**20:5**	**16**
2. Libanon	**6**	**26:5**	**13**
3. Sri Lanka	**6**	**8:20**	**4**
4. Pakistan	**6**	**5:29**	**1**

Gruppe 6

Turnier im Irak

12. 4.01	Nepal – Kasachstan	0:6
12. 4.01	Irak – Macao	8:0
14. 4.01	Kasachstan – Macao	3:0
14. 4.01	Nepal – Irak	1:9
16. 4.01	Nepal – Macao	4:1
16. 4.01	Kasachstan – Irak	1:1

Turnier in Kasachstan

21. 4.01	Kasachstan – Nepal	4:0
21. 4.01	Macao – Irak	0:5
23. 4.01	Macao – Kasachstan	0:5
23. 4.01	Irak – Nepal	4:2
25. 4.01	Macao – Nepal	1:6
25. 4.01	Irak – Kasachstan	1:1

1. Irak	**6**	**28:5**	**14**
2. Kasachstan	**6**	**20:2**	**14**
3. Nepal	**6**	**13:25**	**6**
4. Macao	**6**	**2:31**	**0**

Gruppe 7

Turnier in Usbekistan

23. 4.01	Turkmenistan – Jordanien	2:0
23. 4.01	Usbekistan – Taiwan	7:0
25. 4.01	Taiwan – Jordanien	0:2
25. 4.01	Usbekistan – Turkmenistan	1:0
27. 4.01	Taiwan – Turkmenistan	0:5
27. 4.01	Usbekistan – Jordanien	2:2

Turnier in Jordanien

3. 5.01	Jordanien – Taiwan	6:0
3. 5.01	Turkmenistan – Usbekistan	2:5
5. 5.01	Taiwan – Usbekistan	0:4
5. 5.01	Jordanien – Turkmenistan	1:2
7. 5.01	Turkmenistan – Taiwan	1:0
7. 5.01	Jordanien – Usbekistan	1:1

1. Usbekistan	**6**	**20:5**	**14**
2. Turkmenistan	**6**	**12:7**	**12**
3. Jordanien	**6**	**12:7**	**8**
4. Taiwan	**6**	**0:25**	**0**

Gruppe 8

7. 4.01	Brunei – Jemen	0:5
8. 4.01	Indien – Ver. Arab. Emirate	1:0
14. 4.01	Brunei – Ver. Arab. Emirate	0:12
15. 4.01	Indien – Jemen	1:1
26. 4.01	Ver. Arab. Emirate – Indien	1:0
27. 4.01	Jemen – Brunei	1:0
4. 5.01	Jemen – Indien	3:3
4. 5.01	Ver. Arab. Emirate – Brunei	4:0
11. 5.01	Jemen – Ver. Arab. Emirate	2:1
12. 5.01	Brunei – Indien	0:1
18. 5.01	Ver. Arab. Emirate – Jemen	3:2
20. 5.01	Indien – Brunei	5:0

1. Ver. Arab. Emirate	**6**	**21:5**	**12**
2. Jemen	**6**	**14:8**	**11**
3. Indien	**6**	**11:5**	**11**
4. Brunei	**6**	**0:28**	**0**

Gruppe 9

1. 4.01	Malediven – Kambodscha	6:0
8. 4.01	Indonesien – Malediven	5:0
15. 4.01	Kambodscha – Malediven	1:1
22. 4.01	Indonesien – Kambodscha	6:0

Prügelknaben: Die Debütanten aus dem Reich der Mitte blieben ohne Punkt und Tor und fuhren frühzeitig nach Hause. China, der schlafende Riese, hatte zuvor die Ausscheidungsspiele in Asien eindrucksvoll bestritten.

22. 4. 01	China – Malediven	10:1
28. 4. 01	Malediven – China	0:1
29. 4. 01	Kambodscha – Indonesien	0:2
6. 5. 01	Kambodscha – China	0:4
6. 5. 01	Malediven – Indonesien	0:2
13. 5. 01	China – Indonesien	5:1
20. 5. 01	China – Kambodscha	3:1
27. 5. 01	Indonesien – China	0:2

1. China	**6**	**25:3**	**18**
2. Indonesien	**6**	**16:7**	**12**
3. Malediven	**6**	**8:19**	**4**
4. Kambodscha	**6**	**2:22**	**1**

Gruppe 10

Turnier in Saudi-Arabien

8. 2. 01	Vietnam – Bangladesch	0:0
8. 2. 01	Saudi-Arabien – Mongolei	6:0
10. 2. 01	Mongolei – Vietnam	0:1
10. 2. 01	Bangladesch – Saudi-Arabien	0:3
12. 2. 01	Mongolei – Bangladesch	0:3
12. 2. 01	Saudi-Arabien – Vietnam	5:0
15. 2. 01	Mongolei – Saudi-Arabien	0:6
15. 2. 01	Bangladesch – Vietnam	0:4
17. 2. 01	Vietnam – Mongolei	4:0
17. 2. 01	Saudi-Arabien – Bangladesch	6:0
19. 2. 01	Bangladesch – Mongolei	2:2
19. 2. 01	Vietnam – Saudi-Arabien	0:4

1. Saudi-Arabien	**6**	**30:0**	**18**
2. Vietnam	**6**	**9:9**	**10**
3. Bangladesch	**6**	**5:15**	**5**
4. Mongolei	**6**	**2:22**	**1**

2. Runde

Die beiden Gruppensieger waren direkt für die WM 2002 qualifiziert. Die Gruppenzweiten bestritten zwei Qualifikationsspiele. Der Sieger musste zwei weitere Qualifikationsspiele gegen einen Gruppenzweiten aus Europa (Irland) bestreiten.

Gruppe A

17. 8. 01	Irak – Thailand	4:0
17. 8. 01	Saudi-Arabien – Bahrain	1:1
23. 8. 01	Bahrain – Irak	2:0
24. 8. 01	Iran – Saudi-Arabien	2:0
31. 8. 01	Saudi-Arabien – Irak	1:0
1. 9. 01	Thailand – Iran	0:0
6. 9. 01	Bahrain – Thailand	1:1
7. 9. 01	Irak – Iran	1:2
14. 9. 01	Iran – Bahrain	0:0
15. 9. 01	Thailand – Saudi-Arabien	1:3
21. 9. 01	Bahrain – Saudi-Arabien	0:4
22. 9. 01	Thailand – Irak	1:1
28. 9. 01	Irak – Bahrain	1:0
28. 9. 01	Saudi-Arabien – Iran	2:2
5. 10. 01	Iran – Thailand	1:0
5. 10. 01	Irak – Saudi-Arabien	1:2
12. 10. 01	Iran – Irak	2:1
16. 10. 01	Thailand – Bahrain	1:1
19. 10. 01	Bahrain – Iran	3:1
19. 10. 01	Saudi-Arabien – Thailand	4:1

1. SAUDI-ARABIEN	**8**	**17:8**	**17**
2. Iran	**8**	**10:7**	**15**
3. Bahrain	**8**	**8:9**	**10**
4. Irak	**8**	**9:10**	**7**
5. Thailand	**8**	**5:15**	**4**

Gruppe B

16. 8. 01	Katar – Oman	0:0
17. 8. 01	Ver. Arab. Emirate – Usbekistan	4:1
25. 8. 01	China – Ver. Arab. Emirate	3:0
26. 8. 01	Usbekistan – Katar	2:1
31. 8. 01	Ver. Arab. Emirate – Katar	0:2
31. 8. 01	Oman – China	0:2
7. 9. 01	Katar – China	1:1
8. 9. 01	Usbekistan – Oman	5:0
14. 9. 01	Oman – Ver. Arab. Emirate	1:1
15. 9. 01	China – Usbekistan	2:0
21. 9. 01	Oman – Katar	0:3
22. 9. 01	Usbekistan – Ver. Arab. Emirate	0:1
27. 9. 01	Ver. Arab. Emirate – China	0:1
28. 9. 01	Katar – Usbekistan	2:2
4. 10. 01	Katar – Ver. Arab. Emirate	1:2
7. 10. 01	China – Oman	1:0
13. 10. 01	Oman – Usbekistan	4:2
13. 10. 01	China – Katar	3:0
19. 10. 01	Ver. Arab. Emirate – Oman	2:2
19. 10. 01	Usbekistan – China	1:0

1. CHINA	**8**	**13:2**	**19**
2. Ver. Arab. Emirate	**8**	**10:11**	**11**
3. Usbekistan	**8**	**13:14**	**10**
4. Katar	**8**	**10:10**	**9**
5. Oman	**8**	**7:16**	**6**

Play-offs der Gruppenzweiten

25. 10. 01	Iran – Ver. Arab. Emirate	1:0
31. 10. 01	Ver. Arab. Emirate – Iran	0:3

Der Iran musste zwei weitere Qualifikationsspiele gegen den Zweiten der Europa-Gruppe 2 (Irland) bestreiten.

Europa

15 Teilnehmer, davon Titelverteidiger Frankreich direkt qualifiziert
Die neun Gruppensieger waren direkt für die WM 2002 qualifiziert. Aus den neun Gruppenzweiten werden vier rein europäische Qualifikationsspiele mit Hin- und Rückspiel ausgelost. Der neunte europäische Gruppenzweite musste zwei Qualifikationsspiele gegen den Dritten der Asien-Gruppe (Iran) bestreiten. Die fünf Sieger waren ebenfalls für die WM 2002 qualifiziert.

Gruppe 1

2. 9. 00	Schweiz – Russland	0:1
3. 9. 00	Färöer – Slowenien	2:2
3. 9. 00	Luxemburg – Jugoslawien	0:2
7. 10. 00	Schweiz – Färöer	5:1
7. 10. 00	Luxemburg – Slowenien	1:2
11. 10. 00	Russland – Luxemburg	3:0
11. 10. 00	Slowenien – Schweiz	2:2
24. 3. 01	Jugoslawien – Schweiz	1:1
24. 3. 01	Russland – Slowenien	1:1
24. 3. 01	Luxemburg – Färöer	0:2
28. 3. 01	Russland – Färöer	1:0
28. 3. 01	Schweiz – Luxemburg	5:0
28. 3. 01	Slowenien – Jugoslawien	1:1
25. 4. 01	Jugoslawien – Russland	0:1
2. 6. 01	Russland – Jugoslawien	1:1
2. 6. 01	Färöer – Schweiz	0:1
2. 6. 01	Slowenien – Luxemburg	2:0
6. 6. 01	Färöer – Jugoslawien	0:6
6. 6. 01	Luxemburg – Russland	1:2
6. 6. 01	Schweiz – Slowenien	0:1
15. 8. 01	Jugoslawien – Färöer	2:0
1. 9. 01	Schweiz – Jugoslawien	1:2
1. 9. 01	Slowenien – Russland	2:1
1. 9. 01	Färöer – Luxemburg	1:0
5. 9. 01	Färöer – Russland	0:3
5. 9. 01	Jugoslawien – Slowenien	1:1
5. 9. 01	Luxemburg – Schweiz	0:3
6. 10. 01	Jugoslawien – Luxemburg	6:2
6. 10. 01	Russland – Schweiz	4:0
6. 10. 01	Slowenien – Färöer	3:0

1. RUSSLAND	**10**	**18:5**	**23**
2. SLOWENIEN	**10**	**17:9**	**20**
3. Jugoslawien	**10**	**22:8**	**19**
4. Schweiz	**10**	**18:12**	**14**
5. Färöer	**10**	**6:23**	**7**
6. Luxemburg	**10**	**4:28**	**0**

Gruppe 2

16. 8. 00	Estland – Andorra	1:0
2. 9. 00	Andorra – Zypern	2:3
2. 9. 00	Niederlande – Irland	2:2
3. 9. 00	Estland – Portugal	1:3
7. 10. 00	Andorra – Estland	1:2
7. 10. 00	Zypern – Niederlande	0:4
7. 10. 00	Portugal – Irland	1:1
11. 10. 00	Irland – Estland	2:0
11. 10. 00	Niederlande – Portugal	0:2
15. 11. 00	Zypern – Andorra	5:0
28. 2. 01	Portugal – Andorra	3:0
24. 3. 01	Andorra – Niederlande	0:5
24. 3. 01	Zypern – Irland	0:4
28. 3. 01	Portugal – Niederlande	2:2
28. 3. 01	Zypern – Estland	2:2
28. 3. 01	Andorra – Irland	0:3
25. 4. 01	Irland – Andorra	3:1
25. 4. 01	Niederlande – Zypern	4:0
2. 6. 01	Irland – Portugal	1:1
2. 6. 01	Estland – Niederlande	2:4
6. 6. 01	Estland – Irland	0:2
6. 6. 01	Portugal – Zypern	6:0
15. 8. 01	Estland – Zypern	2:2
1. 9. 01	Andorra – Portugal	1:7
1. 9. 01	Irland – Niederlande	1:0
5. 9. 01	Niederlande – Estland	5:0
5. 9. 01	Zypern – Portugal	1:3
6. 10. 01	Portugal – Estland	5:0
6. 10. 01	Irland – Zypern	4:0
6. 10. 01	Niederlande – Andorra	4:0

1. PORTUGAL	**10**	**33:7**	**24**
2. IRLAND	**10**	**23:5**	**24**
3. Niederlande	**10**	**30:9**	**20**
4. Estland	**10**	**10:26**	**8**
5. Zypern	**10**	**13:31**	**8**
6. Andorra	**10**	**4:36**	**0**

Gruppe 3

2. 9. 00	Island – Dänemark	1:2
2. 9. 00	Bulgarien – Tschechien	0:1
2. 9. 00	Nordirland – Malta	1:0
7. 10. 00	Nordirland – Dänemark	1:1
7. 10. 00	Tschechien – Island	4:0
7. 10. 00	Bulgarien – Malta	3:0
11. 10. 00	Malta – Tschechien	0:0
11. 10. 00	Dänemark – Bulgarien	1:1
11. 10. 00	Island – Nordirland	1:0
24. 3. 01	Bulgarien – Island	2:1
24. 3. 01	Nordirland – Tschechien	0:1
24. 3. 01	Malta – Dänemark	0:5
28. 3. 01	Tschechien – Dänemark	0:0
28. 3. 01	Bulgarien – Nordirland	4:3
25. 4. 01	Malta – Island	1:4
2. 6. 01	Nordirland – Bulgarien	0:1
2. 6. 01	Island – Malta	3:0
2. 6. 01	Dänemark – Tschechien	2:1
6. 6. 01	Tschechien – Nordirland	3:1
6. 6. 01	Island – Bulgarien	1:1
6. 6. 01	Dänemark – Malta	2:1
1. 9. 01	Island – Tschechien	3:1
1. 9. 01	Malta – Bulgarien	0:2
1. 9. 01	Dänemark – Nordirland	1:1
5. 9. 01	Tschechien – Malta	3:2
5. 9. 01	Bulgarien – Dänemark	0:2
5. 9. 01	Nordirland – Island	3:0
6. 10. 01	Malta – Nordirland	0:1
6. 10. 01	Tschechien – Bulgarien	6:0
6. 10. 01	Dänemark – Island	6:0

1. DÄNEMARK	**10**	**22:6**	**22**
2. Tschechien	**10**	**20:8**	**20**
3. Bulgarien	**10**	**14:15**	**17**
4. Island	**10**	**14:20**	**13**
5. Nordirland	**10**	**11:12**	**11**
6. Malta	**10**	**4:24**	**1**

Gruppe 4

2. 9. 00	Türkei – Moldawien	2:0
2. 9. 00	Aserbaidschan – Schweden	0:1
3. 9. 00	Slowakei – Mazedonien	2:0
6. 10. 00	Mazedonien – Aserbaidschan	3:0
7. 10. 00	Schweden – Türkei	1:1
7. 10. 00	Moldawien – Slowakei	0:1
11. 10. 00	Aserbaidschan – Türkei	0:1
11. 10. 00	Moldawien – Mazedonien	0:0
11. 10. 00	Slowakei – Schweden	0:0
24. 3. 01	Schweden – Mazedonien	1:0
24. 3. 01	Türkei – Slowakei	1:1
24. 3. 01	Aserbaidschan – Moldawien	0:0
28. 3. 01	Moldawien – Schweden	0:2
28. 3. 01	Slowakei – Aserbaidschan	3:1
28. 3. 01	Mazedonien – Türkei	1:2
2. 6. 01	Schweden – Slowakei	2:0
2. 6. 01	Mazedonien – Moldawien	2:2
2. 6. 01	Türkei – Aserbaidschan	3:0
6. 6. 01	Aserbaidschan – Slowakei	2:0
6. 6. 01	Schweden – Moldawien	6:0
6. 6. 01	Türkei – Mazedonien	3:3
1. 9. 01	Mazedonien – Schweden	1:2
1. 9. 01	Moldawien – Aserbaidschan	2:0
1. 9. 01	Slowakei – Türkei	0:1
5. 9. 01	Aserbaidschan – Mazedonien	1:1
5. 9. 01	Slowakei – Moldawien	4:2
5. 9. 01	Türkei – Schweden	1:2
6. 10. 01	Moldawien – Türkei	0:3
7. 10. 01	Schweden – Aserbaidschan	3:0
7. 10. 01	Mazedonien – Slowakei	0:5

Mamma mia: Nach dem vorzüglichen Bewerbungsschreiben in der Qualifikation mussten Italien und Francesco Totti in Japan und Korea bereits im Achtelfinale die Segel streichen.

1. SCHWEDEN	**10**	**20:3**	**26**
2. TÜRKEI	**10**	**18:8**	**21**
3. Slowakei	**10**	**16:9**	**17**
4. Mazedonien	**10**	**11:18**	**7**
5. Moldawien	**10**	**6:20**	**6**
6. Aserbaidschan	**10**	**4:17**	**5**

Gruppe 5

2. 9. 00	Weißrussland – Wales	2:1
2. 9. 00	Norwegen – Armenien	0:0
2. 9. 00	Ukraine – Polen	1:3
7. 10. 00	Wales – Norwegen	1:1
7. 10. 00	Armenien – Ukraine	2:3
7. 10. 00	Polen – Weißrussland	3:1
11. 10. 00	Weißrussland – Armenien	2:1
11. 10. 00	Norwegen – Ukraine	0:1
11. 10. 00	Polen – Wales	0:0
24. 3. 01	Ukraine – Weißrussland	0:0
24. 3. 01	Norwegen – Polen	2:3
24. 3. 01	Armenien – Wales	2:2
28. 3. 01	Polen – Armenien	4:0
28. 3. 01	Wales – Ukraine	1:1
28. 3. 01	Weißrussland – Norwegen	2:1
2. 6. 01	Wales – Polen	1:2
2. 6. 01	Ukraine – Norwegen	0:0
2. 6. 01	Armenien – Weißrussland	0:0
6. 6. 01	Norwegen – Weißrussland	1:1
6. 6. 01	Ukraine – Wales	1:1
6. 6. 01	Armenien – Polen	1:1
1. 9. 01	Weißrussland – Ukraine	0:2
1. 9. 01	Wales – Armenien	0:0
1. 9. 01	Polen – Norwegen	3:0
5. 9. 01	Ukraine – Armenien	3:0
5. 9. 01	Norwegen – Wales	3:2
5. 9. 01	Weißrussland – Polen	4:1
6. 10. 01	Wales – Weißrussland	1:0
6. 10. 01	Polen – Ukraine	1:1
6. 10. 01	Armenien – Norwegen	1:4

1. POLEN	**10**	**21:11**	**21**
2. Ukraine	**10**	**13:8**	**17**
3. Weißrussland	**10**	**12:11**	**15**
4. Norwegen	**10**	**12:14**	**10**
5. Wales	**10**	**10:12**	**9**
6. Armenien	**10**	**7:19**	**5**

Gruppe 6

2. 9. 00	Lettland – Schottland	0:1
2. 9. 00	Belgien – Kroatien	0:0
7. 10. 00	San Marino – Schottland	0:2
7. 10. 00	Lettland – Belgien	0:4
11. 10. 00	Kroatien – Schottland	1:1
15. 11. 00	San Marino – Lettland	0:1
28. 2. 01	Belgien – San Marino	10:1
24. 3. 01	Kroatien – Lettland	4:1
24. 3. 01	Schottland – Belgien	2:2
28. 3. 01	Schottland – San Marino	4:0
25. 4. 01	Lettland – San Marino	1:1
2. 6. 01	Belgien – Lettland	3:1
2. 6. 01	Kroatien – San Marino	4:0
6. 6. 01	Lettland – Kroatien	0:1
6. 6. 01	San Marino – Belgien	1:4
1. 9. 01	Schottland – Kroatien	0:0
5. 9. 01	San Marino – Kroatien	0:4
5. 9. 01	Belgien – Schottland	2:0
6. 10. 01	Schottland – Lettland	2:1
6. 10. 01	Kroatien – Belgien	1:0

1. KROATIEN	**8**	**15:2**	**18**
2. BELGIEN	**8**	**25:6**	**17**
3. Schottland	**8**	**12:6**	**15**
4. Lettland	**8**	**5:16**	**4**
5. San Marino	**8**	**3:30**	**1**

Gruppe 7

2. 9. 00	Bosnien-Herzegowina – Spanien	1:2
3. 9. 00	Israel – Liechtenstein	2:0
7. 10. 00	Liechtenstein – Österreich	0:1
7. 10. 00	Spanien – Israel	2:0
11. 10. 00	Israel – Bosnien-Herzegowina	3:1
11. 10. 00	Österreich – Spanien	1:1
24. 3. 01	Bosnien-Herzegowina – Österreich	1:1
24. 3. 01	Spanien – Liechtenstein	5:0
28. 3. 01	Liechtenstein – Bosnien-Herzegowina	0:3
28. 3. 01	Österreich – Israel	2:1
25. 4. 01	Österreich – Liechtenstein	2:0
2. 6. 01	Liechtenstein – Israel	0:3
2. 6. 01	Spanien – Bosnien-Herzegowina	4:1
6. 6. 01	Israel – Spanien	1:1
1. 9. 01	Bosnien-Herzegowina – Israel	0:0
1. 9. 01	Spanien – Österreich	4:0
5. 9. 01	Liechtenstein – Spanien	0:2
5. 9. 01	Österreich – Bosnien-Herzegowina	2:0
7. 10. 01	Bosnien-Herzegowina – Liechtenstein	5:0
27. 10. 01	Israel – Österreich	1:1

1. SPANIEN	**8**	**21:4**	**20**
2. Österreich	**8**	**10:8**	**15**
3. Israel	**8**	**11:7**	**12**
4. Bosnien-Herzegowina	**8**	**12:12**	**8**
5. Liechtenstein	**8**	**0:23**	**0**

Gruppe 8

3. 9. 00	Rumänien – Litauen	1:0
3. 9. 00	Ungarn – Italien	2:2
7. 10. 00	Litauen – Georgien	0:4
7. 10. 00	Italien – Rumänien	3:0
11. 10. 00	Litauen – Ungarn	1:6
11. 10. 00	Italien – Georgien	2:0
24. 3. 01	Ungarn – Litauen	1:1
24. 3. 01	Rumänien – Italien	0:2
28. 3. 01	Georgien – Rumänien	0:2
28. 3. 01	Italien – Litauen	4:0
2. 6. 01	Rumänien – Ungarn	2:0
2. 6. 01	Georgien – Italien	1:2
6. 6. 01	Litauen – Rumänien	1:2
6. 6. 01	Ungarn – Georgien	4:1
1. 9. 01	Georgien – Ungarn	3:1
1. 9. 01	Litauen – Italien	0:0
5. 9. 01	Ungarn – Rumänien	0:2
5. 9. 01	Georgien – Litauen	2:0
6. 10. 01	Italien – Ungarn	1:0
6. 10. 01	Rumänien – Georgien	1:1

1. ITALIEN	**8**	**16:3**	**20**
2. Rumänien	**8**	**10:7**	**16**
3. Georgien	**8**	**12:12**	**10**
4. Ungarn	**8**	**14:13**	**8**
5. Litauen	**8**	**3:20**	**2**

Gruppe 9

2. 9. 00
Finnland – Albanien 2:1

2. 9. 00 in Hamburg
Deutschland – Griechenland 2:0
Deutschland: Kahn – Rehmer, Nowotny, Heinrich (46. Linke) – Deisler, Ramelow, Ballack, Bode – Scholl – Zickler (71. Rink), Jancker
Griechenland: Eleftheropoulos – Uzunidis – Gumas, Amanatidis – Mavrogenidis (23. Patzatzoglou), Zagorakis (77.Lakis), Pursanaidis (66. Chutos), Tsartas, Georgatas – Georgiadis, Liberopoulos
Tore: 1:0 Deisler (17.), 2:0 Uzunidis (75., Eigentor) – SR: Nieto (Spanien) – Zuschauer: 48 500

7. 10. 00 in London
England – Deutschland 0:1
England: Seaman – G. Neville (46. Dyer), Keown, Adams, Le Saux (77. Barry) – Southgate – Beckham (82. Parlour), Scholes, Barmby – Andy Cole, Owen
Deutschland: Kahn – Rehmer, Nowotny, Linke – Ramelow, Hamann, Bode (87. Ziege) – Deisler, Ballack – Scholl – Bierhoff
Tor: 0:1 Hamann (14.) – SR: Braschi (Italien) – Zuschauer: 76 377

7. 10. 00
Griechenland – Finnland 1:0

11. 10. 00
Finnland – England 0:0

11. 10. 00
Albanien – Griechenland 2:0

24. 3. 01
England – Finnland 2:1

24. 3. 01 in Leverkusen
Deutschland – Albanien 2:1
Deutschland: Kahn – Wörns, Nowotny – Ramelow – Deisle, Hamann (46. Rehmer), Jeremies, Bode – Scholl – Neuville (72. Klose), Bierhoff (46. Jancker)
Albanien: Strakosha – R. Vata, Cipi, Xhumba – Lala, Hasi (84. Fakaj), Kola – F. Vata (78. Skela), Murati – Bushi (63. Rraklli), Tare
Tore: 1:0 Deisler (50.), 1:1 Kola (65.), 2:1 Klose (88.) – SR: Cesari (Italien) – Zuschauer: 22 500

28. 3. 01
Albanien – England 1:3

28. 3. 01 in Athen
Griechenland – Deutschland 2:4
Griechenland: Eleftheropoulos – Goumas, Basinas, Kostulas (35. Mavrogenidis) – Patzatzoglu, Zagorakis, Karagounis (75. Niniadis) – Georgatos – Georgiadis, Liberopoulos – Charisteas (84. Alexandris)
Deutschland: Kahn – Wörns, Nowotny, Heinrich, Ziege – Rehmer, Jeremies (90. Ramelow), Ballack – Deisler – Jancker (78. Bode), Neuville (67. Klose)
Tore: 0:1 Rehmer (6.), 1:1 Charisteas (21.), 1:2 Ballack (25., Foulelfmeter), 2:2 Georgiadis (43.), 2:3 Klose (82.), 2:4 Bode (90.) – SR: Melo Pereira (Portugal) – Zuschauer: 40 000

2. 6. 01 in Helsinki
Finnland – Deutschland 2:2
Finnland: Niemi – Pasanen, Tihinen, Hyypiä, Nylund – Rantanen, Riihilahti (80. Grönlund) – Nurmela (73. Johansson), Litmanen, Kolkka (85. Kuqi) – Forssell
Deutschland: Kahn – Rehmer, Nowotny, Linke – Ramelow, Bode (69. Ziege) – Ballack – Asamoah, Ricken, Neuville (62. Klose) – Jancker (83. Bierhoff)
Tore: 1:0 Forssell (29.), 2:0 Forssell (43.), 2:1 Ballack (68., Foulelfmeter), 2:2 Jancker (72.) – SR: Jol (Niederlande) – Zuschauer: 35 774

2. 6. 01
Griechenland – Albanien 1:0

6. 6. 01 in Tirana
Albanien – Deutschland 0:2
Albanien: Strakosha – R. Vata, Cipi, Xhumba (46. Bellai) – Lala, F. Vata, Hasi (61. Skela), Haxhi (81. Muka) – Bushi, Murati – Tare
Deutschland: Kahn – Rehmer, Nowotny, Linke – Ramelow, Ziege – Asamoah (70. Ricken), Ballack – Deisler (84. Baumann) – Neuville (46. Zickler), Jancker
Tore: 0:1 Rehmer (28.), 0:2 Ballack (68.) – SR: Veissiere (Frankreich) – Zuschauer: 18 000

6. 6. 01
Griechenland – England 0:2

1. 9. 01 in München
Deutschland – England 1:5
Deutschland: Kahn – Wörns (46. Asamoah), Nowotny, Linke – Rehmer, Ballack (67. Klose), Hamann, Böhme – Deisler – Jancker, Neuville (78. Kehl)
England: Seaman – G. Neville, Campbell, Ferdinand, Ashley Cole – Gerrard (78. Hargreaves) – Beckham, Barmby (64. McManaman) – Scholes (83. Carragher) – Owen, Heskey
Tore: 1:0 Jancker (6.), 1:1 Owen (12.), 1:2 Gerrard (45+4.), 1:3 Owen (48.), 1:4 Owen (66.), 1:5 Heskey (74.) – SR: Collina (Italien) – Zuschauer: 63 000

1. 9. 01
Albanien – Finnland 0:2

5. 9. 01
Finnland – Griechenland 5:1

5. 9. 01
England – Albanien 2:0

6. 10. 01 in Gelsenkirchen
Deutschland – Finnland 0:0
Deutschland: Kahn – Rehmer, Wörns, Nowotny, Ziege – Ramelow – Ballack, Böhme (46. Asamoah) – Deisler – Bierhoff, Neuville (77. Klose)
Finnland: Niemi – Reini (79. Helin), Tihinen, Hyypiä, Saarinen – Riihilahti, Tainio (83. Grönlund) – Litmanen – Nurmela, Johansson (66. Kuqi) – Forssell
SR: Frisk (Schweden) – Zuschauer: 52 333

6. 10. 01
England – Griechenland 2:2

1. ENGLAND	**8**	**16:6**	**17**
2. DEUTSCHLAND	**8**	**14:10**	**17**
3. Finnland	**8**	**12:7**	**12**
4. Griechenland	**8**	**7:17**	**7**
5. Albanien	**8**	**5:14**	**3**

Play-offs der Gruppenzweiten

10. 11. 01 in Kiew
Ukraine – Deutschland 1:1
Ukraine: Lewizki – Lujni, Golowko, Waschtschuk, Nesmaschny – Gussin, Timoschtschuk (72. Parfionow) – Subow – Schewtschenko – Worobej (76. Melaschenko), Rebrow (56. Schischtschenko)
Deutschland: Kahn – Rehmer, Nowotny, Linke – Schneider (79. Ricken), Ramelow, Hamann, Ziege – Ballack – Asamoah, Zickler (68. Jancker)
Tore: 1:0 Subow (18.), 1:1 Ballack (31.) – SR: Braschi (Italien) – Zuschauer: 85 000

14. 11. 01 in Dortmund
Deutschland – Ukraine 4:1
Deutschland: Kahn – Rehmer (87. Baumann), Nowotny, Linke – Ramelow, Hamann, Ziege – Schneider, Ballack – Jancker (58. Bierhoff), Neuville (70. Ricken)
Ukraine: Lewizki – Lujni, Waschtschuk, Golowko, Nesmaschny (55. Schischtschenko) – Timoschtschuk (24.Gussin) – Subow, Parfionow, Skripnik – Schewtschenko, Worobej (70. Rebrow)
Tore: 1:0 Ballack (4.), 2:0 Neuville (11.), 3:0 Rehmer (15.), 4:0 Ballack (51.), 4:1 Schewtschenko (90+1.) – SR: Melo Pereira (Portugal) – Zuschauer: 52 400

10. 11. 01
Belgien – Tschechien 1:0

14. 11. 01
Tschechien – BELGIEN 0:1

10. 11. 01
Österreich – Türkei 0:1

14. 11. 01
TÜRKEI – Österreich 5:0

10. 11. 01
Slowenien – Rumänien 2:1

14. 11. 01
Rumänien – SLOWENIEN 1:1

10. 11. 01
Irland – Iran 2:0

15. 11. 01
Iran – IRLAND 1:0

Nord- und Mittelamerika

3 Teilnehmer

Zentral-Zone

Die beiden Gruppensieger qualifizierten sich für das Halbfinale, die beiden Zweiten mussten in die Interzonen-Qualifikation gegen Vertreter der Karibik-Zone.

Gruppe A

5. 3. 00	El Salvador – Belize	5:0
19. 3. 00	Belize – Guatemala (in Honduras)	1:2
2. 4. 00	Guatemala – El Salvador	0:1
16. 4. 00	Belize – El Salvador	1:3
7. 5. 00	El Salvador – Guatemala	1:1
20. 5. 00	Guatemala – Belize (in Honduras)	0:0

1. El Salvador	**4**	**10:2**	**10**
2. Guatemala	**4**	**3:3**	**5**
3. Belize	**4**	**2:10**	**1**

Gruppe B

4. 3. 00	Honduras – Nicaragua	3:0
19. 3. 00	Nicaragua – Panama	0:2
2. 4. 00	Panama – Honduras	1:0
16. 4. 00	Nicaragua – Honduras	0:1
7. 5. 00	Honduras – Panama	3:1
21. 5. 00	Panama – Nicaragua	4:0

1. Panama	**4**	**8:3**	**9**
2. Honduras	**4**	**7:2**	**9**
3. Nicaragua	**4**	**0:10**	**0**

Karibik-Zone

Die drei Gruppensieger qualifizierten sich für das Halbfinale, die drei Gruppenzweiten mussten in die Interzonen-Qualifikation.

Gruppe 1

5. 3. 00	Kuba – Cayman Islands	4:0
19. 3. 00	Cayman Islands – Kuba	0:0
5. 3. 00	St.Lucia – Surinam	1:0
19. 3. 00	Surinam – St. Lucian	n. V 1:0 (3:1 n. E.)
5. 3. 00	Barbados – Grenada	2:2
18. 3. 00	Grenada – Barbados	n. V. 2:3
11. 3. 00	Aruba – Puerto Rico	4:2
18. 3. 00	Puerto Rico – Aruba	2:2
1. 4. 00	Aruba – Barbados	1:3
16. 4. 00	Barbados – Aruba	4:0
2. 4. 00	Kuba – Surinam	1:0
16. 4. 00	Surinam – Kuba	0:0
7. 5. 00	Kuba – Barbados	1:1
21. 5. 00	Barbados – Kuba	n. V. 1:1 (5:4 n. Elfm.)

Gruppe 2

5. 3. 00	St. Vincent – US Jungfern-Inseln	9:0
19. 3. 00	US Jungfern-Inseln – St. Vincent	1:5
5. 3. 00	Brit. Jungfern-Inseln – Bermuda	1:5
19. 3. 00	Bermuda – Brit. Jungfern-Inseln	9:0
18. 3. 00	St. Kitts/Nevis – Turks/Caicos	8:0
21. 3. 00	Turks/Caicos – St.Kitts/Nevis	0:6
	Guyana–Antigua und Barbuda (Guyana von der FIFA suspendiert)	
16. 4. 00	St. Vincent – St. Kitts/Nevis	1:0
22. 4. 00	St. Kitts/Nevis – St. Vincent	1:2
16. 4. 00	Antigua/Barbuda – Bermuda	0:0
23. 4. 00	Bermuda – Antigua/Barbuda	1:1
7. 5. 00	Antigua/Barbuda – St. Vincent	2:1
21. 5. 00	St. Vincent – Antigua/Barbuda	4:0

Gruppe 3

5. 3. 00	Trinidad/Tobago – Nied. Antillen	5:0
18. 3. 00	Nied. Antillen – Trinidad/Tobago	1:1
5. 3. 00	Dominikan. Rep. – Montserrat	3:0
19. 3. 00	Montserrat – Dominikan. Rep.	1:3
5. 3. 00	Anguilla – Bahamas	1:3
19. 3. 00	Bahamas – Anguilla	2:1
11. 3. 00	Haiti – Dominica	4:0
19. 3. 00	Dominica – Haiti	1:3
1. 4. 00	Haiti – Bahamas	9:0
16. 4. 00	Bahamas – Haiti	0:4
2. 4. 00	Trinidad/Tob. – Dominikan. Rep.	3:0
16. 4. 00	Dominikan. Rep. – Trinidad/Tob.	0:1
7. 5. 00	Trinidad/Tobago – Haiti	3:1
19. 5. 00	Haiti – Trinidad/Tobago	1:1

Interzonen-Qualifikation

Kanada war gesetzt. Die drei Sieger qualifizierten sich für das Halbfinale.

3. 6. 00	Honduras – Haiti	4:0
17. 6. 00	Haiti – Honduras	1:3
4. 6. 00	Kuba – Kanada	0:1
11. 6. 00	Kanada – Kuba	0:0
11. 6. 00	Antigua/Barbuda – Guatemala	0:1
18. 6. 00	Guatemala – Antigua/Barbuda	8:1

Halbfinale

Als Gruppenköpfe gesetzt waren Mexiko, Jamaika und die USA.Costa Rica war zwar gesetzt, wurde jedoch mit den fünf Gruppensiegern der Vorrunde und den drei Siegern der Interzonen-Qualifikation den drei Gruppen zugelost.

Gruppe C

16. 7. 00	Kanada – Trinidad/Tobago	0:2
16. 7. 00	Panama – Mexiko	0:1
23. 7. 00	Panama – Kanada	0:0
23. 7. 00	Trinidad/Tobago – Mexiko	1:0
15. 8. 00	Mexiko – Kanada	2:0

Herzschlagfinale: Hoch her ging's gegen Costa Rica und Guatemala in der Nord-/Mittelamerika-Gruppe, am Ende lagen die US-Amerikaner mit DaMarcus Beasley lediglich einen Punkt vor der Konkurrenz.

16. 8. 00	Trinidad/Tobago – Panama	6:0
3. 9. 00	Mexiko – Panama	7:1
3. 9. 00	Trinidad/Tobago – Kanada	4:0
8. 10. 00	Mexiko – Trinidad/Tobago	7:0
9. 10. 00	Kanada – Panama	1:0
15. 11. 00	Panama – Trinidad/Tobago	0:1
15. 11. 00	Kanada – Mexiko	0:0

1. Trinidad & Tobago	**6**	**14:7**	**15**
2. Mexiko	**6**	**17:2**	**13**
3. Kanada	**6**	**1:8**	**5**
4. Panama	**6**	**1:16**	**1**

Gruppe D

16. 7. 00	El Salvador – Honduras	2:5
16. 7. 00	St. Vincent – Jamaika	0:1
23. 7. 00	El Salvador – St. Vincent	7:1
23. 7. 00	Jamaika – Honduras	3:1
16. 8. 00	Jamaika – El Salvador	1:0
16. 8. 00	Honduras – St. Vincent	6:0
2. 9. 00	Honduras – El Salvador	5:0
3. 9. 00	Jamaika – St. Vincent	2:0
8. 10. 00	St. Vincent – El Salvador	1:2
8. 10. 00	Honduras – Jamaika	1:0
14. 11. 00	St. Vincent – Honduras	0:7
15. 11. 00	El Salvador – Jamaika	2:0

1. Honduras	**6**	**25:5**	**15**
2. Jamaika	**6**	**7:4**	**12**
3. El Salvador	**6**	**13:13**	**9**
4. St. Vincent/Grenadines	**6**	**2:25**	**0**

Gruppe E

16. 7. 00	Guatemala – USA	1:1
16. 7. 00	Barbados – Costa Rica	2:1
22. 7. 00	Guatemala – Barbados	2:0
23. 7. 00	Costa Rica – USA	2:1
15. 8. 00	Costa Rica – Guatemala	2:1
16. 8. 00	USA – Barbados	7:0
3. 9. 00	Costa Rica – Barbados	3:0
3. 9. 00	USA – Guatemala	1:0
8. 10. 00	Barbados – Guatemala	1:3
11. 10. 00	USA – Costa Rica	0:0
15. 11. 00	Guatemala – Costa Rica	2:1
15. 11. 00	Barbados – USA	0:4

1. USA	**6**	**14:3**	**11**
2. Costa Rica	**6**	**9:6**	**10**
3. Guatemala	**6**	**9:6**	**10**
4. Barbados	**6**	**3:20**	**3**

Entscheidungsspiel in Miami/USA

6. 1. 01	Costa Rica – Guatemala	5:2

Endrunde

Die Sieger und Zweiten der drei Halbfinal-Gruppen ermittelten in einer Runde jeder gegen jeden mit Hin- und Rückspielen die drei CONCACAF-Teilnehmer an der WM 2002.

28. 2. 01	Jamaika – Trinidad/Tobago	1:0
28. 2. 01	USA – Mexiko	2:0
28. 2. 01	Costa Rica – Honduras	2:2
25. 3. 01	Mexiko – Jamaika	4:0
28. 3. 01	Honduras – USA	1:2
28. 3. 01	Costa Rica – Trinidad/Tobago	3:0
25. 4. 01	Trinidad/Tobago – Mexiko	1:1
25. 4. 01	USA – Costa Rica	1:0
25. 4. 01	Jamaika – Honduras	1:1
16. 6. 01	Mexiko – Costa Rica	1:2
16. 6. 01	Jamaika – USA	0:0
16. 6. 01	Trinidad/Tobago – Honduras	2:4
20. 6. 01	Honduras – Mexiko	3:1
20. 6. 01	USA – Trinidad/Tobago	2:0
20. 6. 01	Costa Rica – Jamaika	2:1
30. 6. 01	Trinidad/Tobago – Jamaika	1:2
1. 7. 01	Mexiko – USA	1:0
1. 7. 01	Honduras – Costa Rica	2:3
1. 9. 01	USA – Honduras	2:3
1. 9. 01	Trinidad/Tobago – Costa Rica	0:2
2. 9. 01	Jamaika – Mexiko	1:2
5. 9. 01	Mexiko – Trinidad/Tobago	3:0
5. 9. 01	Honduras – Jamaika	1:0
5. 9. 01	Costa Rica – USA	2:0
7. 10. 01	Honduras – Trinidad/Tobago	0:1
7. 10. 01	Costa Rica – Mexiko	0:0
7. 10. 01	USA – Jamaika	2:1
11. 11. 01	Mexiko – Honduras	3:0
11. 11. 01	Jamaika – Costa Rica	0:1
11. 11. 01	Trinidad/Tobago – USA	0:0

1. COSTA RICA	**10**	**17:7**	**23**
2. MEXIKO	**10**	**16:9**	**17**
3. USA	**10**	**11:8**	**17**
4. Honduras	**10**	**17:17**	**14**
5. Jamaika	**10**	**7:14**	**8**
6. Trinidad & Tobago	**10**	**5:18**	**5**

Ozeanien

0 Teilnehmer

Gruppe 1

Turnier in Australien

7. 4. 01	Westsamoa – Tonga	0:1
7. 4. 01	Fidschi – Amerikanisch Samoa	13:0
9. 4. 01	Tonga – Australien	0:22
9. 4. 01	Amerik. Samoa – Westsamoa	0:8
11. 4. 01	Westsamoa – Fidschi	1:6
11. 4. 01	Australien – Amerik. Samoa	31:0
14. 4. 01	Fidschi – Australien	0:2
14. 4. 01	Amerikanisch Samoa – Tonga	0:5
16. 4. 01	Australien – Westsamoa	11:0
16. 4. 01	Tonga – Fidschi	1:8

1. Australien	**4**	**66:0**	**12**
2. Fidschi	**4**	**27:4**	**9**
3. Tonga	**4**	**7:30**	**6**
4. Westsamoa	**4**	**9:18**	**3**
5. Amerikanisch Samoa	**4**	**0:57**	**0**

Gruppe 2

Turnier in Neuseeland

4. 6. 01	Vanuatu – Tahiti	1:6
4. 6. 01	Salomonen – Cook Islands	9:1
6. 6. 01	Tahiti – Neuseeland	0:5
6. 6. 01	Cook Islands – Vanuatu	1:8
8. 4. 01	Vanuatu – Salomonen	2:7
8. 6. 01	Neuseeland – Cook Islands	2:0
11. 6. 01	Salomonen – Neuseeland	1:5
11. 6. 01	Cook Islands – Tahiti	0:6
13. 6. 01	Neusseland – Vanuatu	7:0
13. 6. 01	Tahiti – Salomonen	2:0

1. Neuseeland	**4**	**19:1**	**12**
2. Tahiti	**4**	**14:6**	**9**
3. Salomonen	**4**	**17:10**	**6**
4. Vanuatu	**4**	**11:21**	**3**
5. Cook Islands	**4**	**2:25**	**0**

Endspiele

20. 6. 01	Neuseeland – Australien	0:2
24. 6. 01	Australien – Neuseeland	4:1

Australien musste zwei weitere Qualifikationsspiele gegen den Fünften der Südamerika-Gruppe (Uruguay) bestreiten.

Südamerika

5 Teilnehmer
Alle zehn Mitglieder der südamerikanischen Konföderation CONMEBOL spielten in einer Gruppe mit Hin- und Rückspielen. Die ersten vier Länder waren direkt für die WM 2002 qualifiziert, der Fünfte musste zwei Ausscheidungsspiele gegen den Sieger der Ozeanien-Gruppe (Australien) bestreiten.

28. 3. 00	Kolumbien – Brasilien	0:0
29. 3. 00	Ecuador – Venezuela	2:0
29. 3. 00	Uruguay – Bolivien	1:0
29. 3. 00	Argentinien – Chile	4:1
29. 3. 00	Peru – Paraguay	2:0
26. 4. 00	Bolivien – Kolumbien	1:1
26. 4. 00	Paraguay – Uruguay	1:0
26. 4. 00	Venezuela – Argentinien	0:4
26. 4. 00	Chile – Peru	1:1
26. 4. 00	Brasilien – Ecuador	3:2
3. 6. 00	Uruguay – Chile	2:1
3. 6. 00	Paraguay – Ecuador	3:1
4. 6. 00	Argentinien – Bolivien	1:0
4. 6. 00	Peru – Brasilien	0:1
4. 6. 00	Kolumbien – Venezuela	3:0
28. 6. 00	Venezuela – Bolivien	4:2
28. 6. 00	Brasilien – Uruguay	1:1
29. 6. 00	Ecuador – Peru	2:1
29. 6. 00	Chile – Paraguay	3:1
29. 6. 00	Kolumbien – Argentinien	1:3
18. 7. 00	Uruguay – Venezuela	3:1
18. 7. 00	Paraguay – Brasilien	2:1
19. 7. 00	Bolivien – Chile	1:0
19. 7. 00	Peru – Kolumbien	0:1
19. 7. 00	Argentinien – Ecuador	2:0
25. 7. 00	Ecuador – Kolumbien	0:0
25. 7. 00	Venezuela – Chile	0:2
26. 7. 00	Uruguay – Peru	0:0
26. 7. 00	Brasilien – Argentinien	3:1
27. 7. 00	Bolivien – Paraguay	0:0
15. 8. 00	Kolumbien – Uruguay	1:0
15. 8. 00	Chile – Brasilien	3:0
16. 8. 00	Ecuador – Bolivien	2:0
16. 8. 00	Argentinien – Paraguay	1:1
16. 8. 00	Peru – Venezuela	1:0
2. 9. 00	Paraguay – Venezuela	3:0
2. 9. 00	Chile – Kolumbien	0:1
3. 9. 00	Uruguay – Ecuador	4:0
3. 9. 00	Peru – Argentinien	1:2
3. 9. 00	Brasilien – Bolivien	5:0
7. 10. 00	Kolumbien – Paraguay	0:2
8. 10. 00	Venezuela – Brasilien	0:6
8. 10. 00	Bolivien – Peru	1:0
8. 10. 00	Ecuador – Chile	1:0
8. 10. 00	Argentinien – Uruguay	2:1
15. 11. 00	Brasilien – Kolumbien	1:0
15. 11. 00	Bolivien – Uruguay	0:0
15. 11. 00	Venezuela – Ecuador	1:2
15. 11. 00	Paraguay – Peru	5:1
15. 11. 00	Chile – Argentinien	0:2
27. 3. 01	Kolumbien – Bolivien	2:0
27. 3. 01	Peru – Chile	3:1
28. 3. 01	Ecuador – Brasilien	1:0
28. 3. 01	Uruguay – Paraguay	0:1
28. 3. 01	Argentinien – Venezuela	5:0
24. 4. 01	Ecuador – Paraguay	2:1
24. 4. 01	Venezuela – Kolumbien	2:2
24. 4. 01	Chile – Uruguay	0:1
25. 4. 01	Bolivien – Argentinien	3:3
25. 4. 01	Brasilien – Peru	1:1
2. 6. 01	Peru – Ecuador	1:2
2. 6. 01	Paraguay – Chile	1:0
3. 6. 01	Argentinien – Kolumbien	3:0
3. 6. 01	Bolivien – Venezuela	5:0
1. 7. 01	Uruguay – Brasilien	1:0
14. 8. 01	Venezuela – Uruguay	2:0
14. 8. 01	Chile – Bolivien	2:2
15. 8. 01	Ecuador – Argentinien	0:2
15. 8. 01	Brasilien – Paraguay	2:0
16. 8. 01	Kolumbien – Peru	0:1
4. 9. 01	Chile – Venezuela	0:2
4. 9. 01	Peru – Uruguay	0:2
5. 9. 01	Paraguay – Bolivien	5:1
5. 9. 01	Kolumbien – Ecuador	0:0
5. 9. 01	Argentinien – Brasilien	2:1
6. 10. 01	Bolivien – Ecuador	1:5
6. 10. 01	Venezuela – Peru	3:0
7. 10. 01	Uruguay – Kolumbien	1:1
7. 10. 01	Brasilien – Chile	2:0
7. 10. 01	Paraguay – Argentinien	2:2
7. 11. 01	Bolivien – Brasilien	3:1
7. 11. 01	Ecuador – Uruguay	1:1
7. 11. 01	Kolumbien – Chile	3:1
8. 11. 01	Argentinien – Peru	2:0
8. 11. 01	Venezuela – Paraguay	3:1
14. 11. 01	Uruguay – Argentinien	1:1
14. 11. 01	Brasilien – Venezuela	3:0
14. 11. 01	Paraguay – Kolumbien	0:4
14. 11. 01	Chile – Ecuador	0:0
14. 11. 01	Peru – Bolivien	1:1

1. ARGENTINIEN	**18**	**42:15**	**43**
2. ECUADOR	**18**	**23:20**	**31**
3. BRASILIEN	**18**	**31:17**	**30**
4. PARAGUAY	**18**	**29:23**	**30**
5. URUGUAY	**18**	**19:13**	**27**
6. Kolumbien	**18**	**20:15**	**27**
7. Bolivien	**18**	**21:33**	**18**
8. Peru	**18**	**14:25**	**16**
9. Venezuela	**18**	**18:44**	**16**
10. Chile	**18**	**15:27**	**12**

Play-offs gegen den Ozeanien-Sieger

20. 11. 01	Australien – Uruguay	1:0
25. 11. 01	URUGUAY – Australien	3:0

Sturz eines Titans: Dominant wie nie zuvor gestaltete Argentinien die Spiele in Südamerika, wies am Ende 12 Punkte Vorsprung auf den Zweiten Ecuador und gar 13 auf Brasilien auf. Beim Endturnier jedoch kam für Gabriel Batistuta und Co. schon nach der Vorrunde das Aus.

Die Spiele der Endrunde 2002

Gruppe A

(in Südkorea)

Frankreich – Senegal	0:1
Uruguay – Dänemark	1:2
Dänemark – Senegal	1:1
Frankreich – Uruguay	0:0
Dänemark – Frankreich	2:0
Senegal – Uruguay	3:3

1. Dänemark	3	5:2	7
2. Senegal	3	5:4	5
3. Uruguay	3	4:5	2
4. Frankreich	3	0:3	1

Gruppe B

(in Südkorea)

Paraguay – Südafrika	2:2
Spanien – Slowenien	3:1
Spanien – Paraguay	3:1
Südafrika – Slowenien	1:0
Südafrika – Spanien	2:3
Slowenien – Paraguay	1:3

1. Spanien	3	9:4	9
2. Paraguay	3	6:6	4
3. Südafrika	3	5:5	4
4. Slowenien	3	2:7	0

Gruppe C

(in Südkorea)

Brasilien – Türkei	2:1
China – Costa Rica	0:2
Brasilien – China	4:0
Costa Rica – Türkei	1:1
Costa Rica – Brasilien	2:5
Türkei – China	3:0

1. Brasilien	3	11:3	9
2. Türkei	3	5:3	4
3. Costa Rica	3	5:6	4
4. China	3	0:9	0

Gruppe D

(in Südkorea)

Südkorea – Polen	2:0
USA – Portugal	3:2
Südkorea – USA	1:1
Portugal – Polen	4:0
Portugal – Südkorea	0:1
Polen – USA 3:1	

1. Südkorea	3	4:1	7
2. USA	3	5:6	4
3. Portugal	3	6:4	3
4. Polen	3	3:7	3

Gruppe E

(in Japan)

Irland – Kamerun	1:1
Deutschland – Saudi-Arabien	8:0
Deutschland – Irland	1:1
Kamerun – Saudi-Arabien	1:0
Kamerun – Deutschland	0:2
Saudi-Arabien – Irland	0:3

1. Deutschland	3	11:1	7
2. Irland	3	5:2	5
3. Kamerun	3	2:3	4
4. Saudi-Arabien	3	0:12	0

Gruppe F

(in Japan)

Argentinien – Nigeria	1:0
England – Schweden	1:1
Schweden – Nigeria	2:1
Argentinien – England	0:1
Schweden – Argentinien	1:1
Nigeria – England	0:0

1. Schweden	3	4:3	5
2. England	3	2:1	5
3. Argentinien	3	2:2	4
4. Nigeria	3	1:3	1

Gruppe G

(in Japan)

Kroatien – Mexiko	0:1
Italien – Ecuador	2:0
Italien – Kroatien	1:2
Mexiko – Ecuador	2:1
Mexiko – Italien	1:1
Ecuador – Kroatien	1:0

1. Mexiko	3	4:2	7
2. Italien	3	4:3	4
3. Kroatien	3	2:3	3
4. Ecuador	3	2:4	3

Gruppe H

Japan – Belgien	2:2
Russland – Tunesien	2:0
Japan – Russland	1:0
Tunesien – Belgien	1:1
Tunesien – Japan	0:2
Belgien – Russland	3:2

1. Japan	3	5:2	7
2. Belgien	3	6:5	5
3. Russland	3	4:4	3
4. Tunesien	3	1:5	1

Achtelfinale

Deutschland – Paraguay	1:0
Dänemark – England	0:3
Schweden – Senegal	1:2 i. V. durch »Golden Goal«
Spanien – Irland	1:1 n. V. (3:2 im Elfm.)
Mexiko – USA	0:2
Brasilien – Belgien	2:0
Japan – Türkei	0:1
Südkorea – Italien	2:1 i. V. durch »Golden Goal«

Viertelfinale

England – Brasilien	1:2
Deutschland – USA	1:0
Spanien – Südkorea	0:0 n. V. (3:5 im Elfm.)
Senegal – Türkei	0:1 i. V. durch »Golden Goal«

Halbfinale

Deutschland – Südkorea	1:0
Brasilien – Türkei	1:0

Spiel Platz 3

Südkorea – Türkei	2:3

Endspiel

Deutschland – Brasilien	0:2

Als Vize-Weltmeister durften sich in Yokohama Rudi Völler und DFB-Keeper Oliver Kahn feiern lassen.

Bisherige Weltmeisterschaften

1930 Uruguay, 13.–30. 7.

Gruppe 1:	1. Argentinien	10:4	6–0
	2. Chile	5:3	4–2
	3. Frankreich	4:3	2–4
	4. Mexiko	4:13	0–6
Gruppe 2:	1. Jugoslawien	6:1	4–0
	2. Brasilien	5:2	2–2
	3. Bolivien	0:8	0–4
Gruppe 3:	1. Uruguay	5:0	4–0
	2. Rumänien	3:5	2–2
	3. Peru	1:4	0–4
Gruppe 4:	1. USA	6:0	4–0
	2. Paraguay	1:3	2–2
	3. Belgien	0:4	0–4
Endrunde:	Argentinien – USA	6:1	
	Uruguay – Jugoslawien	6:1	
Endspiel:	**Uruguay – Argentinien**	**4:2**	

1934 Italien, 24. 5.–10. 6.

Qualifikation:	USA – Mexiko	4:2
Achtelfinale:	Österreich – Frankreich	3:2 n.V.
	Ungarn – Ägypten	4:2
	Brasilien – Spanien	1:3
	Italien – USA	7:1
	Deutschland – Belgien	5:2
	Argentinien – Schweden	2:3
	Holland – Schweiz	2:3
	CSR – Rumänien	2:1
Viertelfinale:	Österreich – Ungarn	2:1
	Spanien – Italien	1:1 n.V
	Spanien – Italien	0:1
	Deutsch. – Schweden	2:1
	Schweiz – CSR	2:3
Halbfinale:	Österreich – Italien	0:1
	Deutschland – CSR	1:3
Um Platz 3:	Deutschland – Österreich	3:2
Endspiel:	**Italien – CSR**	**2:1 n.V.**

1938 Frankreich, 4.–19. 6.

Achtelfinale:	Italien – Norwegen	2:1 n.V.
	Frankreich – Belgien	3:1
	Brasilien – Polen	6:5 n.V.
	CSR – Holland	3:0 n.V.
	Deutschland – Schweiz	1:1 n.V.
	Deutschland – Schweiz	2:4
	Ungarn – Niederl. Ind.	6:0
	Kuba – Rumänien	3:3 n.V.
	Kuba – Rumänien	2:1
	Österr. – Schweden fand nicht statt	
Viertelfinale:	Frankreich – Italien	1:3
	Brasilien – CSR	1:1 n.V.
	Brasilien – CSR	2:1
	Schweiz – Ungarn	0:2
	Schweden – Kuba	8:0
Halbfinale:	Italien – Brasilien	2:1
	Ungarn – Schweden	5:1
Um Platz 3:	Brasilien – Schweden	4:2
Endspiel:	**Italien – Ungarn**	**4:2**

1950 Brasilien, 25. 6.–16. 7.

Gruppe 1:	1. Brasilien	8:2	5–1
	2. Jugoslawien	7:3	4–2
	3. Schweiz	4:6	3–3
	4. Mexiko	2:10	0–6
Gruppe 2:	1. Spanien	6:1	6–0
	2. England	2:2	2–4
	3. Chile	5:6	2–4
	4. USA	4:8	2–4
Gruppe 3:	1. Schweden	5:4	3–1
	2. Italien	4:3	2–2
	3. Paraguay	2:4	1–3
Gruppe 4:	1. Uruguay	8:0	2–0
	2. Bolivien	0:8	0–2
Endrunde:	1. Uruguay	7:5	5–1
	2. Brasilien	14:4	4–2
	3. Schweden	6:11	2–4
	4. Spanien	4:11	1–5

1954 Schweiz, 16. 6.–4. 7.

Gruppe 1:	1. Brasilien	6:1	3–1
	2. Jugoslawien	2:1	3–1
	3. Frankreich	3:3	2–2
	4. Mexiko	2:8	0–4
Gruppe 2:	1. Ungarn	17:3	4–0
	2. Deutschland	7:9	2–2
	3. Türkei	8:4	2–2
	4. Südkorea	0:16	0–4
	Entscheidung um Platz 2:		
	Deutschland – Türkei	7:2	
Gruppe 3:	1. Uruguay	9:0	4–0
	2. Österreich	6:0	4–0
	3. CSSR	0:7	0–4
	4. Schottland	0:8	0–4
Gruppe 4:	1. England	6:4	3–1
	2. Schweiz	2:3	2–2
	3. Italien	5:3	2–2
	4. Belgien	5:8	1–3
	Entscheidung um Platz 2:		
	Schweiz – Italien	4:1	
	Der 1. und 2. kamen weiter		
Viertelfinale:	Uruguay – England	4:2	
	Schweiz – Österreich	5:7	
	Deutschland – Jugoslaw.	2:0	
	Ungarn – Brasilien	4:2	
Halbfinale:	Deutschland – Österreich	6:1	
	Ungarn – Uruguay	4:2 n.V.	
Um Platz 3:	Österreich – Uruguay	3:1	
Endspiel:	Deutschland – Ungarn	3:2	

1958 Schweden, 8.–29. 6.

Gruppe 1:	1. Deutschland	7:5	4–2
	2. Nordirland	4:5	3–3
	3. CSSR	8:4	3–3
	4. Argentinien	5:10	2–4
	Entscheidung um Platz 2:		
	Nordirland – CSSR	2:1 n.V.	
Gruppe 2:	1. Frankreich	11:7	4–2
	2. Jugoslawien	7:6	4–2
	3. Paraguay	9:12	3–3
	4. Schottland	4:6	1–5
Gruppe 3:	1. Schweden	5:1	5–1
	2. Wales	2:2	3–3
	3. Ungarn	6:3	3–3
	4. Mexiko	1:8	1–5
	Entscheidung um Platz 2:		
	Wales – Ungarn	2:1	
Gruppe 4:	1. Brasilien	5:0	5–1
	2. UdSSR	4:4	3–3
	3. England	4:4	3–3
	4. Österreich	2:7	1–5
	Entscheidung um Platz 2:		
	UdSSR – England	1:0	
	Der 1. und 2. kamen weiter		
Viertelfinale:	Deutschland – Jugoslawien	1:0	
	Schweden – UdSSR	2:0	
	Frankreich – Nordirland	4:0	
	Brasilien – Wales	1:0	
Halbfinale:	Schweden – Deutschland	3:1	
	Brasilien – Frankreich	5:2	
Um Platz 3:	Frankreich – Deutschland	6:3	
Endspiel:	**Schweden – Brasilien**	**2:5**	

1962 Chile, 30. 5.–17. 6.

Gruppe A:	1. UdSSR	8:5	5–1
	2. Jugoslawien	8:3	4–2
	3. Uruguay	4:6	2–4
	4. Kolumbien	5:11	1–5
Gruppe B:	1. Deutschland	4:1	5–1
	2. Chile	5:3	4–2
	3. Italien	3:2	3–3
	4. Schweiz	2:8	2–6
Gruppe C:	1. Brasilien	4:1	5–1
	2. CSSR	2:3	3–3
	3. Mexiko	3:4	2–4
	4. Spanien	2:3	2–4
Gruppe D:	1. Ungarn	8:2	5–1
	2. England	4:3	3–3
	3. Argentinien	2:3	3–3
	4. Bulgarien	1:7	1–5
	Der 1. und 2. kamen weiter		
Viertelfinale:	Chile – UdSSR	2:1	
	Deutschland – Jugoslawien	0:1	
	Brasilien – England	3:1	
	Ungarn – CSSR	0:1	
Halbfinale:	Chile – Brasilien	2:4	
	CSSR – Jugoslawien	3:1	
Um Platz 3:	Chile – Jugoslawien	1:0	
Endspiel:	**Brasilien – CSSR**	**3:1**	

1966 England, 11.–30. 7.

Gruppe A:	1. England	4:0	5–1
	2. Uruguay	2:1	4–2
	3. Mexiko	1:3	2–4
	4. Frankreich	2:5	1–5
Gruppe B:	1. Deutschland	7:1	5–1
	2. Argentinien	4:1	5–1
	3. Spanien	4:5	2–4
	4. Schweiz	1:9	0–6
Gruppe C:	1. Portugal	9:2	6–0
	2. Ungarn	7:5	4–2
	3. Brasilien	4:6	2–4
	4. Bulgarien	1:8	0–6
Gruppe D:	1. UdSSR	6:1	6–0
	2. Nordkorea	2:4	3–3
	3. Italien	2:2	2–4
	4. Chile	2:5	1–5
	Der 1. und 2. kamen weiter		
Viertelfinale:	England – Argentinien	1:0	
	Deutschland – Uruguay	4:0	
	Portugal – Nordkorea	5:3	
	UdSSR – Ungarn	2:1	
Halbfinale:	Deutschland – UdSSR	2:1	
	England – Portugal	2:1	
Um Platz 3:	Portugal – UdSSR	2:1	
Endspiel:	**England – Deutschland**	**4:2 n.V.**	

1970 Mexiko, 31. 5.–21. 6.

Gruppe 1:	1. UdSSR	6:1	5–1
	2. Mexiko	5:0	5–1
	3. Belgien	4:5	2–4
	4. El Salvador	0:9	0–6
Gruppe 2:	1. Italien	1:0	4–2
	2. Uruguay	2:1	3–3
	3. Schweden	2:2	3–3
	4. Israel	1:3	2–4
Gruppe 3:	1. Brasilien	8:3	6–0
	2. England	2:1	4–2
	3. Rumänien	4:5	2–4
	4. CSSR	2:7	0–6
Gruppe 4:	1. Deutschland	10:4	6–0
	2. Peru	7:5	4–2
	3. Bulgarien	5:9	1–5
	4. Marokko	2:6	1–5
	Der 1. und 2. kamen weiter		
Viertelfinale:	UdSSR – Uruguay	0:1 n.V.	
	Italien – Mexiko	4:1	
	Brasilien – Peru	4:2	
	Deutschland – England	3:2 n.V.	
Halbfinale:	Deutschland – Italien	3:4 n.V.	
	Brasilien – Uruguay	3:1	
Um Platz 3:	Deutschland – Uruguay	1:0	
Endspiel:	**Brasilien – Italien**	**4:1**	

1974 Deutschland, 13. 6.–7. 7.

1. Finalrunde:

Gruppe 1:	1. DDR	4:1	5–1
	2. Deutschland	4:1	4–2
	3. Chile	1:2	2–4
	4. Australien	0:5	1–5
Gruppe 2:	1. Jugoslawien	10:1	4–2
	2. Brasilien	3:0	4–2
	3. Schottland	3:1	4–2
	4. Zaire	0:14	0–6
Gruppe 3:	1. Holland	6:1	5–1
	2. Schweden	3:0	4–2
	3. Bulgarien	2:5	2–4
	4. Uruguay	1:6	1–5
Gruppe 4:	1. Polen	12:3	6–0
	2. Argentinien	7:5	3–3
	3. Italien	5:4	3–3
	4. Haiti	2:14	0–6
	Der 1. und 2. kamen weiter		

2. Finalrunde:

Gruppe A:	1. Holland	8:0	6–0
	2. Brasilien	3:3	4–2
	3. DDR	1:4	1–5
	4. Argentinien	2:7	1–5
Gruppe B:	1. Deutschland	7:2	6–0
	2. Polen	3:2	4–2
	3. Schweden	4:6	2–4
	4. Jugoslawien	2:6	0–6
Um Platz 3:	Polen – Brasilien	1:0	
Endspiel:	**Deutschland – Holland**	**2:1**	

1978 Argentinien, 1. 6.–25. 6.

1. Finalrunde:

Gruppe 1:	1. Italien	6:2	6–0
	2. Argentinien	4:3	4–2
	3. Frankreich	5:5	2–4
	4. Ungarn	3:8	0–6
Gruppe 2:	1. Polen	4:1	5–1
	2. Deutschland	6:0	4–2
	3. Tunesien	3:2	3–3
	4. Mexiko	2:12	0:6

Gruppe 3:	1. Österreich	3:2	4–2
	2. Brasilien	2:1	4–2
	3. Spanien	2:2	3–3
	4. Schweden	1:3	1–5
Gruppe 4:	1. Peru	7:2	5–1
	2. Holland	5:3	3–3
	3. Schottland	5:6	3–3
	4. Iran	2:8	1–5
	Der 1. und 2. kamen weiter		
2. Finalrunde:			
Gruppe A.	1. Holland	9:4	5–1
	2. Italien	2:2	3–3
	3. Deutschland	4:5	2–4
	4. Österreich	4:8	2–4
Gruppe B:	1. Argentinien	8:0	5–1
	2. Brasilien	6:1	5–1
	3. Polen	2:5	2–4
	4. Peru	0:10	0–6
Um Platz 3:	Brasilien – Italien	2:1	
Endspiel:	**Argentinien – Holland**	**3:1 n.V.**	

1982 Spanien, 13. 6.–11. 7.

Gruppe 1:	1. Polen	5:1	4–2
	2. Italien	2:2	3–3
	3. Kamerun	1:1	3–3
	4. Peru	2:6	2–4
Gruppe 2:	1. Deutschland	6:3	4–2
	2. Österreich	3:1	4–2
	3. Algerien	5:5	4–2
	4. Chile	3:8	0–6
Gruppe 3:	1. Belgien	3:1	5–1
	2. Argentinien	6:2	4–2
	3. Ungarn	12:6	3–3
	4. El Salvador	1:13	0–6
Gruppe 4:	1. England	6:1	6–0
	2. Frankreich	6:5	3–3
	3. CSSR	2:4	2–4
	4. Kuwait	2:6	1–5
Gruppe 5:	1. Nordirland	2:1	4–2
	2. Spanien	3:3	3–3
	3. Jugoslawien	2:2	3–3
	4. Honduras	2:3	2–4
Gruppe 6:	1. Brasilien	10:2	6–0
	2. UdSSR	6:4	3–3
	3. Schottland	8:8	3–3
	4. Neuseeland	2:12	0–6
Finalrunde:			
Gruppe A:	1. Polen	3:0	3–1
	2. UdSSR	1:0	3–1
	3. Belgien	0:4	0–4
Gruppe B:	1. Deutschland	2:1	3–1
	2. England	0:0	2–2
	3. Spanien	1:2	1–3
Gruppe C:	1. Italien	5:3	4–0
	2. Brasilien	5:4	2–2
	3. Argentinien	2:5	0–4
Gruppe D:	1. Frankreich	5:1	4–0
	2. Österreich	2:3	1–3
	3. Nordirland	3:6	1–3
Halbfinale:	Polen – Italien	0:2	
	Deutschl. – Frankreich	3:3 n.V.	
		5:4 n. Elfmeterschießen	
Um Platz 3:	Polen – Frankreich	3:2	
Endspiel:	**Italien – Deutschland**	**3:1**	

1986 Mexiko, 31. 5.–29. 6.

Gruppe A:	1. Argentinien	6:2	5–1
	2. Italien	5:4	4–2
	3. Bulgarien	2:4	2–4
	4. Südkorea	4:7	1–5
Gruppe B:	1. Mexiko	4:2	5–1
	2. Paraguay	4:3	4–2
	3. Belgien	5:5	3–3
	4. Irak	1:4	0–6
Gruppe C:	1. UdSSR	9:1	5–1
	2. Frankreich	5:1	5–1
	3. Ungarn	2:9	2–4
	4. Kanada	0:5	0–6
Gruppe D:	1. Brasilien	5:0	6–0
	2. Spanien	5:2	4–2
	3. Nordirland	2:6	1–5
	4. Algerien	1:5	1–5
Gruppe E:	1. Dänemark	9:1	6–0
	2. Deutschland	3:4	3–3
	3. Uruguay	2:7	2–4
	4. Schottland	1:3	1–5
Gruppe F:	1. Marokko	3:1	4–2
	2. England	3:1	3–3
	3. Polen	1:3	3–3
	4. Portugal	2:4	2–4
	Der 1. und 2. sowie die vier besten Gruppendritten kamen weiter.		
Achtelfinale:	Mexiko – Bulgarien	2:0	
	UdSSR – Belgien	3:4 n.V.	
	Brasilien – Polen	4:0	
	Argentinien – Uruguay	1:0	
	Italien – Frankreich	0:2	
	Marokko – Deutschl.	0:1	
	England – Paraguay	3:0	
	Dänemark – Spanien	1:5	
Viertelfinale:	Brasilien – Frankreich	1:1 n.V.	
		3:4 n. Elfmeterschießen	
	Deutschland – Mexiko	0:0 n.V.	
		4:1 n. Elfmeterschießen	
	Argentinien – England	2:1	
	Spanien – Belgien	1:1 n.V.	
		4:5 n. Elfmeterschießen	
Halbfinale:	Frankreich – Deutschl.	0:2	
	Argentinien – Belgien	2:0	
Um Platz 3:	Frankreich – Belgien	4:2 n.V.	
Endspiel:	**Argentinien – Deutschland**	**3:2**	

1990 Italien, 9. 6.–8. 7.

Gruppe A:	1. Italien	4:0	6–0
	2. CSFR	6:3	4–2
	3. Österreich	2:3	2–4
	4. USA	2:8	0–6
Gruppe B:	1. Kamerun	3:5	4–2
	2. Rumänien	4:3	3–3
	3. Argentinien	3:2	3–3
	4. UdSSR	4:4	2–4
Gruppe C:	1. Brasilien	4:1	6–0
	2. Costa Rica	3:2	4–2
	3. Schottland	2:3	2–4
	4. Schweden	3:6	0–6
Gruppe D:	1. Deutschland	10:3	5–1
	2. Jugoslawien	6:5	4–2
	3. Kolumbien	3:2	3–3
	4. Ver.Ar.Emirate	2:11	0–6
Gruppe E:	1. Spanien	5:2	5–1
	2. Belgien	6:3	4–2
	3. Uruguay	2:3	3–3
	4. Südkorea	1:6	0–6
Gruppe F:	1. England	2:1	4–2
	2. Irland	2:2	3–3
	3. Holland	2:2	3–3
	4. Ägypten	1:2	2–4
	Der 1. und 2. sowie die vier besten Gruppendritten kamen weiter.		
Achtelfinale:	Kamerun – Kolumbien	2:1 n.V.	
	CSFR – Costa Rica	4:1	
	Brasilien – Argentinien	0:1	
	Deutschland – Holland	2:1	
	Irland – Rumänien	0:0 n.V.	
		5:4 n. Elfmeterschießen	
	Italien – Uruguay	2:0	
	Spanien – Jugoslawien	1:2 n.V.	
	England – Belgien	1:0 n.V.	
Viertelfinale:	Argentinien – Jugosl.	0:0 n.V.	
		3:2 n. Elfmeterschießen	
	Irland – Italien	0:1	
	CSFR – Deutschland	0:1	
	Kamerun – England	2:3 n.V.	
Halbfinale:	Argentinien – Italien	1:1 n.V.	
		4:3 n. Elfmeterschießen	
	Deutschland – England	1:1 n.V.	
		4:3 n. Elfmeterschießen	
Um Platz 3:	Italien – England	2:1	
Endspiel:	**Deutschland – Argentinien**	**1:0**	

1994 USA, 17.6.–17.7.

Gruppe A:	1. Rumänien	5:5	6
	2. Schweiz	5:4	4
	3. USA	3:3	4
	4. Kolumbien	4:5	3
Gruppe B:	1. Brasilien	6:1	7
	2. Schweden	6:4	5
	3. Rußland	7:6	3
	4. Kamerun	3:11	1
Gruppe C:	1. Deutschland	5:3	7
	2. Spanien	6:4	5
	3. Südkorea	4:5	2
	4. Bolivien	1:4	1
Gruppe D:	1. Nigeria	6:2	6
	2. Bulgarien	6:3	6
	3. Argentinien	6:3	6
	4. Griechenland	0:10	0
Gruppe E:1.	Mexiko	3:3	4
	2. Irland	2:2	4
	3. Italien	2:2	4
	4. Norwegen	1:1	4
Gruppe F:	1. Holland	4:3	6
	2. Saudi-Arabien	4:3	6
	3. Belgien	2:1	6
	4. Marokko	2:5	0
	Der 1. und 2. sowie die vier besten Gruppendritten kamen weiter.		
Achtelfinale:	Deutschland – Belgien	3:2	
	Spanien – Schweiz	3:0	
	Rumänien – Argentinien	3:2	
	Saudi-Ara. – Schweden	1:3	
	Brasilien – USA	1:0	
	Holland – Irland	2:0	
	Nigeria – Italien	1:2 n.V.	
	Mexiko – Bulgarien	1:1 n.V.	
		1:3 n. Elfmeterschießen	
Viertelfinale:	Italien – Spanien	2:1	
	Holland – Brasilien	2:3	
	Rumänien – Schweden	2:2 n.V.	
		4:5 n. Elfmeterschießen	
	Bulgarien – Deutschland	2:1	
Halbfinale:	Bulgarien – Italien	1:2	
	Schweden – Brasilien	0:1	
Um Platz 3:	Schweden – Bulgarien	4:0	
Endspiel:	**Brasilien – Italien**	**0:0 n.V.**	
		3:2 n. Elfmeterschießen	

1998 Frankreich, 10. 6.–12. 7.

Gruppe A:	1. Brasilien	6:3	6
	2. Norwegen	5:4	5
	3. Marokko	5:5	4
	4. Schottland	2:6	1
Gruppe B:	1. Italien	7:3	7
	2. Chile	4:4	3
	3. Österreich	3:4	2
	4. Kamerun	2:5	2
Gruppe C:	1. Frankreich	9:1	9
	2. Dänemark	3:3	4
	3. Südafrika	3:6	2
	4. Saudi-Arabien	2:7	1
Gruppe D:	1. Nigeria	5:5	9
	2. Paraguay	3:1	5
	3. Spanien	8:4	4
	4. Bulgarien	1:7	1
Gruppe E:	1. Holland	7:2	5
	2. Mexiko	7:5	5
	3. Belgien	3:3	3
	4. Südkorea	2:9	1
Gruppe F:	1. Deutschland	6:2	7
	2. Jugoslawien	4:2	7
	3. Iran	2:4	3
	4. USA	1:5	0
Gruppe G:	1. Rumänien	4:2	7
	2. England	5:2	6
	3. Kolumbien	1:3	3
	4. Tunesien	1:4	1
Gruppe H:	1. Argentinien	7:0	9
	2. Kroatien	4:2	6
	3. Jamaika	3:9	3
	4. Japan	1:3	0
Achtelfinale:	Italien – Norwegen	1:0	
	Brasilien – Chile	4:1	
	Frankreich – Paraguay	1:0 n. V.	
	Nigeria – Dänemark	1:4	
	Deutschland – Mexiko	2:1	
	Holland – Jugoslawien	2:1	
	Rumänien – Kroatien	0:1	
	Argentinien – England	2:2 n. V.,	
		4:3 n. Elfmeterschießen	
Viertelfinale:	Italien – Frankreich	0:0 n. V.	
		3:4 n. Elfmeterschießen	
	Brasilien – Dänemark	3:2	
	Holland – Argentinien	2:1	
	Deutschland – Kroatien	0:3	
Halbfinale:	Brasilien – Holland	1:1 n. V.	
		4:2 n. Elfmeterschießen	
	Frankreich – Kroatien	2:1	
Um Platz 3:	Kroatien – Holland	2:1	
Endspiel:	**Frankreich – Brasilien –**	**3:0**	

Rekordhalter: Als erstem Spieler bei einer Weltmeisterschaft war es dem Brasilianer Cafu (rechts, gegen den Engländer Trevor Sinclair) vergönnt, drei Mal in Folge ein Finale zu bestreiten.

Alle Torjäger seit 1930

1930
Guillermo Stabile (Argentinien) 8
Cea (Uruguay) 5
Subiabre (Chile) 4

1934
Oldrich Nejedly (Tschechoslowakei) 5
Angelo Schiavio (Italien) 4
Edmund Conen (Deutschland) 4

1938
Leonidas da Silva (Brasilien) 8
Gyula Zsengeller (Ungarn) 7
Silvio Piola (Italien) 5

1950
Ademir (Brasilien) 9
Juan A. Schiaffino (Uruguay) 5
E. Basora (Spanien) 5

1954
Sandor Kocsis (Ungarn) 11
Max Morlock (Deutschland) 6
Josef Hügi (Schweiz) 6

1958
Just Fontaine (Frankreich) 13
Pelé (Brasilien) 6
Helmut Rahn (Deutschland) 6

1962
Valentin Iwanow (UdSSR) 4
Leonel Sanchez (Chile) 4
Garrincha (Brasilien) 4
Vava (Brasilien) 4
Florian Albert (Ungarn) 4
Dranzan Jerkovic (Jugoslawien) 4

1966
Eusebio (Portugal) 9
Helmut Haller (Deutschland) 6
Geoff Hurst (England) 4
Franz Beckenbauer (Deutschland) 4
Valerij Porkujan (UdSSR) 4
Ferenc Bene (Ungarn) 4

1970
Gerd Müller (Deutschland) 10
Jairzinho (Brasilien) 7
Teofilo Cubillas (Peru) 5

1974
Grzegorz Lato (Polen) 7
Amdrzej Starmach (Polen) 5
Johannes Neeskens (Holland) 5

Das Phänomen: Brasiliens Stürmer-Star Ronaldo sicherte sich erstmals die Torjägerkrone bei einer Weltmeisterschaft, ließ seinen Teamkameraden Rivaldo und den Deutschen Miroslav Klose hinter sich.

1978
Mario Kempes (Argentinien) 6
Teofilo Cubillas (Peru) 5
Rob Rensenbrink (Holland) 5

1982
Paolo Rossi (Italien) 6
K.-H. Rummenigge (Deutschland) 5
Zbigniew Boniek (Polen) 4

1986
Gary Lineker (England) 6
Emilio Butragueno (Spanien) 5
Careca (Brasilien) 5
Diego Maradona (Argentinien) 5

1990
Salvatore Schillaci (Italien) 6
Thomas Skuhravy (CSSR) 5
Michel (Spanien) 4
Roger Milla (Kamerun) 4
Gary Lineker (England) 4
Lothar Matthäus (Deutschland) 4

1994
Christo Stoitschkow (Bulgarien) 6
Oleg Salenko (Rußland) 6
Romario (Brasilien) 5
Jürgen Klinsmann (Deutschland) 5
Roberto Baggio (Italien) 5
Kennet Andersson (Schweden) 5

1998
Davor Suker (Kroatien) 6
Christian Vieri (Italien) 5
Gabriel Batistuta (Argentinien) 5
Ronaldo (Brasilien) 4
Marcelo Salas (Chile) 4
Luis Hernandez (Mexiko) 4

2002
Ronaldo (Brasilien) 8
Rivaldo (Brasilien) 5
Miroslav Klose (Deutschland) 5
Jon Dahl Tomasson (Dänemark) 4
Christian Vieri (Italien) 4

Tore und Zuschauer bei WM-Turnieren

Jahr	Veranstalter	Sp.	Tore	Schnitt	Zuschauer	Schnitt	Torschützenkönig	
1930	Uruguay	18	70	3,89	434 500	24 139	Stabile (Argentinien)	8
1934	Italien	17	70	4,12	395 000	23 235	Nejedly (Tschechoslowakei)	5
1938	Frankreich	18	84	4,67	483 000	26 833	Leonidas (Brasilien)	8
1950	Brasilien	22	88	4,00	1 337 000	60 773	Ademir (Brasilien)	9
1954	Schweiz	26	140	5,38	943 000	36 269	Kocsis (Ungarn)	11
1958	Schweden	35	126	3,60	868 000	24 800	Fontaine (Frankreich)	13
1962	Chile	32	89	2,78	776 000	24 250	Sechs Spieler*	je 4
1966	England	32	89	2,78	1 614 677	50 459	Eusebio (Portugal)	9
1970	Mexiko	32	95	2,97	1 673 975	52 312	G. Müller (Deutschland)	10
1974	Deutschland	38	97	2,55	1 744 022	46 685	Lato (Polen)	7
1978	Argentinien	38	102	2,68	1 610 215	42 374	Kempes (Argentinien)	6
1982	Spanien	52	146	2,80	1 856 277	35 698	Rossi (Italien)	6
1986	Mexiko	52	132	2,54	2 407 431	46 297	Lineker (England)	6
1990	Italien	52	115	2,21	2 517 348	48 411	Schillaci (Italien)	6
1994	USA	52	141	2,71	3 568 567	68 626	Stoitschkow (Bulgarien)**	6
1998	Frankreich	64	171	2,67	2 868 446	44 814	Suker (Kroatien)	6
2002	Korea/Japan	64	161	2,52	2 705 566	42 274	Ronaldo (Brasilien)	8

* Je vier Tore erzielten: Garrincha, Vava (beide Brasilien), Sanchez (Chile), Jerkovic (Jugoslawien), Iwanow (UdSSR) und Albert (Ungarn).
** Ebenfalls sechs Tore erzielte Oleg Salenko (Rußland)

Eine Produktion des COPRESS-Teams, München

Lektorat und Bildredaktion	Pierre Sick
Produktion und Layout	VerlagsService Dr. Helmut Neuberger & Karl Schaumann GmbH
Umschlagentwurf	Studio Schübel, München
Alle Fotos	von SVEN SIMON, Essen
Fotografen	Anke Fleig, Frank Hoermann, Masahide Tomikoshi
Textredaktion	Axel Heiber (kicker sportmagazin)
Autoren	Jean-Julien Beer, Christian Biechele, Oliver Bitter, Thomas Böker, Michael Ebert, Manfred Ewald, Uli Gerke, Axel Heiber, Harald Kaiser, Sebastian Karkos, Hans-Günter Klemm, Jan Lustig, Martin Messerer, Georgios Moissidis, Thiemo Müller, Peter Nickel, Stephan von Nocks, Michael Pfeifer, Michael Richter, Uwe Röser, Steffen Rohr, Thomas Roth, Bernd Salamon, Karlheinz Wild, Jana Wiske
Kommentar	Rainer Holzschuh
Statistik	Ulrich Matheja

PRINTED IN Germany, by Sellier Druck, Freising

BINDUNG Conzella, Pfarrkirchen

REPRODUKTION Kolb Digital, Oberschleißheim

GESAMTHERSTELLUNG Stiebner, München

ISBN 3-7679-0514-0